個人情報保護法と金融実務

第4版

弁護士 浅井弘章 [著]

一般社団法人 金融財政事情研究会

第 4 版の上梓にあたって

　平成18年 6 月に第 3 版を上梓してから、約10年が経過した。

　この10年間を通じ、金融機関における個人情報保護法対応の実務が確立した。また、この10年間、金融機関に適用される重要法令等の新設・改正が相次いだ。
　特に、平成27年 9 月、個人情報保護法等の改正を目的する法律が成立し、平成29年に全面施行されることが予定されている。

　本書の第 3 版は、幸いにも、金融機関等において多くの読者に恵まれ、この度、（一社）金融財政事情研究会のご好意により第 4 版を上梓する機会をいただいた。

　第 4 版の上梓にあたっては、第 3 版までの執筆方針を維持しつつ、①確立した金融機関の個人情報保護法対応の実務・実情をふまえた記述を追記すること、および、②過去10年間の重要法令の改正、特に平成29年に施行される改正個人情報保護法のポイントを盛り込むことに主眼を置いた。
　また、改正個人情報保護法の施行後の本書の利用に支障のないよう、本書では、平成28年 5 月時点の個人情報保護法の条数ではなく、平成29年に施行される改正個人情報保護法の条数を引用している（施行令・施行規則の改正案は公表されていないため、平成28年 5 月時点の条数を引用しているので、ご留意いただきたい）。

　第 4 版の企画・構成について、（一社）金融財政事情研究会出版部の伊藤雄介氏にお世話になった。第 4 版の上梓まで約10年を要した一因に著者の多

忙さがあったが、その間、根気強くお付き合いいただいた同氏にこの場を借りて、謝意を表したい。

なお、本書の内容のうち意見にわたる部分は、著者の個人的見解である。

平成28年5月

浅井国際法律事務所
弁護士　浅井　弘章

第3版改訂にあたって

　平成17年4月1日に個人情報保護法とその関係法令等が施行されてから、約1年が経過した。

　平成17年1月に本書の増補版の執筆を終えた後、「『金融分野における個人情報保護に関するガイドラインの安全管理措置等についての実務指針（案）』への意見一覧」（平成17年1月28日公表）が公表され、また、個人顧客情報等の取扱いを規定した銀行法施行規則等が施行された。
　平成17年6月には金融コングロマリット監督指針が、また、同年10月には主要行等向けの総合的な監督指針が策定され、これに伴い中小・地域金融機関向けの総合的な監督指針も改正された。これらの監督指針の策定・改正では、顧客情報管理に関する留意点等が、多数、追加されている。
　また、平成17年4月には、全国銀行個人情報保護協議会が認定個人情報保護団体としての認定を受けた。これにより、同協議会の会員である金融機関は、同協議会の個人情報保護指針等も遵守することが必要になった。

　本書の第3版出版の目的は、昨年1月の増補版執筆後の個人情報保護法等に関する動向をフォローし、金融機関における個人情報・顧客情報の取扱いに関する規制の全体像を理解できるようにする点にある（第1編第1章第3節参照）。

　これに加え、今回の改訂にあたっては、網羅性を重視する観点から金融庁GLに関するパブリックコメント手続における金融庁回答を整理し、これを第1編第3章に織り込んだ。また、第3編では、M&A業務（第3編第5章）・信用保証協会による保証（第3編第2章・第3章）・団体信用生命保険

（第3編第2章）などの項目について、実務上の問題点やその留意点を加筆した。加筆にあたっては、第1版・増補版の場合と同様、金融機関における個人情報の取扱いの実情を述べ、これを前提に法律上の問題点を検討するという形を踏襲している。

このほか、本書全体にわたって実務上の留意点を追加するなどの増補を行ったが、第2編については、個人情報保護法施行前の規制を概観することを目的としているため、第2編に含まれている金融規制法・監督指針・金融検査マニュアルの内容などは、最新化していない。監督指針・金融検査マニュアルの平成18年4月時点での内容については、第1編第2章第4節で解説しているので、該当箇所を参照願いたい。

第3版出版の企画・校正については、㈳金融財政事情研究会出版部の竹崎巖部長のご尽力によるところが大きい。今回の改訂は海外留学中の作業となったが、その過程で、竹崎部長にはいろいろとご迷惑をおかけした。この場を借りて、謝意を表したい。
　なお、本書の内容のうち意見にわたる部分は、著者の個人的見解である。

　　平成18年4月

　　　　　　　　　　　　　　　　　　　　　　弁護士　浅　井　弘　章

増補版改訂にあたって

　本書の執筆を終えた後（平成16年11月21日）、金融審特別部会において、金融庁GL（案）や金融分野に関する個別措置の要否等に関する審議・検討が行われ、同年12月6日、金融庁GLが正式に告示された（金融庁平成16年告示第67号）。

　また、同月20日の第18回特別部会において、個別措置の要否等について一定の結論が得られた。

　さらに、金融庁は、同月28日、「『金融分野における個人情報保護に関するガイドライン』（案）への意見一覧」（総項目333件）を公表した。このなかには、金融庁GLに関するパブリックコメント手続における質問・意見に対する金融庁の回答が含まれている。金融庁の回答のなかには、金融機関が個人情報保護法への対応を検討するうえできわめて重要な事項が多数含まれており、金融機関においては、これを十分ふまえた対応を講ずることが必要不可欠であると考えられる。

　そこで、本書においても、増補版を機に、重要な点を中心に、上記金融庁回答をふまえた加筆・修正を行うこととした（加筆・修正時点：平成17年1月6日）。

　加筆・修正を行った主な箇所は、①センシティブ情報の例外規定に関する箇所（本書第1編第3章第2節2(3)aおよび(4)b）、②債権譲渡に関する箇所（本書第3編第3章第2節）などである。

　金融庁の回答内容等の詳細については、金融庁のウェブサイトに掲載されている「『金融分野における個人情報保護に関するガイドライン』（案）への意見一覧」を、直接、ご参照いただければ幸いである。また、個人情報保護法のうち個人情報取扱事業者の義務に関する規定や金融庁GLは未施行であるから、これらの解釈・運用については流動的な部分があることにもご留意

いただければ幸いである。

　全国銀行協会は、平成16年12月21日、個人情報の保護と利用に関する自主ルールを公表した。自主ルールは、銀行業界が設立する認定個人情報保護団体の個人情報保護指針と位置づけられることが予定されている（第17回金融審特別部会議事録参照）。今回の増補では自主ルール上の規制を反映していない。この点については他日を期したい。

　なお、本書の内容のうち意見にわたる部分は、著者の個人的見解である。

弁護士　浅井　弘章

はしがき（初版）

　本書は、個人情報保護法の全面施行に伴って、金融実務で直面する可能性のある実務上の問題点を検討したものである。

　本書では、個人情報保護法との関係を中心に、実務上の問題点を検討しているが、必要に応じて、金融庁「金融分野における個人情報保護に関するガイドライン（案）」（本書では「金融庁ガイドライン」または「金融庁GL」と略称する）との関係についても検討している。また、第1編では1章（40頁）を割いて、金融庁GLの内容を概説し、実務にあたっての留意点を検討している。

　本書の特色は、次の3点である。
　まず1つ目は、本書では、全体を通じ、金融機関における個人情報の取扱いの実情を述べ、これを前提に個人情報保護法の問題点を検討するという構成をとっている点である。そして、個人情報保護法上の問題点の検討にあたっては、問題の所在を明示して検討を行い、私論もまじえた解決策・実務上の留意点を明示するよう努めている。また、第3編の各章のはじめに掲載した「チェックポイント」と各章末の「ワンポイントアドバイス」で、各章ごとに論点整理ができるように配慮している。

　2つ目の特色は、図表を活用した点である。金融機関における顧客情報保護に関する従来の規制内容や秘密保持義務に関する裁判例などについては、このような工夫を行うことによって、全体の特徴をつかみやすいように配慮した。

　3つ目の特色は、可能な限り、個人情報保護法と金融実務などに関連する

参考文献を掲示した点である。新たな実務上の問題にぶつかった際、本書を手掛かりに参考文献を探し、それもあわせ読むことで、問題解決の糸口を得られる可能性があると考えたからである。

　本書は、旬刊『金融法務事情』誌に平成16年6月から平成16年12月まで連載した「連載　個人情報保護法と金融実務」をもとに、その後の動向をふまえ、加筆修正したものである。

　個人情報保護法のうち、個人情報取扱事業者の義務に関する規定は未施行である。また、本書執筆時点（平成16年11月21日）では、金融庁GLおよび安全管理実務指針の内容も未確定であるから、これらに関する解釈・運用について流動的な部分があることは否めないが、本書が、金融実務における個人情報保護法上の問題点を検討する際に参考となれば、幸いである。

　本書の企画・校正については、㈳金融財政事情研究会出版部の田中弘道氏のご尽力によるところが大きい。この場を借りて、謝意を表したい。

　　　　　　　　　　　　　　　　　　　　　　弁護士　浅　井　弘　章

【主な略称一覧】

- 個人情報の保護に関する法律　→「個人情報保護法」or「法」
- 個人情報の保護に関する法律施行令
　　　　　　　　　→「個人情報保護法施行令」or「施行令」
- 個人情報の保護に関する基本方針（閣議決定）
　　　　　　　　　→「基本方針」
- 旧預金取扱金融機関向け事務ガイドライン（現在は廃止）
　　　　　　　　　→「事務ガイドライン」
- 主要行等向けの総合的な監督指針
　　　　　　　　　→「主要行監督指針」
- 中小・地域金融機関向けの総合的な監督指針
　　　　　　　　　→「中小・地域金融機関監督指針」
　　　　　　なお、主要行監督指針と中小・地域金融機関監督指針を総称して「銀行監督指針」と略称する。
- 預金等受入金融機関に係る検査マニュアル
　　　　　　　　　→「金融検査マニュアル」
- FISC「金融機関等における個人データ保護のための取扱指針」
　　　　　　　　　→「FISC取扱指針」
- 金融庁「金融分野における個人情報保護に関するガイドライン」
　　　　　　　　　→「金融庁ガイドライン」or「金融庁GL」
- 金融庁「金融分野における個人情報保護に関するガイドラインの安全管理措置等についての実務指針」　→「安全管理実務指針」
- 「金融分野における個人情報保護に関するガイドライン」（案）への意見一覧（平成16年12月28日公表）　→金融庁GLに関するパブリックコメント手続における金融庁回答
- 「金融分野における個人情報保護に関するガイドラインの安全管理措置等についての実務指針（案）」への意見一覧（平成17年1月28日公表）
　　　　　　　　　→安全管理実務指針に関するパブリックコメント手続における金融庁回答
- 経済産業省「個人情報の保護に関する法律についての経済産業分野を対象とするガイドライン」　→「経産省ガイドライン」

・厚生労働省「雇用管理分野における個人情報保護に関するガイドライン」
　　　　　　　　　　→「厚労省告示」
・犯罪による収益の移転防止に関する法律
　　　　　　　　　　→「犯罪収益移転防止法」
・外国為替及び外国貿易法　→「外為法」
・行政手続における特定の個人を識別するための番号の利用等に関する法律
　　　　　　　　　　→「番号法」
・金融機関の信託業務の兼営等に関する法律
　　　　　　　　　　→「兼営法」
・旬刊　金融法務事情　　→「金法」
・判例時報　　　　　　　→「判時」
・金融・商事判例　　　　→「金判」

※本書では執筆時点（平成28年5月）の個人情報保護法の条数ではなく、平成29年に施行される改正個人情報保護法の条数を引用しています。なお、施行令・施行規則の改正案は公表されていないため、平成28年5月時点の条数を引用しているので留意してください。

※その他の参考文献の略称については、巻末の参考文献一覧を参照してください。

●目 次

第1編 個人情報保護法と金融庁ガイドライン等

第1章 はじめに……………………………………………………………2

第1節 個人情報保護法の双面性……………………………………………2
　1 個人情報保護法の成立…………………………………………………2
　2 個人情報保護法の双面性………………………………………………2
第2節 金融実務への影響……………………………………………………4
　1 楽観論……………………………………………………………………4
　2 慎重論……………………………………………………………………4
　3 実務上の対応……………………………………………………………5
第3節 個人情報・顧客情報に関する規制の全体像………………………7
　1 規制の全体像……………………………………………………………7
　2 本書の構成………………………………………………………………7

第2章 金融分野における個人情報保護法制の体系………………9

第1節 「基本方針」の閣議決定………………………………………………9
　1 基本方針の位置づけ……………………………………………………9
　2 基本方針の構成…………………………………………………………9
　3 基本方針の5つのポイント……………………………………………10
第2節 金融審議会で議論された実務上の重要論点………………………15
　1 金融審議会での審議に至る経緯………………………………………15
　2 第7回金融審特別部会(平成16年1月20日開催)……………………16

	3	第8回金融審特別部会（平成16年4月26日開催）	18
	4	第9回金融審特別部会（平成16年5月19日開催）	19
	5	第12回金融審特別部会（平成16年8月3日開催）	20
	6	第13回金融審特別部会（平成16年9月6日開催）	21
	7	第14回金融審特別部会（平成16年9月29日開催）	21
	8	第16回金融審特別部会（平成16年11月19日開催）	21
	9	第17回金融審特別部会（平成16年12月7日開催）	22
	10	第18回金融審特別部会（平成16年12月20日開催）	22

第3節　金融分野における個別的措置 23
　1　銀行法施行規則等の改正 23
　2　個人顧客情報の安全管理措置等（銀行法施行規則13条の6の5） 24
　3　返済能力情報の取扱い（銀行法施行規則13条の6の6） 26
　4　特別の非公開情報の取扱い（銀行法施行規則13条の6の7） 28
　5　実務上の留意点 30

第4節　顧客情報の取扱いに関する検査・監督行政上の規制 32
　1　本節の位置づけ 32
　2　銀行監督指針等における規制の目的 33
　3　銀行監督指針上の規制 33
　4　金融検査マニュアル上の規制 39

第3章　金融庁ガイドラインと改正個人情報保護法 42

第1節　金融庁ガイドラインの意義（金融庁GL1条） 43
　1　金融庁ガイドラインの位置づけ 43
　2　金融庁ガイドラインの適用範囲 44

第2節　定義規定（金融庁GL2条） 46
　1　金融庁GL2条の位置づけ 46
　2　金融庁GL2条の内容 47
　3　「個人情報取扱事業者」の意義（金融庁GL2条4項） 54

第3節　センシティブ情報（金融庁GL6条）……………………55
　1　金融庁GL6条の位置づけ………………………………55
　2　「センシティブ情報」の定義……………………………56
　3　「取得」「利用」「第三者提供」の意義…………………58
　4　例外規定（金融庁GL6条1項各号）…………………60
　5　センシティブ情報の取扱い（金融庁GL6条2項）……68
　6　実務上の留意点…………………………………………68
　7　改正個人情報保護法の内容（要配慮個人情報に関する規制の導入）……70
第4節　利用目的の特定等（金融庁GL3条）……………………72
　1　金融庁GL3条の位置づけ………………………………72
　2　利用目的の特定（金融庁GL3条1項）…………………72
　3　法令等による利用目的の限定がある場合（金融庁GL3条2項）………75
　4　与信事業において個人情報を個人信用情報機関に提供する場合
　　（金融庁GL3条4項）……………………………………76
　5　利用目的の変更（金融庁GL3条5項）…………………76
第5節　利用目的による制限（金融庁GL5条）…………………78
　1　金融庁GL5条の位置づけ………………………………78
　2　目的外利用の原則禁止等（金融庁GL5条1項・2項）……79
　3　目的外利用禁止原則の例外とその具体例（金融庁GL5条3項）………80
　4　個人番号の取扱い………………………………………81
第6節　取得時の利用目的の通知・公表・明示（金融庁GL8条1項・
　　3項）………………………………………………………81
　1　金融庁GL8条の位置づけ………………………………81
　2　利用目的の通知・公表の方法（金融庁GL8条1項）……82
　3　利用目的の通知等を要しない場合（金融庁GL8条3項）………83
第7節　与信業務に関する利用目的の特別規定（金融庁GL3条3項・
　　8条2項）…………………………………………………85
　1　金融庁GL3条3項・8条2項の位置づけ………………85

目　次　*13*

2　金融庁GL 8 条 2 項の内容……………………………………………86
　　　3　契約書等における利用目的の記載（金融庁GL 3 条 3 項）…………91
　　　4　優越的地位の濫用禁止（金融庁GL 3 条 3 項）……………………92
　第 8 節　同意の形式（金融庁GL 4 条）………………………………………92
　　　1　金融庁GL 4 条の位置づけ……………………………………………92
　　　2　解　　説………………………………………………………………93
　　　3　実務上の留意点………………………………………………………94
　第 9 節　適正な取得（金融庁GL 7 条）………………………………………95
　　　1　金融庁GL 7 条の位置づけ……………………………………………95
　　　2　「不正の手段」の意義…………………………………………………96
　　　3　第三者からの取得時の確認義務（努力措置）………………………96
　　　4　改正個人情報保護法の内容…………………………………………97
　第10節　データ内容の正確性の確保（金融庁GL 9 条）……………………98
　　　1　金融庁GL 9 条の位置づけ……………………………………………98
　　　2　正確性・最新性の確保に関する努力義務の内容…………………99
　　　3　個人データの「消去」方法……………………………………………99
　　　4　保存期間の定め……………………………………………………100
　　　5　改正個人情報保護法の内容（消去義務（努力義務）の導入）………100
　　　6　実務上の留意点……………………………………………………101
　第11節　安全管理措置（金融庁GL10条）…………………………………101
　　　1　金融庁GL10条の位置づけ…………………………………………101
　　　2　安全管理措置の内容（金融庁GL10条 1 項～ 4 項）………………102
　　　3　漏えい、滅失、き損の意義…………………………………………103
　　　4　基本方針等整備義務（金融庁GL10条 5 項）………………………105
　　　5　実施体制整備義務（金融庁GL10条 6 項）…………………………106
　第12節　従業者の監督（金融庁GL11条）…………………………………107
　　　1　金融庁GL11条の位置づけ…………………………………………107
　　　2　内部管理体制構築義務の具体的内容（金融庁GL11条 3 項）………108

3	「従業者」の定義（金融庁GL11条2項）	109
4	実務上の留意点	109

第13節　委託先への監督（金融庁GL12条） …………110
　1　金融庁GL12条の位置づけ …………………………110
　2　委託先監督義務 ……………………………………110
　3　実務上の留意点 ……………………………………112

第14節　第三者提供の制限（金融庁GL13条） ………116
　1　金融庁GL13条の位置づけ …………………………116
　2　「第三者」の意義（金融庁GL13条2項・6項） ……117
　3　書面同意の原則（金融庁GL13条1項） ……………119
　4　事前同意の原則の例外（金融庁GL13条1項） ……122
　5　金融実務における第三者提供 ……………………123
　6　個人信用情報機関に対する提供（金融庁GL13条3項） …………130
　7　オプト・アウト制度（金融庁GL13条4項・5項） ……132
　8　個人データの共同利用（金融庁GL13条7項） ……133

第15節　保有個人データに関する事項の公表等（金融庁GL14条） …………136
　1　金融庁GL14条の位置づけ …………………………136
　2　金融庁GL14条の内容 ………………………………137

第16節　開示等（金融庁GL15条～18条） ……………137
　1　金融庁GL15条～18条の位置づけ …………………137
　2　開示（金融庁GL15条） ……………………………138
　3　訂正等・利用停止等・第三者提供停止（金融庁GL16条・17条） ……140
　4　理由の説明（金融庁GL18条） ……………………142
　5　改正個人情報保護法の内容（請求権の付与・事前請求制度） …………143

第17節　開示請求手続等規則（金融庁GL19条・20条） …………143
　1　金融庁GL19条・20条の位置づけ …………………143
　2　開示請求手続等規則の公表方法（金融庁GL19条1項） ……144
　3　本人・代理人確認の方法 …………………………144

目次　15

4	開示（回答）方法	145
5	手　数　料	146

第18節　個人情報取扱事業者による苦情の処理（金融庁GL21条）……146
　1　金融庁GL21条の位置づけ………………………………………146
　2　金融庁GL21条の内容……………………………………………147
　3　実務上の留意点……………………………………………………147

第19節　漏えい事案等への対応（金融庁GL22条）………………………148
　1　金融庁GL22条の位置づけ………………………………………148
　2　金融庁GL22条の内容……………………………………………149
　3　実務上の留意点……………………………………………………154
　4　本人への通知の要件限定の必要性………………………………156

第20節　個人情報保護宣言の策定（金融庁GL23条）……………………157
　1　金融庁GL23条の位置づけ………………………………………157
　2　金融庁GL23条の内容……………………………………………157
　3　実務上の留意点……………………………………………………158

第21節　認定個人情報保護団体による自主ルール（金融庁GL1条2項）……158

第4章　安全管理実務指針……………………………………………160

第1節　本章の位置づけ………………………………………………………160
第2節　安全管理実務指針の位置づけ等……………………………………161
　1　安全管理実務指針の位置づけ……………………………………161
　2　安全管理実務指針の適用範囲……………………………………162
第3節　金融庁GL10条に定める安全管理措置の実施……………………162
　1　安全管理実務指針の2つのポイント……………………………162
　2　個人データの安全管理に係る基本方針・取扱規程等の整備……163
　3　個人データの安全管理措置に係る実施体制の整備……………166
第4節　従業者に対する監督…………………………………………………172
　1　安全管理実務指針Ⅱの4つのポイント…………………………172

2	従業者との個人データの非開示契約等の締結	172
3	従業者の役割・責任等の明確化	173
4	従業者への安全管理措置の周知徹底、教育・訓練	173
5	従業者による個人データ管理手続の遵守状況の確認	174

第5節 委託先に対する監督 174
 1 安全管理実務指針Ⅲの2つのポイント 174
 2 個人データ保護に関する委託先選定の基準 174
 3 委託契約等に盛り込むべき事項 176
 4 外部委託先における遵守状況の確認 177

第6節 センシティブ情報の取扱い 177
 1 規制の全体像 177
 2 センシティブ情報に関する特別な上乗せ措置 178
 3 センシティブ情報に該当する生体認証情報の取扱い 179

第5章 全国銀行個人情報保護協議会等の個人情報保護指針等 181

第1節 本章の位置づけ 181
第2節 銀行業界の認定個人情報保護団体 182
 1 認定個人情報保護団体の意義 182
 2 銀行業界の認定個人情報保護団体 183
 3 信託（銀行）業界の認定個人情報保護団体 183
第3節 協議会の個人情報保護指針のポイント 184
 1 個人情報保護指針の位置づけ等 184
 2 協議会保護指針の運用上の留意点 185
 3 定義規定（協議会保護指針Ⅰ2） 189
 4 利用目的の特定（協議会保護指針Ⅱ1） 190
 5 利用目的の通知・公表・明示（協議会保護指針Ⅱ2） 196
 6 ダイレクト・マーケティングの中止（協議会保護指針Ⅱ3） 199

7	適正な取得（協議会保護指針Ⅱ4）	202
8	センシティブ情報の取扱い（協議会保護指針Ⅱ5）	203
9	目的外利用の禁止（協議会保護指針Ⅱ6）	204
10	データ内容の正確性の確保・安全管理措置（協議会保護指針Ⅲ・Ⅳ）	207
11	第三者提供の制限（協議会保護指針Ⅴ）	208
12	開示等の手続（協議会保護指針Ⅵ）	211
13	苦情処理体制の整備（協議会保護指針Ⅶ）	216
14	漏えい事案への対応（協議会保護指針Ⅷ）	216
15	個人情報保護宣言の制定（協議会保護指針Ⅸ）	217

第4節　協議会における苦情処理　　218
  1　個人情報保護法上の位置づけ　　218
  2　協議会における苦情処理手続の概要　　218

第2編　秘密保持義務

第1章　本編の位置づけ　　222

第2章　秘密保持義務　　223
  1　「規制」としての秘密保持義務　　223
  2　秘密保持義務の根拠　　230
  3　秘密保持義務の対象　　231

第3章　結　語　　234

第3編　個人情報保護法と金融実務

第1章　預金業務上の留意点……………………236

第1節　預金口座＝情報の集積場……………………236
第2節　預金業務における個人情報の取得・利用の実情……………237
  1　個人情報の取得……………………237
  2　預金取引情報の利用……………………240
第3節　預金取引情報の「個人情報」該当性……………241
  1　法人取引における「個人情報」……………241
  2　預金取引情報の「個人情報」該当性……………242
第4節　利用目的との関係……………………247
  1　問題の所在……………………247
  2　利用目的の明示について……………………248
第5節　預金業務と個人データの第三者提供……………251
  1　業務提携による金利優遇サービス……………251
  2　アカウント・アグリゲーションサービス……………252
第6節　預金取引履歴に関する開示義務……………253
  1　問題の所在……………………253
  2　検　　討……………………254
  3　実務上の留意点……………………256
第7節　伝票等の開示請求への対応……………259
  1　預金契約に基づく開示義務の有無……………259
  2　個人情報保護法上の検討……………………260
  3　実務上の留意点……………………262
第8節　犯罪収益移転防止法との関係……………263
  1　問題の所在……………………263

2　検　　　討‥‥‥‥‥‥‥‥‥‥‥‥‥‥‥‥‥‥‥‥‥‥‥263
第9節　口座振替‥‥‥‥‥‥‥‥‥‥‥‥‥‥‥‥‥‥‥‥‥‥‥‥‥266
　　1　口座振替の法律関係‥‥‥‥‥‥‥‥‥‥‥‥‥‥‥‥‥‥‥266
　　2　個人情報保護法上の問題点の検討‥‥‥‥‥‥‥‥‥‥‥‥268
第10節　ATMコーナーに設置されたゴミ箱の管理‥‥‥‥‥‥‥269
　　1　問題の所在‥‥‥‥‥‥‥‥‥‥‥‥‥‥‥‥‥‥‥‥‥‥‥269
　　2　検　　　討‥‥‥‥‥‥‥‥‥‥‥‥‥‥‥‥‥‥‥‥‥‥‥270

第2章　貸付・審査業務上の留意点‥‥‥‥‥‥‥‥‥272

第1節　貸付・審査業務における情報取得・利用の実情‥‥‥‥‥272
　　1　貸付・審査業務における個人情報の取得‥‥‥‥‥‥‥‥272
　　2　貸付取引情報の利用‥‥‥‥‥‥‥‥‥‥‥‥‥‥‥‥‥‥277
第2節　利用目的規制との関係‥‥‥‥‥‥‥‥‥‥‥‥‥‥‥‥‥278
　　1　利用目的の明示・同意‥‥‥‥‥‥‥‥‥‥‥‥‥‥‥‥‥278
　　2　利用目的の明示方法‥‥‥‥‥‥‥‥‥‥‥‥‥‥‥‥‥‥280
　　3　代理人との間の取引‥‥‥‥‥‥‥‥‥‥‥‥‥‥‥‥‥‥280
第3節　保証人と金融機関の間の情報授受‥‥‥‥‥‥‥‥‥‥‥281
　　1　保証会社との間の情報の授受‥‥‥‥‥‥‥‥‥‥‥‥‥281
　　2　信用保証協会による保証の場合‥‥‥‥‥‥‥‥‥‥‥‥283
第4節　複数の金融機関が関係する融資取引‥‥‥‥‥‥‥‥‥‥286
　　1　代理貸付‥‥‥‥‥‥‥‥‥‥‥‥‥‥‥‥‥‥‥‥‥‥‥‥286
　　2　提携ローンについて‥‥‥‥‥‥‥‥‥‥‥‥‥‥‥‥‥‥288
　　3　実務上の留意点‥‥‥‥‥‥‥‥‥‥‥‥‥‥‥‥‥‥‥‥289
第5節　融資拒絶時の理由開示の要否‥‥‥‥‥‥‥‥‥‥‥‥‥289
　　1　銀行法・銀行監督指針上の取扱い‥‥‥‥‥‥‥‥‥‥‥289
　　2　個人情報保護法上の問題点‥‥‥‥‥‥‥‥‥‥‥‥‥‥290
第6節　家族情報の取得と取扱いに関する問題点‥‥‥‥‥‥‥293
　　1　利用目的に関する問題点‥‥‥‥‥‥‥‥‥‥‥‥‥‥‥293

2　偽りその他不正の手段による取得との関係……………………294
　3　第三者提供との関係……………………………………………295
第7節　手形割引業務上の留意点………………………………………300
　1　手形割引に伴う個人情報の取得・提供………………………300
第8節　個人信用情報機関について……………………………………303
　1　定義（金融庁GL 2条6項）……………………………………303
　2　利用目的への記載（金融庁GL 3条4項）……………………304
　3　本人からの同意取得（金融庁GL13条3項）…………………304
　4　経過措置との関係（金融庁GL13条8項）……………………305
　5　オプト・アウト制度の利用の排除（金融庁GL13条5項）…305
　6　安全管理実務指針における規制………………………………306
　7　「全国銀行個人信用情報センターにおける個人情報保護指針」等…307
第9節　団体信用生命保険について……………………………………308
　1　団体信用生命保険の意義………………………………………308
　2　センシティブ情報・要配慮個人情報の取得等の禁止との関係……308
　3　個人データの第三者提供（法23条1項・金融庁GL13条）との関係…309

第3章　管理・回収業務上の留意点………………………311

第1節　管理・回収業務時の個人情報の取得と利用の実情……………311
第2節　債権譲渡と個人情報保護法23条………………………………312
　1　問題の所在………………………………………………………312
　2　秘密保持義務に関する議論の状況……………………………313
　3　個人情報保護法上の検討………………………………………313
第3節　保証人への情報提供……………………………………………315
　1　情報提供の必要性と秘密保持義務……………………………315
　2　個人情報保護法上の問題点……………………………………317
第4節　代位弁済に伴う個人データの移転……………………………319
　1　問題の所在………………………………………………………319

目　次　*21*

2　検　　討……………………………………………………319
　　3　実務上の留意点………………………………………………321
第5節　サービサーとの関係………………………………………322
　　1　サービサーに対する個人データの提供……………………322
　　2　サービサーが取り扱う個人データの開示義務者…………323
　　3　サービサーにおける個人情報の取扱いに関するガイドライン等…324

第4章　為替業務上の留意点……………………………326

第1節　為替業務の特徴……………………………………………326
第2節　振込取引と個人情報保護法………………………………327
　　1　振込取引の法律関係…………………………………………327
　　2　個人情報保護法上の検討……………………………………328
第3節　オンライン化の進展………………………………………331
第4節　外国為替……………………………………………………332
　　1　個人情報の取得と第三者提供………………………………332
　　2　個人情報保護法の渉外的適用範囲…………………………333
　　3　外国にある第三者への提供…………………………………335

第5章　付随業務に関する留意点………………………336

第1節　付随業務に関する銀行法上の規制………………………336
　　1　銀行法10条2項の規定内容…………………………………336
　　2　付随業務の範囲………………………………………………336
第2節　広告業務……………………………………………………338
　　1　非例示的付随業務としての許容……………………………338
　　2　個人情報保護法上の留意点…………………………………338
第3節　M&Aに関する業務…………………………………………339
　　1　非例示的付随業務としてのM&A業務………………………339
　　2　利用目的に関する規制との関係……………………………340

3　第三者提供に関する規制との関係……………………………343

第6章　信託銀行が営む業務と個人情報保護……………346

第1節　信託の意義・特質…………………………………………346
第2節　受託者としての信託銀行と個人情報保護………………347
　1　受託者による個人情報の取得…………………………………347
　2　受託者による個人情報の利用…………………………………348
第3節　証券代行業務………………………………………………350
　1　証券代行業務の意義……………………………………………350
　2　発行会社との法律関係…………………………………………350
　3　株主名簿の保有個人データ性…………………………………351
　4　株主総会のIT化と個人情報保護………………………………352
　5　議決権行使書の安全管理措置の要否…………………………353

第4編　個人情報保護法上の諸問題

第1章　異業種等との業務提携時の留意点……………356

第1節　複数事業者による取引の特徴……………………………356
第2節　実務上の留意点……………………………………………358
　1　利用目的について………………………………………………358
　2　開示等の権限の帰属……………………………………………358
　3　法律関係の明確化………………………………………………359
　4　漏えい等に備えた危機管理……………………………………359

第2章　開示請求への実務対応……………………………361
――開示請求手続等規則の重要性とその留意点

第1節　開示請求手続等規則の制定権……………………………361
　1　解　　説………………………………………………………361
　2　開示請求手続等規則作成時の留意点………………………362
第2節　代理人による開示請求……………………………………363
　1　問題の所在……………………………………………………363
　2　検　　討………………………………………………………363
　3　実務上の留意点………………………………………………364
第3節　開示義務の範囲……………………………………………365
　1　問題の所在……………………………………………………365
　2　検　　討………………………………………………………365
第4節　営業店における対応時の留意点…………………………369
　1　開示請求手続等規則に従った対応…………………………369
　2　開示（回答）にあたっての留意点…………………………371
　3　開示（回答）後の対応………………………………………371
　4　開示請求と「問合せ」の区別………………………………371
　5　開示と「第三者提供」の区別………………………………372

第3章　安全管理体制の構築と取締役の責任……………373

第1節　安全管理体制と取締役の職責……………………………373
第2節　義務違反の判断基準………………………………………374

第4章　銀行持株会社における個人情報保護…………376

第1節　銀行持株会社の取締役の職責……………………………376
　1　持株会社の意義………………………………………………376
　2　純粋持株会社の取締役の職責………………………………376

24 目　次

第 2 節　共同利用制度を利用する際の留意点……………………379
　　1　共同利用規定の新設……………………………………379
　　2　共同利用のニーズ………………………………………380
　　3　共同利用制度を利用する際の留意点…………………380
第 3 節　金融コングロマリット監督指針上の規制………………383

参考文献一覧……………………………………………………386
事項索引…………………………………………………………388

第 1 編

個人情報保護法と金融庁ガイドライン等

第1章 はじめに

第1節 個人情報保護法の双面性

1 個人情報保護法の成立

個人情報保護法は、平成15年5月23日に成立し、同月30日、公布された。

同法第1章（総則）から第3章（個人情報の保護に関する施策等）については、公布の日（平成15年5月30日）から施行されたが（法附則1条）、第4章（個人情報取扱事業者の義務等）から第6章（罰則）など個人情報取扱事業者の義務に関する規定は、平成17年4月1日から施行された（法附則1条但書、平成15年政令506号）。

また、内閣は、平成15年12月10日、個人情報保護法に基づき、個人情報の保護に関する法律施行令（平成15年政令第507号）を制定した。施行令のうち、個人情報取扱事業者の義務に関する部分も、同法の全面施行と同時に、施行されている（施行令附則但書）。

2 個人情報保護法の双面性

個人情報保護法は、2つの側面をもっている。

1つは「規制強化」の側面であり、もう1つは「個人情報の利用促進」という側面である。

(1) 規制強化の側面

個人情報保護法は、その名が示すとおり、個人情報を保護することを目的とする法律であり、その目的を達成するため、個人情報取扱事業者に対し法

律上の義務を課することを内容としている。したがって、事業者の側からみると、同法は、規制強化の側面をもっている。

平成17年にこのような規制強化が行われた背景には、特に情報通信技術（IT）によって処理されている個人情報について、その適正な取扱いのルールを確立することが不可欠であるという当時の認識があった（法1条参照）。

金融機関[1]にとって、個人情報・顧客情報の収集・利用は、顧客ニーズに沿った質の高い金融サービスを提供するために必要不可欠である。そのため、金融機関では、多数の個人情報・顧客情報を収集して集約管理し、営業活動などに活用しており、これらは金融取引の基礎をなすものといえる。

金融機関の顧客は、金融機関が自らの個人情報を安全に管理し適法に利用することを前提に、金融機関に個人情報を提供し、金融取引を行っていると考えられるから、この信頼を裏切らないためにも、金融機関にとって、個人情報保護法の遵守が不可欠であると考えられる。

(2) 経営戦略への活用の可能性

以上のような「規制強化」の側面とは反対に、個人情報保護法は、同法の施行前にはみられなかった制度を創設したりすることで、個人情報の積極活用を促進する側面をもっている。

このような制度のうち、特に重要なものとして、①個人データの共同利用を明示的に許容した23条5項3号、②オプト・アウト制度を新設した23条2項などがある。

このような制度が新設された背景には、情報通信技術の活用による個人情報の多様な利用が、個人のニーズの事業への的確な反映、迅速なサービスの提供等を可能にし、事業活動の面でも国民生活の面でも欠かせなくなってい

---

1 金融機関の意義……「金融機関」は、多義的な概念であるが、本書では、主として、銀行法上の銀行を念頭に置いて「金融機関」という用語を用いる。もっとも、本書における個人情報保護法上の検討は、基本的に信用金庫などにおいても妥当すると考えられる。なお、日本銀行、預金保険機構、国際協力銀行、日本政策金融公庫などについては、独立行政法人等の保有する個人情報の保護に関する法律が適用され（同法の別表）、個人情報保護法は適用されない（法2条5項3号）。

るという当時の認識があった（個人情報の保護に関する基本方針参照）。

第2節　金融実務への影響

1　楽観論

　金融機関は、個人情報保護法が成立する以前から、金融規制法・事務ガイドライン（銀行監督指針の策定に伴い廃止された）・銀行監督指針（中小・地域金融機関向けの総合的な監督指針など）・金融検査マニュアル（預金等受入金融機関に係る検査マニュアル）・守秘義務の遵守を通じて、顧客情報（個人情報を含む）の保護に十分配慮した経営を行ってきた。

　また、金融情報システムセンター（以下「FISC」という）は、「金融機関等における個人データ保護のための取扱指針」（昭和62年3月策定・平成11年4月改定。以下「FISC取扱指針」という）を策定・公表しており、金融分野における個人情報保護については、個人情報保護法が成立する以前から、検討・研究が進んでいた[2]。

　このように、金融機関による個人情報の取得・利用・提供等については、一定の範囲で、すでに保護措置が講じられており、これらの点を重視すれば、個人情報保護法の施行が金融実務に与える影響は限定的であるとの見方も成り立ち得た。

2　慎重論

　これに対して、個人情報保護法の施行が金融実務に与える影響は大きいと

---

[2] 金融情報システムセンターについて……金融情報システムセンター（FISC）は、昭和59年11月、金融機関、保険会社、証券会社、コンピュータメーカー等の出資によって設立された公益財団法人である。FISCは、金融機関等における金融情報システムの活用や安全性確保等に関する諸問題について調査・研究を行うとともに、指針の提示および提言を行っている。FISCが公表している取扱指針は、金融検査マニュアルにも参考掲載されている。

いう見方もあり、同法施行の際には、こうした見解が支配的であった。

　たとえば、㈱みずほフィナンシャルグループ法務・コンプライアンス部長である藤田義治氏（当時）は、「今回の個人情報保護法の規制の下では、これまでの対応に比べてその質・量双方においてレベル感の違う対応を要請されることになりそうである」と述べている（藤田義治「個人情報保護法と金融実務」銀行法務21・633号1頁）。

　また、金融審議会金融分科会特別部会において、全国銀行協会委員（以下「全銀協委員」という）が、金融機関は、従来、本人以外の者に対して金融取引の内容を開示しないという方針で対応してきたが、個人情報保護法施行後は、代理人による開示請求に対し、どのように対応していくか苦慮していると述べている（第8回金融審議会金融分科会特別部会議事録参照）。

　さらに、個人データの外部委託に関連し、「金融機関と委託先との間の業務委託契約を見直し、個人情報保護法22条に則したものに改める必要がある」「グループ会社が第三者から委任されている業務に関して、委託元からの『必要かつ適切な監督』に耐えうる体制・内容となっているか、点検・検証する必要がある」といった指摘もなされている。

　これらの指摘は、個人情報保護法の施行が金融実務に与える影響は決して少なくないという理解を表明するものであると考えられる。

3　実務上の対応

　個人情報とは、「生存する個人に関する情報であって、当該情報に含まれる氏名、生年月日その他の記述等により特定の個人を識別することができるもの」などをいう（法2条1項1号）。

　金融機関が有する顧客情報のうち、個人顧客に関する取引情報は、特別な事情がない限り、「個人情報」に含まれるが、これだけでなく、法人顧客に関する情報のなかにも、個人情報が含まれている。たとえば、代表取締役・役員・従業員などの情報である。

　したがって、金融機関が顧客との間で行うほとんどの取引に「個人情報」

が含まれており、金融業務のあらゆる局面で個人情報保護法が問題となると考えられる。

また、金融機関では、個人情報保護法の施行前から、個人情報の取得・管理・利用に意を用いてきたが、たとえば、個人情報の取得時に、顧客に対し、取得した個人情報の利用目的を明示してきたわけではない。さらに個人情報の管理に関しても、特に外部委託先に対する監督について、意識的な組織的対応が図られていたとは言いがたいところである。

以上のように、①個人情報保護法があらゆる金融業務で問題となること、および、②同法上の義務を意識した顧客情報の取扱いがなされてきたとは言いがたい点が複数あることに照らせば、個人情報保護法の施行が、金融機関に与える影響は、少なくないと考えられる。実際、個人情報保護法の施行の際には、これまでの個人情報に関する取扱いを再検証して、個人情報保護法上の問題点を洗い出し、必要な限度でこれを改める金融機関がほとんどであった。

【参考条文】

第2条（定義）
1 この法律において「個人情報」とは、生存する個人に関する情報であって、次の各号のいずれかに該当するものをいう。
　一 当該情報に含まれる氏名、生年月日その他の記述等（文書、図画若しくは電磁的記録（電磁的方式（電子的方式、磁気的方式その他人の知覚によっては認識することができない方式をいう。次項第2号において同じ。）で作られる記録をいう。第18条第2項において同じ。）に記載され、若しくは記録され、又は音声、動作その他の方法を用いて表された一切の事項（個人識別符号を除く。）をいう。以下同じ。）により特定の個人を識別することができるもの（他の情報と容易に照合することができ、それにより特定の個人を識別することができることとなるものを含む。）
　二 個人識別符号が含まれるもの

第3節　個人情報・顧客情報に関する規制の全体像

1　規制の全体像

　金融機関における個人情報・顧客情報の取扱いに関する規制としては、大きく分けて、①個人情報保護法に基づく規制、②各種業法上の規制、③守秘義務がある。

　この3種類の規制は、規制目的や保護法益を異にする別個の規制であるが、金融機関における個人情報・顧客情報の取扱いに関する規制という点では、共通している。実務にあたっても、三者を明確に区別しつつ、それぞれの規制内容に配慮した経営・業務運営を行う必要があると考えられる。

　①の「個人情報保護法に基づく規制」には、(ア)個人情報保護法、(イ)施行令、(ウ)個人情報の保護に関する基本方針（平成16年4月2日閣議決定、平成28年2月19日一部変更）、(エ)金融分野における個人情報保護に関するガイドライン（以下「金融庁ガイドライン」または「金融庁GL」という）、(オ)金融分野における個人情報保護に関するガイドラインの安全管理措置等についての実務指針（以下「安全管理実務指針」という）、および、(カ)認定個人情報保護団体が策定・公表している「個人情報保護指針」がある。

　また、②の「各種業法上の規制」には、(ア)銀行法施行規則上の規制、(イ)主要行等向けの総合的な監督指針、中小・地域金融機関向けの総合的な監督指針上の留意事項、(ウ)金融検査マニュアル上のチェック項目などがある。

2　本書の構成

　本書では、これらの金融機関における個人情報・顧客情報の取扱いに関する規制について、その内容を説明し、実務上の留意点等を検討している。

　具体的には、①個人情報の保護に関する基本方針については第1編第2章第1節において、②銀行法施行規則上の規制については第1編第2章第3節において、③主要行等向けの総合的な監督指針（以下「主要行監督指針」とい

う)、中小・地域金融機関向けの総合的な監督指針(以下「中小・地域金融機関監督指針」という)上の留意事項と金融検査マニュアル上のチェック項目については第1編第2章第4節において、④個人情報保護法・金融庁GL・安全管理実務指針については第1編第3章・第4章において、③認定個人情報保護団体の個人情報保護指針については、第1編第5章において、それぞれその規制内容を説明し、実務上の問題点や留意点について検討等を行っている。

　また、平成27年9月、改正個人情報保護法が成立し、平成29年中に施行される予定である。この点については、便宜上、第1編第3章のそれぞれの箇所において、解説している。

　金融機関における個人情報・顧客情報の取扱いに関する規制は多岐にわたり、また複雑になっているが、これらの規制は、大きく「個人情報保護法に基づく規制」「各種業法上の規制」「守秘義務」に分けられること、およびこれらの規制は、その規制目的や保護法益を異にする別個の規制であることに留意しつつ、それぞれの規制内容に関する説明を読み進めていただければ幸いである。

第2章　金融分野における個人情報保護法制の体系

第1節　「基本方針」の閣議決定

1　基本方針の位置づけ

　政府は、平成16年4月2日、個人情報保護法7条1項に基づき、「個人情報の保護に関する基本方針」を閣議決定し、これを公表した。

　基本方針は、個人情報の保護に万全を期すため、個人情報保護に関する施策の推進の基本的方向などを定めるとともに、個人情報取扱事業者等が講ずべき措置の方向性を示すものである。基本方針は、1回限りのものではなく、今後も必要に応じて改訂されることが予定されており（法7条5項参照）、平成20年4月25日、平成21年9月1日、平成28年2月19日にそれぞれ改訂されている。

2　基本方針の構成

基本方針の内容は、大きく分けて、7項目から構成されている。
① 個人情報保護に関する施策の推進に関する基本的方向
② 国が講ずべき個人情報保護のための措置
③ 地方公共団体が講ずべき個人情報保護のための措置
④ 独立行政法人等が講ずべき個人情報保護のための措置
⑤ 個人情報取扱事業者が講ずべき個人情報保護のための措置
⑥ 個人情報の取扱いに関する苦情の円滑な処理に関する事項
⑦ 個人情報の保護に関する施策の推進に関する重要事項

上記①では、個人情報保護法が制定されるに至った社会的背景や、同法の運用において、個人情報保護と個人情報の有用性との調和が必要であることなどが説明されている。

　また、②では、国が講ずべき保護措置として、(ｱ)大規模な個人情報の漏えい等が生じた場合の所管省庁の対応方針、(ｲ)多角的な事業を営む個人情報取扱事業者を共管する省庁間の連携の必要性、(ｳ)個人情報の適正な取扱いを確保すべき個別分野（医療、金融・信用、情報通信等）において講ずべき個別的施策に関する検討などをあげている。

　さらに、③では、地方公共団体が講ずべき措置として、(ｱ)地方自治体が保有する個人情報に関する取扱いのルール化（条例化）、(ｲ)地域内の事業者を対象とする条例について、全国的に事業展開を行う個人情報取扱事業者が存在することに配慮することなどを求めている。

　また、④では、独立行政法人等に対し、総務省が策定するガイドラインを参考に、自ら保有する個人情報の取扱いの実情に即した個人情報の適切な管理に関する定めを行うよう求めている。金融機関のうち、日本銀行、預金保険機構、国際協力銀行、日本政策金融公庫、住宅金融支援機構などは、個人情報保護法の適用はなく、「独立行政法人等の保有する個人情報の保護に関する法律」（平成15年法律第59号）が適用される（同法2条および別表、個人情報保護法2条5項3号参照）。

3　基本方針の5つのポイント

　基本方針の内容のうち、民間金融機関との関係で重要なのは、上記2の⑤と⑥である。

　⑤では、個人情報取扱事業者が取り組むべき事項が具体的に例示されているが、これらの要取組事項のうち、金融機関との関係で特に重要なものとして、(ｱ)事業者が行う措置の対外的明確化、(ｲ)個人情報が漏えいした場合の対外公表、(ｳ)責任体制の確立、(ｴ)従業者の啓発、(ｵ)苦情処理手順の確立の5つをあげることができる。

(1) 事業者が行う措置の対外的明確化
　　a　プライバシー・ポリシー
　まず、個人情報取扱事業者は、プライバシー・ポリシー（個人情報保護に関する考え方や方針に関する宣言）を策定・公表することが必要である。
　プライバシー・ポリシーには、①個人情報を目的外に利用しないこと、②苦情処理に適切に取り組むことなどを盛り込む必要がある（基本方針10頁）。
　　b　利用目的と個人情報取扱手続
　次に、個人情報取扱事業者は、個人情報の利用目的の通知・公表や、開示等の個人情報の取扱いに関する諸手続を対外的にわかりやすく説明することが必要である（基本方針10頁）。
　　c　実務上の留意点
　プライバシー・ポリシーの策定・公表については、金融庁GL23条でも求められている（努力措置）。個人情報保護法・金融庁GLでは、さまざまな事項に関し、公表を行うことや容易に知りうる状態に置くことを求めている（法18条1項［利用目的］、法23条2項〜5項［第三者提供］、法27条1項・施行令5条［保有個人データに関する事項］）。実務では、これらの要公表等事項を記載したパンフレットやポスターを営業店に備置しているところ、プライバシー・ポリシーを記載したパンフレットやポスターを作成する際には、個人情報保護法上、公表や容易に知りうる状態に置くことを求められている各事項も、あわせて記載して1枚のパンフレット・ポスターにまとめ、印刷経費節減・掲示スペースの極小化を図っている[3]。

(2) 個人情報が漏えいした場合の対外公表
　　a　法的義務性
　基本方針では、個人情報取扱事業者において個人情報の漏えい等の事案が

---

[3] プライバシー・ポリシー……プライバシー・ポリシーに関する実務上の留意点等に関し、芦田勝「金融機関におけるプライバシー・ポリシーの法的側面からの一考察」金法1692号9頁。プライバシー・ポリシーの参考例として、同「個人情報保護法の施行に向けて金融機関が取り組むべき課題」金法1709号20頁が参考になる。

発生した場合、二次被害の防止・類似事案の発生回避等の観点から、可能な限り、事実関係等を公表することが必要であるとされている。

ここで、個人情報の漏えい事例の対外公表は、個人情報取扱事業者の法的義務か否か、基本方針の性格と関連して問題となる。

閣議決定された基本方針は、法令そのものではなく、行政機関を統轄する内閣としての意思決定にすぎない。個人情報取扱事業者は、行政機関の外部に存在するものであるから、基本方針は、個人情報取扱事業者を、法的に拘束するものではないと考えられる（園部『解説』91頁）。

したがって、基本方針所定の漏えい事故の公表は、個人情報取扱事業者の法的義務ではないと考えられる。

　b　金融庁GLとの関係

以上の検討によれば、基本方針に定められている漏えい事故の公表は、一般の個人情報取扱事業者との関係では、法的義務ではないと考えられるが、金融機関との関係では、事情が異なると考えられる。

すなわち、金融庁GL22条は、金融分野における個人情報取扱事業者に対して、①個人情報の漏えい等の事故が発生した場合には、監督当局に直ちに報告すること、②二次被害の防止、類似事案の発生回避等の観点から、漏えい事案等の事実関係および再発防止策等を早急に公表すること、③漏えい等の対象となった本人に速やかに漏えい事案等の事実関係等の通知を行うことを求めている（努力措置）[4]。

したがって、金融機関においては、基本方針所定の漏えい事故の公表が法

---

[4] 「金融庁における個人情報の保護に関する取組みについて」（平成16年4月14日）……金融庁は、平成16年4月14日、IT関係省庁連絡会議幹事会の各省庁申合せ（平成16年3月12日）に基づき、「金融庁における個人情報の保護に関する取組みについて」を公表し、金融機関に対し、個人情報の情報管理の再徹底等の要請を行い、その一環として、個人情報の漏えいの事実を把握した場合には直ちに所管省庁に報告するよう要請した。

なお、法務省大臣官房司法法制部審査監督課も、同年3月30日付で、債権回収会社各社に対し、各社の保有する個人情報および信用情報の管理の徹底ならびに各社において個人情報および信用情報の漏えいの事実を把握した場合は、法務省大臣官房司法法制部審査監督課長に報告することを要請した（法務省ホームページ参照）。

的義務か否かといった論点にかかわらず、個人情報の漏えい事故が発生した場合には、その事実を早急に金融庁に報告し、必要に応じてこれを公表せざるをえないと考えられる[5]。

　c　実務上の留意点

　実務上、金融機関において個人情報の紛失事故等が発生した場合、基本的事実関係等を公表している例が多い。

　公表事例に共通する公表内容・公表方法の特色として、①紛失日時・場所・漏えいした情報の件数・漏えいした情報の内容・漏えい原因等の基本的事実関係を公表していること、②不正使用の有無に言及していること、③顧客用の問合せ窓口を設け公表していること、④自社のホームページのトップページまたは、それから1回程度の操作で移動できる場所で公表していることがあげられる。

(3)　責任体制の確立

　基本方針では、内部的責任体制と外部的責任体制の確立を求めている（基本方針11頁）。

　a　内部的責任体制の確立

　まず、内部的責任体制の確立に関しては、①外部からの不正アクセスの防御対策、②個人情報保護管理者の設置、③内部関係者のアクセス管理、④持出し防止策等、個人情報の安全管理について、事業者の内部における責任体制を確保するための仕組みを整備することを求めている。

　個人情報保護法は、個人情報取扱事業者に対し、個人データの漏えい、滅失、き損の防止その他個人データの安全管理のために必要かつ適切な措置を講ずるよう求め（法20条）、また、従業者に個人データを取り扱わせるにあたっては個人データの安全管理が図られるよう、当該従業者に対する必要かつ適切な監督を行うよう求めている（法21条）。

5　不祥事件との関係……個人情報の漏えい事故が、銀行法上の「不祥事件」に該当する場合には、銀行は、金融庁長官に対し、個人情報の漏えい事故の発生を届け出る義務を負う。

基本方針の上記要請は、これをふまえたものであると考えられる。

　　b　外部的責任体制の確立

　次に、基本方針では、外部的責任体制の確立について、外部委託（再委託を含む）に関する実効的な監督体制を確保することを求めている（基本方針11頁）。

(4)　従業者の啓発

　　a　教育研修の実施

　基本方針では、個人情報取扱事業者に対し、個人情報の漏えい等の防止・個人情報の適切な保護を確保するため、教育研修の実施等を通じて、個人情報を実際に業務で取り扱うこととなる従業者の啓発を図り、従業者の個人情報保護意識を徹底することを求めている（基本方針11頁）。

　　b　実務上の留意点

　銀行監督指針では、顧客等に関する情報の取扱いについて、「具体的な取扱い基準を定めた上で、研修等により役職員に周知徹底しているか」といった留意事項が設けられている（主要行監督指針Ⅲ-3-3-3-2(1)、中小・地域金融機関監督指針Ⅱ-3-2-3-2(1)②）。これをふまえ、実務では、社内の法務・コンプライアンス部門の担当者が、営業店の管理職を対象として、同法に関する本部研修を行ったり、各営業店においては、上記本部研修を受講した管理職が中心となって、店内勉強会を開催する等の対応を行ったりしている。

(5)　苦情処理手順の確立

　　a　苦情受付窓口の設置・苦情処理手続の策定

　個人情報の利用・提供、開示・不開示に関する本人の不平や不満は、訴訟手続ではなく、訴訟手続外の苦情処理の制度によって解決することが適当なものが多い。

　個人情報保護法では、このような観点から、個人情報の取扱いに関する苦情処理について、第一次的に個人情報取扱事業者の責任において適切かつ迅速な処理に努めるべきことを明らかにしている（法35条等）。

個人情報取扱事業者は、このような責務を全うするため、苦情受付窓口の設置、苦情処理手順の策定等を行う必要がある（基本方針12頁）。

　　b　実務上の対応

　金融機関は、「お客様サービスセンター」等の名称で、顧客からの苦情（不祥事件につながるおそれのある問合せ等も含む）を受け付ける専門窓口を設け、顧客からの苦情等の対処の手続を定め、これに従い、関係業務部門と連携のうえ速やかに対処している。また、顧客からの苦情等の内容は、対処結果も含めて、記録簿等により記録・保存するとともに、適時にコンプライアンス統括部門、内部監査部門等に報告している（金融検査マニュアル・顧客サポート等管理態勢の項参照）。

　個人情報保護法に関する苦情受付窓口も、既存のお客様サービスセンターを活用し、迅速かつ適切な初期対応を行えるような体制を整備している金融機関が多い。

【参考条文】

第7条
1　政府は、個人情報の保護に関する施策の総合的かつ一体的な推進を図るため、個人情報の保護に関する基本方針（以下「基本方針」という。）を定めなければならない。

〔参考文献〕
・岡田幸兵「個人情報の保護に関する基本方針の概要」金法1708号25頁
・金融情報システムセンター編『個人情報保護法の理解と対策』

第2節　金融審議会で議論された実務上の重要論点

1　金融審議会での審議に至る経緯

　個人情報保護法の国会審議において、「医療、金融・信用、情報通信等、国民から高いレベルでの個人情報の保護が求められている分野について、特

に適正な取扱いの厳格な実施を確保する必要がある個人情報を保護するための個別法を早急に検討すること」という附帯決議がなされている。

金融審議会金融分科会特別部会（以下「金融審特別部会」という）では、この附帯決議をふまえて、金融分野における個別法の要否、および、その内容等について審議がなされ、この審議をふまえ、金融庁によって金融庁GLなどが策定・公表された。

金融審特別部会での審議内容のなかには、実務上の論点を検討・解決するうえで有益な示唆となる議論がなされている。

そこで、本節では、金融審特別部会で議論された実務上の重要論点について、概観することとする。

2　第7回金融審特別部会（平成16年1月20日開催）

(1)　審議内容

金融審特別部会は、平成16年1月20日、経済産業省の産業構造審議会割賦販売分科会個人信用情報小委員会（以下「割賦販売分科会個信情報小委員会」という）と合同で、会議を開催した。

この会議の目的は、金融審特別部会と割賦販売分科会個信情報小委員会に共通する課題である金融・信用分野の個人情報の保護等のあり方に関する検討を行う点にある。

(2)　実務上の重要ポイント

委員の自由討議のなかで、特に注目すべき指摘が2つある。

1つは「個人情報保護法の渉外的適用」であり、もう1つは「利用目的が公共的である場合の取扱い」である。

a　個人情報保護法の渉外的適用

和仁委員（弁護士）は、国際的業務を行っている金融機関では、顧客情報のデータベースの構築が日本でなく海外で行われていることがあると指摘し、「金融業務の国際化と個人情報保護法の渉外的適用」に関する問題提起を行った。

金融機関の国際的業務と個人情報保護法の適用の有無という論点や、「金融機関の業務に係るデータ処理の一部が海外で行われる場合に同法が適用されるか」といった論点は、実務上も重要な論点であると考えられる（この点については、本書第3編第4章第4節参照）。

　この点について、消費者庁「個人情報保護法に関するよくある疑問と回答」では、「個人情報保護法に限らず、一般に、国の法令の効力はその領域以外には及ばないとされており、外国で事業活動を行う日本企業の海外支店には、個人情報保護法の規制は及びません。（ただし、日本に所在する本社（個人情報取扱事業者）がその海外支店から個人情報を取得する際には、適正に取得するなどの義務が課せられます）」と解説されている。

　また、平成29年に施行される改正個人情報保護法では、「第15条、第16条、第18条（第2項を除く。）、第19条から第25条まで、第27条から第36条まで、第41条、第42条第1項、第43条及び次条（著者注：76条）の規定は、国内にある者に対する物品又は役務の提供に関連してその者を本人とする個人情報を取得した個人情報取扱事業者が、外国において当該個人情報又は当該個人情報を用いて作成した匿名加工情報を取り扱う場合についても、適用する」という定めが新設されている（法75条）。

　　b　利用目的とルール（規制内容）の関係

　また、神作委員（大学教授）は、個人情報の利用目的に応じてルール（規制内容）も異なるべきであると指摘し、たとえば、①個人信用情報の利用目的が、多重債務・過剰与信の防止などの公共的目的に結びついている場合や、②適正・適合的な金融サービスを提供するために個人情報を利用する場合などのように、利用者保護・提供者側に対する信頼確保など、個別企業を超えた公的色彩が出てくる場合については、「情報提供者の同意」といった主観的なものを超えた「システムの合理性」といったものを探究する必要が出てくると指摘した。

　この視点は、個人情報保護法上の個別論点を解釈するうえでも参考になる指摘であると考えられる。

3　第8回金融審特別部会（平成16年4月26日開催）

(1) 審議内容

第8回金融審特別部会は、平成16年4月26日に開催された。

同部会では、内閣府から「個人情報の保護に関する基本方針について」の概要に関する説明が行われた。

その後、クレジット産業における個人信用情報保護・利用に関する自主ルール運営協議会、全国貸金業協会連合会（現在の日本貸金業協会）および全国銀行協会が、①個人情報の取得方法・利用の状況、②個人情報の第三者提供の方法および③個人情報の安全管理措置などを中心に、金融・信用分野における個人情報の取扱いの現状について説明を行い、委員からの質疑に回答した。

全銀協委員からは、貸付業務における個人情報の取扱いの現状について、説明がなされた。

(2) 実務上の重要ポイント

第8回金融審特別部会で行われた議論のうち、実務上、重要な論点として、「持株会社と子銀行間の情報共有の問題」がある。

すなわち、和仁委員（弁護士）は、子銀行の経営管理を行う持株会社に対し、子銀行が、リスク管理のため、子銀行が保有する情報を提供する必要があることを指摘したうえで、このような場合、子銀行から持株会社への情報提供を、単純に「第三者提供」（法23条1項）と整理するのは好ましくないのではないかと問題提起した。

これに対し、全銀協委員は、平成16年当時の状況について、子銀行は持株会社に対し持株会社による経営管理上必要な情報を提供しているが、個人情報そのものについては持株会社に提供していないと回答し、今後も、子銀行が、持株会社に対し、個人情報そのものを提供する必要はないと考えている旨説明した。

持株会社に関する問題点については、本書第4編第4章で取り扱う。

4 第9回金融審特別部会（平成16年5月19日開催）

(1) 審議内容

第9回金融審特別部会では、金融分野における個人情報の取扱いの現状等について、全国銀行協会、しんきん保証基金、日本証券業協会および参考人（野村證券）が説明を行い、委員からの質疑に回答した。

全銀協委員からは、預金業務における個人情報の取扱いの現状について、説明がなされた。

(2) 実務上の重要ポイント

第9回金融審特別部会で行われた議論のうち、実務上、重要な問題点として、①「利用目的の特定」の論点と、②「投資適合性に関する顧客情報の最新性」に関する論点がある。

  a 利用目的の特定

堀部委員（大学教授）は、個人情報保護法15条の利用目的をあまり限定しすぎると、金融機関内部での必要な情報利用が困難になると指摘している。

利用目的の特定を厳格に要求することは、金融機関の顧客サービスの質を低下させ、リレーションシップバンキング（金融機関が顧客との間で親密な関係を長く維持することにより顧客に関する情報を蓄積し、この情報をもとに貸出等の金融サービスの提供を行うビジネスモデル）の実現という行政目的にも反する結果となると考えられる。

これは、「利用目的の変更」に関する個人情報保護法15条2項の解釈についても、同様に妥当すると考えられる。

  b 投資適合性に関する顧客情報の最新性

高橋委員（生活経済ジャーナリスト）は、日本証券業協会・野村證券に対し、①顧客から情報が正しく収集されているか、②金融機関が利用している顧客情報が、顧客の状況の変化に対応できているかという点が重要である旨指摘し、②に関連し、顧客の状況の変化により、投資に関する適合性が低下し、ハイリスクな投資取引ができないような状態になる場合もある（加齢や退職など）が、このような事態を意識した情報管理を行っているかと質問し

た。

　これに対し、日本証券業協会委員は、情報の更新（最新性の確保）については、当時の日本証券業協会の規則上は定めを置いておらず、義務にはなっていないが、顧客に適した商品を勧誘するため、常に顧客カードの内容を新しいものにする必要があるという点については、研修等において説明していると回答した。また、野村證券の参考人は、野村證券の社内ルールにおいて、「全顧客に対し野村證券が保有している顧客情報の内容を郵送し、内容確認・訂正の機会を設ける」という顧客情報のアップデート体制をとっている旨回答した。

　「投資適合性に関する顧客情報の最新性」の論点は、適合性の原則違反という不法行為に基づく損害賠償請求の場面に関連する問題としても重要であるが、個人情報保護法との関係では、同法19条（データ内容の正確性の確保）に関連する問題として重要である。

5　第12回金融審特別部会（平成16年8月3日開催）

　金融審特別部会は、平成16年8月3日、第12回部会を開催した。
　第12回部会では、金融分野における個人情報保護ガイドラインにおいて定めるべき事項等について討議した。
　第12回部会で行われた議論のうち、実務上、重要な問題点として、金融庁GLの法的性格がある。
　金融庁GLの法的性格に関する論点は、㈎金融庁GLに違反した場合、いかなる行政上の処分が課されるのか（個人情報保護法上の勧告のほかに銀行法上の業務改善命令等の対象となりうるか）という問題と、㈑金融庁GLを遵守していたにもかかわらず、情報漏えい等が発生した場合に、どのような取扱いがなされるのかという問題に分けられる。
　㈎の問題点について、第3章で詳述する。
　また、㈑の問題点について、岩村委員（大学院教授）は、金融庁GLの内容次第では、金融庁GLを遵守していれば、情報漏えい等が発生したとしても、

行政処分を発動しないという効果(セーフハーバールールとしてのGL)を認めてもよいと述べている。

6　第13回金融審特別部会(平成16年9月6日開催)

金融審特別部会は、平成16年9月6日、第13回部会を開催した。

同部会では、金融庁から、金融庁GL(骨子)が示され、委員の間で議論が行われた。

7　第14回金融審特別部会(平成16年9月29日開催)

金融審特別部会は、平成16年9月29日、第14回部会を開催した。

同部会では、金融庁から、金融庁GL(案)が示され、委員の間で議論が行われ、金融庁GLの立案担当官との間で質疑応答が行われた。

金融庁GLの立案担当官は、委員との質疑応答のなかで、金融庁GLが努力措置として個人情報保護法に定めのない点を規定した趣旨について、金融分野における個人情報の取扱いの特徴として個人情報が広範に利用される点などを考慮したと述べている。

また、金融庁GLの立案担当官は、経済産業分野のうち信用分野に関する個人情報保護ガイドラインと金融庁GLの整合性に配慮することが必要であると述べている。

専門委員から、個人情報の漏えい等の場合における公表について1件でも公表する必要があるのかなどの点について、質問がなされた。

8　第16回金融審特別部会(平成16年11月19日開催)

金融審特別部会は、平成16年11月19日、第16回部会を開催した。

同部会では、平成16年10月1日～同月29日までの間に実施された金融庁GL(案)に関するパブリックコメント手続において寄せられた意見などをふまえて修正された金融庁GL(案)などについて、質疑応答がなされた。

また、「金融分野における個人情報保護に関するガイドラインの安全管理

措置等についての実務指針（案）」が示され、委員の間で議論が行われた。

9　第17回金融審特別部会（平成16年12月7日開催）

金融審特別部会は、平成16年12月7日、第17回部会を開催した。

同部会では、金融庁GLをふまえた、各業界の自主ルールに関するヒアリングが行われた。また、金融分野において個別法を立法する必要があるか否かについて、委員の間で議論が行われた。

10　第18回金融審特別部会（平成16年12月20日開催）

金融審特別部会は、平成16年12月20日、第18回部会を開催した。

同部会では、「金融分野における個人情報保護に関するガイドラインの安全管理措置等についての実務指針（案）」に関するパブリックコメント手続の結果などが、金融庁から報告された。

また、第17回金融審特別部会での審議をふまえ、金融庁が、各業法における個人顧客情報の漏えい等の防止などのための法制上の措置について、「金融審議会特別部会における審議を踏まえた、各業法上における個人顧客情報漏えい等防止のための法制上の措置について」に基づき報告を行い、委員の間で議論が行われた。同報告では、個人情報保護法の施行をふまえ、①個人顧客に関する情報の漏えい、滅失またはき損の防止のための、情報の安全管理に係る取扱規程および組織体制の整備等ならびに委託先の選定および監督等の必要かつ適切な措置の実施、②個人信用情報機関から提供を受けた資金需要者の借入金返済能力に関する情報を、資金需要者の返済能力の調査以外の目的に使用することの禁止、③業務を行う際に知り得た個人顧客に関する人種、信教、門地、保健医療についての情報その他の特別な非公開情報を、適切な業務運営その他の必要と認められる目的以外の目的に使用することの禁止に関する措置の実施の確保を、各業法の施行規則上明らかにすることなどが述べられている。

最後に、金融審特別部会は、平成16年12月20日付で、「個人情報の保護に

関する法律の全面施行に向けて」を取りまとめ、これを公表した。同取りまとめでは、「『個人情報の漏えい等防止のための行政措置の実効性及び透明性の確保』に関しては、金融分野の個人情報取扱事業者においては、個人顧客情報の管理について各業法の体系上もその実効性を確保する必要があり、行政措置の根拠について透明性を確保することが望まれるとの結論となった。このため、当部会の審議を通じて、金融庁GLの格別の措置等のうち、特に業法の体系上においても実効性を確保することが求められる以下の3点について（著者注：上記の①～③を指す）について、各業法の施行規則において明記することが金融庁より報告されたところであり、当部会として、この措置は金融分野における個人情報保護上、適切なものと考える」と総括している。

第3節　金融分野における個別的措置

1　銀行法施行規則等の改正

金融庁は、前節で述べた金融審特別部会の審議をふまえて、銀行法施行規則に、①個人顧客情報の安全管理措置等（銀行法施行規則13条の6の5）、②返済能力情報の取扱い（同規則13条の6の6）、③特別の非公開情報の取扱い（同規則13条の6の7）に関する規定を新設した。

保険業法施行規則、信用金庫法施行規則、労働金庫法施行規則などにおいても、同様の改正が行われており、以下に述べる留意点等はこれらにも妥当すると考える。

銀行法施行規則改正の趣旨は、金融審特別部会による個人情報保護法の全面施行に向けた取りまとめ（金融審特別部会「個人情報の保護に関する法律の全面施行に向けて」（平成16年12月20日））をふまえて、「個人である顧客に関する情報」（以下「個人顧客情報」という）の取扱いに関する規定を整備することにより、いわゆる業法の体系上も個人顧客情報の漏えい等の防止の実効

性を確保し、行政措置の根拠の透明性を確保する点にあると考えられる（個人顧客情報の取扱い等に関する関連府省令の改正に関するパブリックコメント手続における金融庁回答（回答番号(1)））。

本節では、銀行法施行規則等の改正内容を概説したうえで、その実務上の留意点について検討する。

2 個人顧客情報の安全管理措置等（銀行法施行規則13条の6の5）

(1) 規定内容

銀行は、その取り扱う個人である顧客に関する情報の安全管理、従業者の監督および当該情報の取扱いを委託する場合にはその委託先の監督について、当該情報の漏えい、滅失またはき損の防止を図るために必要かつ適切な措置を講じなければならない（銀行法施行規則13条の6の5）。

(2) 「個人顧客情報」の意義と実務上の留意点

銀行法施行規則13条の6の5では、安全管理措置等の対象が個人顧客情報（個人である顧客に関する情報）に限定されている点が特徴的である。

　　a 「個人顧客」であること

「個人顧客情報」には、銀行にとって「顧客」に当たらない者に関する個人情報は含まれない（個人顧客情報の取扱い等に関する関連府省令の改正に関するパブリックコメント手続における金融庁回答（回答番号(13)））。したがって、銀行と取引のない個人に関する情報は、原則として「個人顧客情報」に含まれないと考えられる。たとえば、銀行が、M&A業務等に関連して、銀行と取引のない個人に関する情報を取得する場合（対象企業のデュー・ディリジェンスに伴って対象企業の役員・従業員の情報や対象企業が保有する個人情報を取得する場合など）があるが、この場合には当該情報は、「個人顧客情報」に含まれないと考えられる。また、銀行の従業員に関する情報についても、当該従業員と当該銀行との間に取引がない場合には、「個人顧客情報」に含まれないと考えられる。もっとも、銀行が現に具体的な取引を行おうとしている者（いわゆる見込み客）に関する情報は、「個人顧客情報」に含まれると考えら

れている点には注意が必要である（個人顧客情報の取扱い等に関する関連府省令の改正に関するパブリックコメント手続における金融庁回答（回答番号⑾））。

　また、「個人顧客情報」には、法人である顧客との取引において取得した法人顧客の代表者・従業員などに係る個人情報は含まれない（個人顧客情報の取扱い等に関する関連府省令の改正に関するパブリックコメント手続における金融庁回答（回答番号⑾））。この点は、個人情報保護法の場合と大きく異なる。

　「個人顧客情報」に、過去に取引関係があったが、すでに死亡している個人顧客に関する情報が含まれるか否かについて、実務上、議論がある。この点はむずかしい問題であるが、金融庁は、「既に死亡した者に関する情報について、銀行等が当該死亡者の生存している関係者との関係で引き続き財産の管理等の業務を行っている場合には、本施行規則改正案における『個人である顧客に関する情報』に含まれるものと解されます」と述べている（個人顧客情報の取扱い等に関する関連府省令の改正に関するパブリックコメント手続における金融庁回答（回答番号⑿））。

　　b　個人顧客識別可能性の要否

　「個人顧客情報」に該当するためには、当該情報に含まれる記述等により特定の個人を識別することができることを要するか、それとも、このような個人識別可能性がない情報（個人顧客との取引に関する統計情報など）も、「個人顧客情報」に含まれるかについては、議論がある（個人顧客情報の取扱い等に関する関連府省令の改正に関するパブリックコメント手続における金融庁回答（回答番号⑿）参照）。

　銀行法施行規則改正の経緯や趣旨などに照らせば、個人識別可能性のない情報は、「個人顧客情報」に含まれないと考えるのが妥当であるように思われる。

(3)　「必要かつ適切な措置」の意義

　銀行法施行規則13条の6の5は、金融機関に対し、個人顧客情報について「必要かつ適切な措置」（安全管理措置等）を講ずるよう求めている。

銀行法施行規則上の個人顧客情報と個人情報保護法上の個人データの関係については議論があるが、金融庁GL・安全管理実務指針に沿って個人データに関し「適切かつ必要な措置」（法20条）を講じている場合には、当該金融機関は、銀行法施行規則上も「必要かつ適切な措置」（銀行法施行規則13条の6の5）を講じているものと考えられている（個人顧客情報の取扱い等に関する関連府省令の改正に関するパブリックコメント手続における金融庁回答（回答番号(5)〜(8)））。

(4)　「必要かつ適切な措置」を講ずる対象

　「必要かつ適切な措置」は、①個人である顧客に関する情報の安全管理、②従業者の監督および③当該情報の取扱いを委託する場合にはその委託先の監督について、講ずる必要がある。

　自社内における個人顧客情報の安全管理・従業者に対する監督だけではなく、個人顧客情報の取扱いを外部委託する場合については、当該外部委託先に対する監督についても、「必要かつ適切な措置」を講ずる必要がある点に注意が必要である。

3　返済能力情報の取扱い（銀行法施行規則13条の6の6）

(1)　規定内容

　銀行は、信用情報に関する機関から提供を受けた情報であって個人である資金需要者の借入金返済能力に関するもの（以下「返済能力情報」という）を、資金需要者の返済能力の調査以外の目的のために利用しないことを確保するための措置を講じなければならない（銀行法施行規則13条の6の6）。

　本条の対象は、個人である資金需要者に関する返済能力情報に限定されている。

(2)　「信用情報に関する機関」の意義

　信用情報に関する機関とは、「資金需要者の借入金返済能力に関する情報の収集及び銀行に対する当該情報の提供を行うもの」をいう。

(3) 「資金需要者の返済能力調査」の意義

　銀行法施行規則13条の6の6は、金融機関に対して、返済能力情報を資金需要者の返済能力の調査以外の目的のために利用しないことを求めているが、いわゆる「途上与信スコアリング」については、返済能力情報を与信判断の審査に利用するなど、資金需要者の返済能力に関する調査に用いる場合には、銀行法施行規則13条の6の6上も許容されると考えられる（個人顧客情報の取扱い等に関する関連府省令の改正に関するパブリックコメント手続における金融庁回答（回答番号(17)））。

(4) 「確保するための措置」の意義と実務上の留意点

　銀行法施行規則13条の6の6は、金融機関に対して、返済能力情報を資金需要者の返済能力の調査以外の目的のために利用しないことを確保するための措置を講じるよう求めている。

　返済能力情報を資金需要者の返済能力の調査以外の目的のために利用しないことについては、金融庁GLでも努力措置として規定されているが（金融庁GL13条3項）、銀行法施行規則では、「利用しない」という不作為義務にとどまらず、「利用しないことを確保するための措置を講じる」ことを求めている点（作為を求めている点）が特徴的である。

　この趣旨については諸説あるが、個人情報保護法・金融庁GLの規制目的と、銀行法施行規則の規制目的との差異から、この点を説明するのが妥当であると考えられる。

　すなわち、個人情報保護法や金融庁GLは、個人情報の有用性に配慮しつつ個人の権利利益を保護することを目的とする規制であるのに対し（法1条参照）、銀行法施行規則は、銀行の業務の健全かつ適切な運営を期すること等を目的とする規制である（銀行法1条）。

　金融庁GLでは、返済能力情報の目的外利用の禁止という不作為義務（努力措置）を課しているだけであるが、銀行法施行規則では、「銀行の業務の健全かつ適切な運営を期」する（銀行法1条）という業法上も規制目的の観点から、単に目的外利用を禁止するだけにとどまらず、返済能力情報の目的

外利用という好ましくない事態が生じないことを確保するための予防措置を講ずるよう求めていると考えられる。

銀行法施行規則が求めている「確保するための措置」として、具体的にどのような措置を講ずる必要があるのかは必ずしも一義的ではなく、各金融機関による創意工夫に委ねられる部分も大きいと考えられるが、「確保するための措置」の一例として、①返済能力情報の目的外利用を禁止することを行内の取扱規程上明確化すること、②上記取扱規程を従業者に周知徹底すること、③上記取扱規程が遵守されているか否かを、自店検査・本部検査等の際に検査すべき事項として明定し、一定期間ごとの検査を実施する体制を構築すること、および④これらの取扱規程・検査に関する規程の内容を定期的に見直すことなどが考えられる。

4 特別の非公開情報の取扱い（銀行法施行規則13条の6の7）

(1) 規定内容

銀行は、その取り扱う個人である顧客に関する人種、信条、門地、本籍地、保健医療または犯罪経歴についての情報その他の特別の非公開情報を、適切な業務の運営の確保その他必要と認められる目的以外の目的のために利用しないことを確保するための措置を講じなければならない（銀行法施行規則13条の6の7）。

(2) 「個人である顧客に関する特別の非公開情報」の意義

銀行法施行規則13条の6の7は、「個人である顧客に関する人種、信条、門地、本籍地、保健医療又は犯罪経歴についての情報その他の特別の非公開情報」（以下「特別非公開情報」という）を対象とする規制である。「個人である顧客に関する」という限定が付されている点については、銀行法施行規則13条の6の5（個人顧客情報の安全管理措置等）と同様である。

「非公開情報」とは、その業務上知り得た公表されていない情報をいう。したがって、新聞等で公表されている情報は、「非公開情報」に当たらない。また、業務外で知り得た情報も、「非公開情報」に当たらないと考えら

れる。

　「その他の特別の非公開情報」とは、労働組合への加盟に関する情報、民族に関する情報および性生活に関する情報を意味する（個人顧客情報の取扱い等に関する関連府省令の改正に関するパブリックコメント手続における金融庁回答（回答番号(18)・(19)））。したがって、銀行法施行規則13条の6の7の規制対象（特別非公開情報）は、金融庁GL6条所定のセンシティブ情報と同義であると考えられる（個人顧客情報の取扱い等に関する関連府省令の改正に関するパブリックコメント手続における金融庁回答（回答番号(18)～(21)））。

(3)　「適切な業務の運営の確保その他必要と認められる目的」の意義

　特別非公開情報は、適切な業務の運営の確保その他必要と認められる目的であれば、利用することができるが、これ以外の目的での利用は禁止される。

　ここで、「適切な業務の運営の確保その他必要と認められる目的」とは、金融庁GL6条1項各号に列挙された場合を意味すると考えられる（個人顧客情報の取扱い等に関する関連府省令の改正に関するパブリックコメント手続における金融庁回答（回答番号(22)））。

(4)　「確保するための措置」の意義と実務上の留意点

　銀行法施行規則13条の6の7は、金融機関に対して、特別非公開情報を金融庁GL6条1項所定の場合以外のために利用しないことを確保するための措置を講じるよう求めている。

　特別非公開情報（センシティブ情報）の取得・利用・第三者提供の原則禁止については、金融庁GLでも規定されているが（金融庁GL6条、努力措置）、銀行法施行規則では、単なる不作為義務にとどまらず、「利用しないことを確保するための措置を講じる」ことを求めている点（作為を求めている点）が特徴的である。

　この点は、銀行法施行規則13条の6の6（返済能力情報の取扱い）と同様である。

　銀行法施行規則13条の6の7が求めている「確保するための措置」とし

て、具体的にどのような措置を講ずる必要があるのかは必ずしも一義的ではなく、各金融機関による創意工夫に委ねられる部分も大きいと考えられるが、「確保するための措置」の一例として、①特別非公開情報の取扱いに関する規定を、行内の取扱規程に新設すること、②上記取扱規程を従業者に周知徹底すること、③上記取扱規程が遵守されているか否かを、自店検査・本部検査等の際に検査すべき事項として明定し、一定期間ごとの検査を実施する体制を構築すること、および④これらの取扱規程・検査に関する規程の内容を定期的に見直すことなどが考えられる。

5　実務上の留意点

(1)　規制目的の相違

　金融機関は、個人情報保護法に基づく規制と銀行法施行規則に基づく規制の双方を遵守する必要がある。

　前述したとおり、個人情報保護法や金融庁GLは、個人情報の有用性に配慮しつつ個人の権利利益を保護することを目的とする規制であるのに対し（法1条参照）、銀行法施行規則は、銀行の業務の健全かつ適切な運営を期すること等を目的とする規制である（銀行法1条）。このような規制目的の相違は、個人情報保護法に基づく規制内容と銀行法施行規則に基づく規制内容の解釈に影響を与えると考えられる。

　この1つの具体例が、「確保するための措置」の意義の解釈である点は、前述したとおりである。

(2)　銀行法施行規則違反の影響

　銀行法に基づく検査の結果および不祥事件等届出書等により、顧客等に関する情報管理態勢に問題があると認められる場合には、必要に応じ、銀行法24条に基づき報告を求め、重大な問題があると認められる場合には、同法26条に基づき業務改善命令を発出される可能性がある（主要行監督指針Ⅲ-3-3-3-3参照）。

　業務改善命令は、「銀行の業務若しくは財産又は銀行及びその子会社等の

財産の状況に照らして、当該銀行の業務の健全かつ適切な運営を確保するため必要があると認めるとき」(銀行法26条1項)に発せられるものであり、業務改善命令の具体的内容は、「措置を講ずべき事項及び期限を示して、当該銀行の経営の健全性を確保するための改善計画の提出を求め、若しくは提出された改善計画の変更を命じ、又はその必要の限度において、期限を付して当該銀行の業務の全部若しくは一部の停止を命じ、若しくは当該銀行の財産の供託その他監督上必要な措置を命ずること」である(同条項)。

この業務改善命令は、個人情報保護法に基づく報告の勧告・命令とは別個のものであり、両者は、その目的・法律上の位置づけ・要件等を異にしている。

個人情報保護法に基づく勧告は、個人情報取扱事業者が個人情報保護法16条～18条・20条～22条・23条(4項を除く)、24条・25条・26条(2項を除く)・27条・28条(1項を除く)、29条2項・3項、30条2項・4項・5項、33条2項、36条(6項を除く)の規定に違反した場合等において、個人の権利利益を保護するため必要があると認めるときに、個人情報保護委員会が当該個人情報取扱事業者に対し当該違反行為の中止その他違反を是正するために必要な措置をとるべき旨を勧告するものである(法42条1項)。また、個人情報保護法に基づく命令は、個人情報保護法42条1項に基づく勧告を受けた個人情報取扱事業者が正当な理由がなくてその勧告に係る措置をとらなかった場合において個人の重大な権利利益の侵害が切迫していると認めるとき、個人情報保護委員会が当該個人情報取扱事業者に対し発するもので、勧告に係る措置をとるべきことを命ずることを内容としている(同条2項)。

(3) 適用対象事業者の相違

個人情報保護法は、「個人情報取扱事業者」を対象とする規制であるから(法第4章参照)、「個人情報取扱事業者」(法2条5項、施行令2条)に該当しない者には、同法は適用されず、これらの者に対して、個人情報保護法に基づく勧告・命令が発されることはない。

これに対して、他方、銀行法施行規則に基づく規制については、銀行法上

の「銀行」である限り、個人情報保護法上の「個人情報取扱事業者」であるか否かにかかわらず、適用される（金融機関における個人情報保護に関するQ&A問Ⅲ-5・Ⅲ-6）。したがって、個人情報取扱事業者に該当しない銀行も、銀行法施行規則に沿った対応を行う必要があると考えられる（個人顧客情報の取扱い等に関する関連府省令の改正に関するパブリックコメント手続における金融庁回答（回答番号(2)））。

第4節　顧客情報の取扱いに関する検査・監督行政上の規制

1　本節の位置づけ

　第2節で述べたとおり、金融庁は、個人情報保護法の施行にあたり、金融審特別部会での審議をふまえ、金融分野における個人情報取扱事業者が講ずべき措置の適切かつ有効な実施を図るための指針として、金融庁GL・安全管理実務指針を制定し、これを告示した。

　また、第3節で述べたとおり、金融庁は、金融審特別部会による個人情報保護法の全面施行に向けた取りまとめ（金融審特別部会「個人情報の保護に関する法律の全面施行に向けて」（平成16年12月20日））をふまえて、業法の体系上も個人顧客情報の漏えい等の防止の実効性を確保し、行政措置の根拠の透明性を確保することを目的として、銀行法施行規則等の改正を行った。

　以上に加えて、金融庁は、個人情報保護法の施行・銀行法施行規則等の改正等に対応して、主要行監督指針、中小・地域金融機関監督指針、保険監督指針などにおける顧客情報・顧客データの取扱いに関する規定を整備するなど、個人情報・顧客情報に関する監督行政上の取扱いを明確化しており、その後も金融機関における顧客情報の漏えい等の事故をふまえ、この改訂を行っている。

　本節では、2～4において、主要行監督指針、中小・地域金融機関監督指針（以下、両者を総称して「銀行監督指針」という）および金融検査マニュア

ル（以下、銀行監督指針と金融検査マニュアルを総称して「銀行監督指針等」という）における、個人（顧客）情報の取扱いに関する規制内容を概説し、あわせて実務上の留意点を検討する。

2 銀行監督指針等における規制の目的

前述したとおり、銀行監督指針等における顧客情報・顧客データの取扱いに関する規制の目的は、終局的には、銀行の業務の健全かつ適切な運営を期すること等を目的とする点にあると考えられる（銀行法1条）。

これに対し、個人情報保護法や金融庁GL・安全管理実務指針は、個人情報の有用性に配慮しつつ個人の権利利益を保護することを目的とする規制であるから（法1条参照）、(ｱ)銀行監督指針等における顧客情報・顧客データの取扱いに関する規制と、(ｲ)個人情報保護法・金融庁GL・安全管理実務指針における個人情報の取扱いに関する規制とでは、その規制目的を異にしている。

この点に留意しつつ、銀行監督指針等における規制内容を理解することが必要であると考える。この点は保険監督指針等における規制内容との関係でも同様であると考える。

3 銀行監督指針上の規制
(1) 顧客情報全般に関する規制

銀行監督指針では、「顧客等に関する情報管理態勢」と題する項を設け、法人顧客を含めた顧客情報管理全般について、①「経営陣は、顧客等に関する情報管理の適切性を確保する必要性及び重要性を認識し、適切性を確保するための組織体制の確立（部門間における適切なけん制の確保を含む）、社内規程の策定等、内部管理態勢の整備を図っているか」、②「顧客等に関する情報の取扱いについて、具体的な取扱基準を定めた上で、研修等により役職員に周知徹底しているか。特に、当該情報の他者への伝達については、コンプライアンス（顧客に対する守秘義務、説明責任）及びレピュテーションの観点

から検討を行った上で取扱基準を定めているか」、③「顧客等に関する情報へのアクセス管理の徹底（アクセス権限を付与された本人以外が使用することの防止等）、内部関係者による顧客等に関する情報の持出しの防止に係る対策、外部からの不正アクセスの防御等情報管理システムの堅牢化、店舗の統廃合等を行う際の顧客等に関する情報の漏えい等の防止などの対策を含め、顧客等に関する情報の管理が適切に行われているかを検証できる体制となっているか。また、特定職員に集中する権限等の分散や、幅広い権限等を有する職員への管理・けん制の強化を図る等、顧客等に関する情報を利用した不正行為を防止するための適切な措置を図っているか」、④「顧客等に関する情報の漏えい等が発生した場合に、適切に責任部署へ報告され、二次被害等の発生防止の観点から、対象となった顧客等への説明、当局への報告及び必要に応じた公表が迅速かつ適切に行われる体制が整備されているか。また、情報漏えい等が発生した原因を分析し、再発防止に向けた対策が講じられているか。更には、他社における漏えい事故等を踏まえ、類似事例の再発防止のために必要な措置の検討を行っているか」、⑤「独立した内部監査部門において、定期的又は随時に、顧客等に関する情報管理に係る幅広い業務を対象にした監査を行っているか。また、顧客等に関する情報管理に係る監査に従事する職員の専門性を高めるため、研修の実施等の方策を適切に講じているか」といった一般的な留意事項をあげている。

(2) 個人顧客情報に関する規制

銀行監督指針では、顧客情報のうち個人顧客情報の管理について、①個人である顧客に関する情報については、銀行法施行規則13条の6の5に基づき、その安全管理および従業者の監督について、当該情報の漏えい、滅失またはき損の防止を図るために必要かつ適切な措置として、金融庁GL10条・11条、安全管理実務指針Ⅰ・Ⅱ・別添2の措置が講じられているか、②個人である顧客に関する人種、信条、門地、本籍地、保健医療または犯罪経歴についての情報その他の特別の非公開情報を、銀行法施行規則13条の6の7に基づき、金融庁GL6条1項各号に列挙する場合を除き、利用しないこと

を確保するための措置が講じられているか、③クレジットカード情報等について、㋐クレジットカード情報等について、利用目的その他の事情を勘案した適切な保存期間を設定し、保存場所を限定し、保存期間経過後適切かつ速やかに廃棄しているか、㋑業務上必要とする場合を除き、クレジットカード情報等をコンピュータ画面に表示する際には、カード番号をすべて表示させない等の適切な措置を講じているか、㋒独立した内部監査部門において、クレジットカード情報等を保護するためのルールおよびシステムが有効に機能しているかについて、定期的または随時に内部監査を行っているかといった留意事項をあげている。

(3) 店舗の安全管理措置

　a　店舗共用時の留意点

　銀行監督指針では、「銀行が、その営業所を他者の本支店等と同一建物、同一フロアに設置する場合には、顧客の誤認防止、顧客情報の保護及び防犯上の観点から、適切な措置が講じられているか。また、コンピュータ設備を共用する場合に銀行自らの情報管理規定が遵守できるよう体制が整備されているか」という監督上の着眼点も設けられている。近時、金融グループのグループ化が進展しシナジー効果の発揮が経営課題となっているところ、こうした施策の推進にあたって上記の点に留意する必要がある。

　b　ATMシステムのセキュリティ対策

　ATMのセキュリティ対策に関し、「ATMシステムは、簡便・迅速に各種サービスを提供するものであり、顧客にとって利便性が高く、広く活用されている。一方で、ATMシステムを通じた取引は、非対面で行われるため、異常な取引態様を確認できないことなどの特有のリスクを抱えている。銀行が顧客にサービスを提供するに当たっては、顧客の財産を安全に管理することが求められる。従って、利用者利便を確保しつつ、利用者保護の徹底を図る観点から、銀行にはATMシステムの情報セキュリティ対策を十分に講じることが要請される」とされている。近時、ATMの保守管理業者がキャッシュカードの暗証番号を不正に取得し顧客の預金が払い戻されるといった犯

罪が発生し、あらためてATMシステムの情報セキュリティと外部委託先管理の重要性が注目されている。

(4) 外部委託

　　a　規制内容

　銀行監督指針では、外部委託については、①委託先における目的外使用の禁止も含めて顧客等に関する情報管理が整備されており、委託先に守秘義務が課せられているか、②個人顧客情報の取扱いを委託する場合には、銀行法施行規則13条の6の5に基づき、その委託先の監督について、当該情報の漏えい、滅失またはき損の防止を図るために必要かつ適切な措置として、金融庁GL12条に基づく措置および安全管理実務指針Ⅲに基づく措置が講じられているか、③外部委託先の管理について、責任部署を明確化し、外部委託先における業務の実施状況を定期的または必要に応じてモニタリングする等、外部委託先において顧客等に関する情報管理が適切に行われていることを確認しているか、④外部委託先において漏えい事故等が発生した場合に、適切な対応がなされ、速やかに委託元に報告される体制になっていることを確認しているか、⑤外部委託先による顧客等に関する情報へのアクセス権限について、委託業務の内容に応じて必要な範囲内に制限しているか。そのうえで、外部委託先においてアクセス権限が付与される役職員およびその権限の範囲が特定されていることを確認しているか。さらに、アクセス権限を付与された本人以外が当該権限を使用すること等を防止するため、外部委託先において定期的または随時に、利用状況の確認（権限が付与された本人と実際の利用者との突合を含む）が行われている等、アクセス管理の徹底が図られていることを確認しているか、⑥二段階以上の委託が行われた場合には、外部委託先が再委託先等の事業者に対して十分な監督を行っているかについて確認しているか。また、必要に応じ、再委託先等の事業者に対して自社による直接の監督を行っているか、⑦クレーム等について顧客から銀行への直接の連絡体制を設けるなど適切な苦情相談態勢が整備されているかといった留意点をあげている。

b 実務上の留意点

　金融機関では外部委託の活用が進んでおり、これに伴い個人顧客情報の外部委託が行われる場面が増加している。個人顧客情報の外部委託に係る銀行監督指針上の規制内容は累次の規制強化によりきわめて厳格な内容となっている。

(5) 付随業務等

　さらに、銀行監督指針では、銀行が営む業務における顧客情報の取扱いに関する各論的な留意点として、①付随業務（コンサルティング業務・ビジネスマッチング業務・M&Aに関する業務・事務受託業務・個人の財産形成に関する相談に応ずる業務）における留意点、②保険募集における留意点などについて規定している。

　たとえば、①について、「付随業務に関連した顧客の情報管理について、目的外使用も含め具体的な取扱い基準が定められ、それらの行員等に対する周知徹底について検証態勢が整備されているか」といった留意点が設けられている。

(6) 銀行代理業

a 銀行代理業者による顧客情報管理

　銀行の子会社が銀行代理業を営む場合のほか、預金取扱金融機関以外の業態の金融機関（たとえば証券会社）が、その子会社である銀行の銀行代理店となり、銀行と証券会社が連携し充実した金融サービスを提供している事例などがある。

　銀行代理業者の顧客情報の管理に関する銀行監督指針上の規制内容は、銀行に関するものと基本的に同様であり、銀行監督指針において、「社内規則に、顧客情報を適正に管理するための方法や体制（たとえば、組織・担当者の分離、設備上・システム上の情報障壁の設置、情報の遮断等）その他Ⅱ-3-2-3に準じた取扱いについて、具体的に定められているか」といった監督上の留意点があげられている。

　このほかに、銀行監督指針では、「既存の一般事業者が銀行代理業へ参入

した場合など、銀行代理業者が他業を兼業する場合には、抱き合わせ販売（融資）、情実融資及び顧客情報の流用等の不適切な取扱いが生ずることのないよう、銀行代理業者の業務運営態勢の整備等が強く求められることに留意する必要がある」「銀行代理業者が他業を兼業する場合には、銀行代理業務で得た顧客情報が顧客の同意なく兼業業務に流用されることのないよう、顧客情報を適正に管理するための方法や体制（例えば、組織・担当者の分離、設備上・システム上の情報障壁の設置、情報の遮断に関する社内規則の制定及び研修等社員教育の徹底等）の整備が行われているかどうかについて留意する」「銀行代理業者が二以上の所属銀行等から銀行代理業を受託している場合は、一の所属銀行の銀行代理業務で得た顧客情報が顧客の同意なくその他の所属銀行の銀行代理業務に流用されることのないよう、顧客情報を適正に管理するための方法や体制（例えば、組織・担当者の分離、設備上・システム上の情報障壁の設置、情報の遮断に関する社内規則の制定及び研修等社員教育の徹底等の顧客情報管理体制）の整備が行われているかどうかについて十分に検証する」といった点があげられているのが特徴的である。

　　b　所属銀行による管理

　銀行監督指針では、顧客情報の適切な管理および犯罪を防止するための措置（銀行法施行規則34条の63第1項5号・7号）に関し、「銀行代理業者における顧客情報の適正な管理を確保するための体制整備及び銀行代理業者の営業所又は事務所における銀行代理業に係る業務に関する犯罪防止措置については、例えば、物的設備、人員の配置及びシステムのセキュリティ対策等、所属銀行が自らの顧客情報管理及び自行の営業所等における犯罪防止に関し講じているのと同程度の態勢整備を行うことができるよう、適切な指導やノウハウの提供等が行われているか」といった留意点があげられている。

(7)　実務上の留意点

　銀行監督指針の「顧客情報管理」の項では、「顧客等に関する情報の管理」という用語を用いている箇所が多数ある。換言すれば、銀行監督指針では、「個人顧客情報」や「個人情報」といった個人（顧客）に限定した用語

を用いず、単に「顧客等に関する」という用語を用い、法人(顧客)も含めた顧客情報の管理について規定している部分が多数あるのである。

この趣旨については諸説あるが、個人情報保護法・金融庁GLの規制目的と、銀行監督指針の規制目的との差異から、この点を説明するのが妥当であると考える。

すなわち、個人情報保護法や金融庁GLは、個人情報の有用性に配慮しつつ個人の権利利益を保護することを目的とする規制であるのに対し(法1条参照)、銀行監督指針は、銀行の業務の健全かつ適切な運営を期すること等を目的とする規制である(銀行法1条参照)。

個人情報保護法・金融庁GLでは、個人情報を対象として個人情報取扱事業者の義務を課しているだけであるが、「銀行の業務の健全かつ適切な運営を期」する(銀行法1条)という業法上の規制目的の観点からみた場合、個人顧客情報も法人顧客情報も、その管理・取扱いの適切性が確保される必要性については軽重がないと考えることも可能である。

銀行監督指針では、このような観点から、広く「顧客等に関する情報」全般について、留意点を定めているものと思われる。

4 金融検査マニュアル上の規制

(1) 規制内容

金融検査マニュアルでは、主に、「顧客保護等管理態勢」「システムリスク管理態勢」に関連して、顧客情報に関するチェック事項が設けられている。

a 顧客情報管理態勢のあり方に係る規制内容

「顧客保護等管理態勢」のなかの「顧客情報管理態勢」の項目では、たとえば、「顧客情報統括管理責任者は、顧客保護等管理方針に則り、顧客情報管理の適切性を確保するための組織体制及び顧客情報管理に関するモニタリングの方法を決定し、当該業務についての管理を行うための取決めを明確に定めた内部規程(以下「顧客情報管理規程」という。)を策定しているか」「顧客情報統括管理責任者は、顧客保護等管理方針及び顧客情報管理規程に則

り、顧客情報管理の方法及び遵守すべき手続等について、その手続を定めた業務細則（以下「顧客情報管理マニュアル」という。）を策定し組織内に周知しているか」などのチェック項目が設けられている。

　また、顧客情報管理マニュアルには、特に次の諸点について定めを設けるよう求められている。
　① 管理の対象となる帳票や電子媒体等
　② 管理の対象となる帳票や電子媒体等に関し、収納する場所、廃棄方法等適切に管理するための方法
　③ アクセスできる役職者の範囲、アクセス権の管理方法
　④ 顧客情報を外部に持ち出す場合の顧客情報の漏えいを防止するための取扱方法
　⑤ 漏えい事故が発生した場合の対応方法（顧客情報統括管理責任者や顧客情報管理担当者および当局への報告、必要に応じた情報のアクセス制限や顧客への説明など情報漏えいによる二次被害を防止するための方策など）

　さらに、システム面からの情報セキュリティの確保に関し、以下のような漏えい等防止措置を講ずるよう求めている。
　① 顧客情報のプリントアウトやダウンロードについて、適切な方法により、利用目的に応じたデータの内容・量の制限を行っているか。
　② 顧客情報へのアクセスについて、職制や資格に応じて必要な範囲内に制限しているか。
　③ パソコンやホストコンピュータ等に保存された顧客情報データについて、顧客情報データベースへのアクセスにおけるパスワードの設定や認証システムの整備、暗号化等により保護されているか。
　④ 外部委託先との間における顧客情報のやり取りに関しては、システム上必要な保護措置を講じているか。

　　b　システムリスク管理態勢
　システムリスク管理態勢のチェック項目として、「管理者は、定められた方針、基準及び手順に従ってセキュリティが守られているかを適正に管理す

るセキュリティ管理者を設置し、管理業務の遂行に必要な権限を与えて管理させているか」「管理者は、システムの安全かつ円滑な運用と不正防止のため、システムの管理手順を定め、適正に管理するシステム管理者を設置し、管理業務の遂行に必要な権限を与えて管理させているか」「管理者は、データについて機密性、完全性、可用性の確保を行うためにデータ管理者を設置し、管理業務の遂行に必要な権限を与えて管理させているか」「管理者は、ネットワーク稼働状況の管理、アクセスコントロール及びモニタリング等を適切に管理するために、ネットワーク管理者を設置し、管理業務の遂行に必要な権限を与えて管理させているか」と定めている。

　また、バックアップについて、「重要なデータファイル、プログラムの破損、障害等への対応のため、バックアップを取得し、管理方法を明確にしているか」「バックアップを取得するに当たっては、分散保管、隔地保管等保管場所に留意しているか」「バックアップ取得の周期を文書化しているか」「業務への影響が大きい重要なシステムについては、オフサイトバックアップシステム等を事前に準備し、災害、システム障害が発生した場合等に、速やかに業務を継続できる態勢を整備しているか」と定めている。

(2)　金融検査評定制度

　金融庁は、「金融検査評定制度（FIRST）」（預金等受入金融機関に係る検査評定制度）を策定し、平成17年7月、検査局長通達として、これを発出した。

　金融検査評定制度では、「顧客保護等管理態勢」という項目において、顧客情報の取扱いに関する事項が定められている。

第3章　金融庁ガイドラインと改正個人情報保護法

チェックポイント

① 金融庁GLの位置づけや安全管理実務指針との関係について理解する（第1節）。
② 個人情報・個人データなどの基礎概念を理解する（第2節）。
③ センシティブ情報の意義とこれに関する規制内容を理解する（第3節）。
④ 個人情報の目的外利用の原則禁止とその例外について理解する（第5節）。
⑤ 個人情報を取得した際に、利用目的の通知・公表・明示・同意取得が必要とされる場面を理解する（第6節・第7節）。
⑥ 個人データの安全管理に関する規制（従業者・委託先に対する監督を含む）の概要を理解する（第11節～第13節）。
⑦ 個人データの第三者提供について原則として書面による同意が必要であることなどを理解する（第14節）。
⑧ 保有個人データの開示等の手続とその留意点を理解する（第16節・第17節）。
⑨ 個人情報の漏えい等が生じた場合の対応について理解する（第19節）。
⑩ 個人情報保護宣言の位置づけ・内容を理解する（第20節）。

　本章では、金融庁ガイドラインの内容と平成29年に施行される改正個人情報保護法のポイントについて解説する。

第1節　金融庁ガイドラインの意義（金融庁GL 1 条）

1　金融庁ガイドラインの位置づけ
(1)　個人情報保護法等との関係

　金融分野における個人情報保護に関するガイドライン（以下「金融庁ガイドライン」または「金融庁GL」という）は、個人情報保護法・施行令・基本方針をふまえ、金融分野における個人情報取扱事業者（以下「金融事業者」という）が講ずべき措置の適切かつ有効な実施を図るための指針として、金融庁が制定したものである（金融庁GL 1 条 1 項）。

　個人データの安全管理措置などについては、金融庁GLのほかに、安全管理実務指針において、詳細に規定されている（第 1 編第 4 章参照）。したがって、個人データの安全管理措置に関する検討にあたっては、個人情報保護法・金融庁GLに加え、安全管理実務指針もふまえた検討を行う必要がある。

　以下、本章では、金融庁GLの条項ごとに、①金融庁GLの各条項の位置づけ（個人情報保護法の条項との関係）、②金融庁GLの規定内容、および③実務上の留意点について、説明・検討する。

(2)　義務規定と努力規定

　金融庁GLは、個人情報保護法上の義務と同じ内容を定めた規定や同法の解釈を定めた規定（これらを「義務規定」と総称する）のほかに、金融分野の個人情報の性質・利用方法に照らし個人情報の取扱いに関して金融事業者などが特に厳格な措置が求められる事項（これを「努力措置」という）に関する規定を定めている。

　努力措置を規定する場合には、「こととする」「適切である」「望ましい」という表現が用いられ、義務規定と明確に区別されている（金融庁GL24条 2 項）。「こととする」「適切である」「望ましい」という 3 種類の表現の間に、法的効果の差異はない（金融庁GLに関するパブリックコメント手続における金融庁回答（回答番号37））。また、金融庁GLに「こととする」「適切である」

「望ましい」と定められた事項について、あくまで「努力措置」であるから、これに違反したとしても、個人情報保護法違反の問題が生じることはなく、個人情報保護法に基づく勧告・命令の対象になることはないと考えられる（金融庁GL24条2項、金融庁GLに関するパブリックコメント手続における金融庁回答（回答番号38・39））[6]。

(3) 金融庁GL以外の規制との関係

金融事業者は、個人情報の漏えい・不正流出などを防止などするため、個人情報の適正な管理に関し、「関係法令等」に従い個人情報の適正な管理体制を整備する必要がある（金融庁GL1条3項）。

金融庁GL1条3項の規定は、金融庁GLと他の規制との関係を明らかにするものであり、重要である。

「関係法令等」の「関係法令」には、個人顧客情報等の取扱いを規定した銀行法施行規則13条の6の5～13条の6の7、番号法などが含まれると考えられる。また、「関係法令等」の「等」には、法令に基づく告示・指針等、公務所により発出された指導文書等が含まれると考えられる（金融庁GLに関するパブリックコメント手続における金融庁回答（回答番号148）参照）。

したがって、金融事業者は、金融庁GLに加え、これらの規制も遵守する必要がある。

2 金融庁ガイドラインの適用範囲

(1) 金融庁GLが適用される個人情報の範囲

平成29年に施行される改正個人情報保護法による改正前の個人情報保護法（以下「旧法」または「旧個人情報保護法」という）では、いわゆる「主務大臣制」が敷かれており、個人情報取扱事業者が行う事業を所管する大臣が、「主務大臣」として、個人情報取扱事業者からの報告徴求（旧法32条）、助言

---

[6] 業法との関係……金融庁GLの努力措置に違反しただけで、直ちに銀行法上の業務改善命令（銀行法26条）等の対象になるのかは、必ずしも明らかではない（金融庁GLに関するパブリックコメント手続における金融庁回答（回答番号22・32・41）参照）。

(旧法33条)、勧告・命令(旧法34条)を行うこととなっていた(旧法36条)。

　すなわち、旧個人情報保護法36条1項では、「主務大臣」について、原則として、個人情報取扱事業者が行う事業を所管する大臣等(以下「事業所管大臣」という)が、個人情報保護法上の主務大臣となることを定め、個人情報取扱事業者が行う個人情報の取扱いのうち、雇用管理に関するものについては、厚生労働大臣と事業所管大臣が主務大臣となると定めていた。

　金融庁は、これをふまえたうえで、金融庁GLに関するパブリックコメント手続において、金融事業者の雇用管理に関する個人情報の取扱いについては厚労省告示のみが適用され、金融庁GLは適用されない旨回答している(金融庁GLに関するパブリックコメント手続における金融庁回答(回答番号26～28))。また、金融事業者の株主に関する個人情報の取扱いについても、金融庁GLは適用されない(金融庁GLに関するパブリックコメント手続における金融庁回答(回答番号25))。

　平成29年から施行される改正個人情報保護法では、個人情報保護法の所管が個人情報保護委員会に一元化されているが(法40条以下)、個人情報保護委員会が金融庁にその権限(具体的には報告徴求と立入検査)の一部を委任することができる旨の規定が設けられている(法44条)。

(2)　金融庁GLが適用される金融事業者の範囲

　金融庁GLは、金融事業者(金融分野における個人情報取扱事業者)に適用される。

　したがって、金融事業者の子会社や関連会社については、当該事業者が「金融分野における個人情報取扱事業者」に該当しなければ、金融庁GLは適用されないと考えられる。また、金融分野における個人情報取扱事業者である限り、民間の営利法人のみならず、一般社団法人・一般財団法人などにも、金融庁GLが適用されると考えられる(第12回金融審特別部会における金融庁担当者説明)。

(3)　実務上の留意点

　従来、金融分野において個人情報データベース等を事業の用に供している

者のうち、旧個人情報保護法2条3項5号の規定により「個人情報取扱事業者」から除かれる者についても、金融庁GLの遵守に努めるよう求められていた（金融庁GL1条4項、努力措置）。個人情報取扱事業者に該当しない金融事業者との関係では、金融庁GLは、全体として「努力措置」であるから、個人情報取扱事業者に該当しない金融事業者が金融庁GLに違反したとしても、個人情報保護法上の勧告などが発されることはないと解されていた（金融庁GLに関するパブリックコメント手続における金融庁回答（回答番号32））。

後述するとおり、平成29年から施行される改正個人情報保護法では、旧個人情報保護法2条3項5号に相当する規定が削除され、同条項に該当する事業者にも個人情報保護法の規定が適用されることになっている。

いわゆるホールセール型の金融機関では、旧個人情報保護法2条3項5号の規定により個人情報取扱事業者に該当しない金融機関もあるようであるが（金融庁GLに関するパブリックコメント手続における金融庁回答（回答番号31）の「質問の概要」欄参照）、そのような金融機関においては、上記の点に留意する必要がある。

第2節　定義規定（金融庁GL2条）

1　金融庁GL2条の位置づけ

金融庁GL2条は、個人情報保護法2条・施行令1条～4条に対応する規定である。

金融庁GL2条では、個人情報などに関する定義規定を設け、その具体例をあげている。金融庁GLにおいて記載されている具体例は、これに限定する趣旨で記載されたものではなく、また、個別ケースによって別途考慮すべき要素がありうる（金融庁GL1条5項）。

2　金融庁GL2条の内容

(1)　「個人情報」の定義等

　金融庁GLでは、「個人情報」「個人情報データベース等」「個人データ」などの基本的な概念について、個人情報保護法と同様の定義を用いている。

　　a　「個人情報」の定義（金融庁GL2条1項）

　「個人情報」とは、生存する個人に関する情報であって、当該情報に含まれる氏名、生年月日、その他の記述等により特定の個人を識別できるもの（他の情報と容易に照合することができ、それにより特定の個人を識別することができることとなるものを含む）などをいう（法2条1項1号、金融庁GL2条1項）。

　すでに死亡した個人に関する情報は、原則として「個人情報」に当たらないが、「死者に関する情報」が、同時に、遺族等の生存する個人に関する情報となることがある点に留意する必要がある（金融庁GL2条1項）。「個人」には、外国人も含まれる（金融庁GL2条1項）。

　「個人に関する情報」とは、氏名、性別、生年月日、住所、年齢、職業、続柄等の事実に関する情報に限られず、個人の身体、財産、職種、肩書等の属性に関する判断や評価を表すすべての情報を指し、映像や音声による情報も含まれる（金融庁GL2条1項）。

　公になっておりだれでも入手可能な情報も、「個人情報」の定義に該当する限り、「個人情報」に含まれる（金融庁GL2条1項、金融庁GLに関するパブリックコメント手続における金融庁回答（回答番号43・44）、金融機関における個人情報保護に関するQ&A問Ⅱ-1）。したがって、官報・日刊紙に掲載された情報や、登記事項証明書に記載されている情報なども、上記定義に該当する限り、「個人情報」に当たると考えられる。

　企業名等、法人その他の団体に関する情報は、基本的に個人情報には当たらないが、代表者、役員、担当者の氏名などの個人に関する情報が含まれる場合には、その部分について「個人情報」に当たる（金融庁GL2条1項、金融機関における個人情報保護に関するQ&A問Ⅱ-6）。

　氏名が含まれていない情報であっても、氏名以外の記述等により特定の個

人を識別できる情報は、「個人情報」に該当する（金融庁GLに関するパブリックコメント手続における金融庁回答（回答番号43））。氏名以外の記述等と他の情報とを容易に照合することができ、それにより特定の個人を識別することができる場合も同様である。「他の情報と容易に照合することができ、それにより特定の個人を識別することができる」か否かは、当該個人情報取扱事業者において、通常の業務における一般的方法で、個人を識別する他の情報との照合が可能な状態にあるか否かによって判断されると考えられる（園部『解説』49頁参照）。住宅ローンの残高など金額のみが記載され、氏名等が記載されていない資料など第三者からみて特定の個人を識別することができない情報が「個人情報」に当たるか否かが問題となる。この点について、住宅ローンの残高だけが記載され、氏名等が記載されていないものは基本的に個人情報に当たらないと思われるが、金融事業者において通常の業務における一般的な方法で、他の情報と容易に照合が可能であり、それにより特定の個人を識別することが可能であるならば、他の第三者からみて特定の個人を識別することができないとしても、当該情報は「個人情報」に該当すると考える（金融機関における個人情報保護に関するQ&A問Ⅱ-2）。

　生存する顧客の個人番号についても、他の情報とを容易に照合することができ、それにより特定の個人を識別することができる場合には、個人情報に当たると考えられる（浅井『マイナンバー法』20頁）。

　いわゆる「匿名化された情報」の個人情報該当性も、この基準に従って個別に判断されると考えられ、他の情報と容易に照合することができそれにより特定の個人を識別できる場合には、いわゆる「匿名化された情報」も「個人情報」に該当すると考えられる（金融庁GLに関するパブリックコメント手続における金融庁回答（回答番号55・56））。

　なお、平成29年に施行される改正個人情報保護法では、「匿名加工情報」という概念が新設され、これに関する新たな規律が導入されている（法36条〜39条）。

b 「個人情報データベース等」の定義（金融庁GL2条2項）

　「個人情報データベース等」とは、個人情報を含む情報の集合物であって、特定の個人情報をコンピュータを用いて検索できるように体系的に構成したもの、またはコンピュータを用いていない場合であっても、50音順に索引を付して並べられた顧客カードなど、個人情報を一定の規則に従って整理することにより特定の個人情報を容易に検索することができるよう体系的に構成したものであって、目次・索引・符号等により一般的に容易に検索可能な状態に置かれているものをいう（金融庁GL2条2項）。「個人情報データベース等」の具体例としては、口座番号順などに並べられた印鑑票や口座番号順などで作成されたコムフィシュなどがある。法人の代表者の氏名等が（単に文字列検索が可能なのではなく、個人情報としての属性に着目して）検索可能な場合には、当該データベースは「個人情報」が検索できるように体系的に構成されているといえ、「個人情報データベース等」に該当するが、データベース等があくまで法人情報のみの検索が可能なように構成されているもので、（法人代表者の氏名等の）個人情報の検索が可能なように体系的に構成されていない場合には、当該データベース等は「個人情報データベース等」には該当しないと考える（金融機関における個人情報保護に関するQ&A問Ⅱ-6）。

　金融機関の従業者が、個人的に所有・管理している個人情報データベース等を金融機関の業務に利用した場合、当該個人情報データベース等は、当然に当該金融機関が事業の用に供する「個人情報データベース」に当たるか。たとえば金融機関の従業者が個人的に所有・管理している名簿などを利用して営業活動を行った場合、当該名簿は、金融機関が事業の用に供する個人情報データベース等に該当することになるのかが問題となる（金融庁GLに関するパブリックコメント手続における金融庁回答（回答番号48）の「質問の概要」欄参照）。

　この点はむずかしい問題であるが、金融機関が当該個人情報データベース等を事業の用に供しているか否かの判断にあたっては、①当該個人情報データベース等の作成などの目的、②当該個人情報データベース等に含まれる個

人データの内容、③当該個人情報データベース等の利用・管理などの実態、④当該個人情報データベース等を記録する記憶媒体についての権利関係、⑤当該従業者が当該個人情報データベース等を営業活動に利用した経緯やその利用の状況・程度、⑥金融機関による当該個人情報データベース等に対する権限の有無、⑦従業者が所有・管理する個人情報データベース等の利用に関する金融機関の内規などの有無・内容などを総合的に考慮し、客観的見地から個々の事案ごとに判断することが合理的であると考えられる（園部『解説』52頁参照）。

この基準に照らして検討した場合、金融機関の従業者が個人的に所有・管理するデータベース等が一時的に営業活動に使用されたにすぎないようなときには、当該データベース等は「金融機関が事業の用に供する個人情報データベース等」に当たらないと解するのが合理的である事案もあるように思われる。

なお、金融機関の従業者による営業活動によって金融機関が取得した個人情報は、金融機関が事業の用に供する個人情報に該当すると考えられる。

　　c　「個人データ」の定義（金融庁GL2条3項）

「個人データ」とは、個人情報データベース等を構成する個人情報をいう（法2条6項、金融庁GL2条3項）。

個人情報データベース等から記録媒体へダウンロードされたものや、紙面に出力されたもの（またはそのコピー）も、「個人データ」に含まれる（金融庁GL2条3項）。

契約書等の書類の形で本人から提出され、これからデータベースに登録しようとしている情報は「個人データ」に該当するか。データベース化されていない個人情報は、たとえ通常データベース管理される性質のもので、かつ、これからデータベース化される予定であったとしても、「個人データ」に当たらないと考える（金融機関における個人情報保護に関するQ&A問Ⅱ-7）。

上記の設例で、データベースに登録した後の契約書等は「個人データ」に該当するか。記載されている情報がデータベース化され、「個人データ」と

なったとしても、契約書等の書類そのものは、「個人情報データベース等を構成する」とはいえないため、「個人データ」に当たらないと考える。もっとも、当該契約書等が、ファイリングされるなどして、それ自体「特定の個人情報を容易に検索することができるよう体系的に構成したものであって、目次、索引、符号等により一般的に容易に検索可能な状態に置かれている」といえる場合には、当該契約書等は「個人情報データベース等を構成する」といえ、「個人データ」に該当する（金融機関における個人情報保護に関するQ&A問Ⅱ-7）。

顧客の個人番号についても、前述した「個人データ」の定義に当たる限り、「個人データ」に含まれ、個人情報保護法の規律が適用されると考えられる（浅井『マイナンバー法』26頁）。

　　d　「保有個人データ」の定義（金融庁GL2条6項）

「保有個人データ」とは、個人情報取扱事業者が、開示、内容の訂正、追加・削除、利用の停止、消去および第三者への提供の停止のすべてに応じることのできる権限を有する個人データであって、その存否が明らかになることにより公益その他の利益が害されるもの、または6月以内に消去（更新することは除く）することとなるもの以外のものをいう（金融庁GL2条6項）。

金融庁GL2条6項は、個人情報取扱事業者が開示等のすべてに応ずることができる権限を有する個人データだけが「保有個人データ」に該当し、これらの権限の1つでも欠く場合には、当該個人データは「保有個人データ」に該当しないことを明確化した点に意義があると考えられる（金融庁GLに関するパブリックコメント手続における金融庁回答（回答番号60））。

(2)　「個人情報」などの具体例

金融庁GLでは、金融分野における個人情報保護に向けた取組みを促す観点から、抽象的な概念について具体例をあげている。金融実務においても、金融庁GLで例示された概念については、これと同じ解釈に立脚したうえで実務対応・体制整備を行うべきである。

具体的には、金融庁GL2条2項では「個人情報データベース等」の例と

して、50音順に索引を付して並べられた顧客カードをあげている。また、金融庁GL2条6項では、「保有個人データ」に該当しない例として、いわゆる不審者情報、いわゆるクレーマー情報、いわゆる総会屋、暴力団等の反社会的勢力情報、要人の行動予定情報、警察などから受けた捜査関係事項照会の対象情報、犯罪収益との関係が疑われる取引（疑わしい取引）の届出の対象情報、振り込め詐欺に利用された口座に関する情報をあげている。

このほかにも、50音順に並べられた印鑑簿や、日付順に並べられた申込書などは、「個人情報データベース等」に該当すると考えられる。

また、金融機関が取得する「個人情報」には、①預金者の氏名、②ローン契約の債務者・保証人の氏名、③振込取引における受取人の氏名、④割引手形の手形券面上に記載された裏書人などの氏名、⑤防犯ビデオの画像情報のうち、特定の個人を識別することができるもの（金融庁GLに関するパブリックコメント手続における金融庁回答（回答番号50））などがある。

(3) 改正個人情報保護法の内容

平成29年から施行される改正個人情報保護法では、生存する個人に関する情報であって、個人識別符号が含まれるものも、個人情報に該当する旨を定めている（法2条1項2号）。

ここで、「個人識別符号」とは、①特定の個人の身体の一部の特徴（DNA、指掌紋、顔、手の平・手の甲、指の静脈など）を電子計算機の用に供するために変換した文字、番号、記号その他の符号であって、当該特定の個人を識別することができるもの、または、②個人に提供される役務の利用もしくは個人に販売される商品の購入に関し割り当てられ、または個人に発行されるカードその他の書類に記載され、もしくは電磁的方式により記録された文字、番号、記号その他の符号であって、その利用者もしくは購入者または発行を受ける者ごとに異なるものとなるように割り当てられ、または記載され、もしくは記録されることにより、特定の利用者もしくは購入者または発行を受ける者を識別することができるものの、いずれかに該当する文字、番号、記号その他の符号のうち、政令で定めるものをいう。個人番号のほか、

運転免許証番号、旅券番号、基礎年金番号、医療保険の被保険者識別番号などが「個人識別符号」として政令で定められる見込みである。

(4) 実務上の留意点

　実務上、ある個人情報が「個人データ」に該当するか否かの判断に迷う場面も少なくない。個人データとは、「個人情報データベース等を構成する個人情報」を意味するから（金融庁GL2条3項）、個人データに該当するか否かの問題は、結局のところ、当該個人情報が「個人情報データベース等」を構成しているといえるか否かという問題に帰着する場合が多い。

　前述したとおり、個人情報データベース等とは、「個人情報を含む情報の集合物であって、特定の個人情報をコンピュータを用いて検索できるように体系的に構成したもの、またはコンピュータを用いていない場合であっても、五十音順に索引を付して並べられた顧客カードなど、個人情報を一定の規則に従って整理することにより特定の個人情報を容易に検索することができるよう体系的に構成したものであって、目次・索引・符号等により一般的に容易に検索可能な状態に置かれているもの」を意味する（金融庁GL2条2項）。

　個人情報データベース等の定義の重要なポイントは、「体系的に構成した」という要件である。個人情報データベース等に該当するためには、個人情報としてのそれぞれの属性に着目して検索できるように構成されている必要があり、データベース内の情報を文字列検索等でたまたま検索できるというだけでは、当該データベースは「個人情報データベース等」には該当しないと考えられる（園部『解説』51頁参照。同書では、この点に注目して、インターネット上の検索エンジンや電子掲示板について「個人情報データベース等」該当性を否定している）。換言すれば、個人データに該当するためには、個人情報としてのそれぞれの属性（氏名、生年月日等）に着目して検索できるように体系的に構成されている必要があると考えられる（金融機関における個人情報保護に関するQ&A問Ⅱ-5）。

　したがって、このような「体系性」を有しないデータベースや紙媒体ファ

イルは、「個人情報データベース等」に該当せず、これに含まれている個人情報は「個人データ」に該当しないと考えられる（なお、金融庁GLに関するパブリックコメント手続における金融庁回答（回答番号59）参照）。CRMシステムの日誌機能なども、上記のような意味での「体系性」を欠いていると評価できる場合には、「個人情報データベース等」に該当しないと考えることも可能であるように思われる。

　これに対し、コンピュータへの入力がランダムであっても、たとえば、表計算ソフトにおいて、氏名の順番はランダムであるものの、列ごとに氏名列、住所列、借入金列というように体系的に構成されており、そのソート機能等を用いて、それらの個人情報を検索できるように再構成することが容易である場合には、「コンピュータを用いて検索できるように体系的に構成したもの」に当たり、当該表計算ソフト内の個人情報は個人データに当たると考える（金融機関における個人情報保護に関するQ&A問Ⅱ-5）。

3　「個人情報取扱事業者」の意義（金融庁GL2条4項）

　個人情報保護法・金融庁GLは、「個人情報取扱事業者」を対象とする規制である。

　平成29年に施行される改正個人情報保護法による改正前の「個人情報取扱事業者」とは、個人情報データベース等を事業の用に供している者で、①国の機関、②地方公共団体、③独立行政法人等、④地方独立行政法人、⑤その取り扱う個人情報の量および利用方法からみて個人の権利利益を害するおそれが少ないものとして政令で定める者（その事業の用に供する個人情報データベース等を構成する個人情報によって識別される特定の個人の数（当該個人情報データベース等の全部または一部が他人の作成に係る個人情報データベース等で個人情報として氏名・住所・居所（地図上・電子計算機の映像面上において住所・居所の所在の場所を示す表示を含む）・電話番号のみが含まれる場合であって、これを編集・加工することなくその事業の用に供するときは、当該個人情報データベース等の全部または一部を構成する個人情報によって識別される特定の個人の

数を除く）の合計が過去6カ月以内のいずれの日においても5000を超えない者）以外の者を意味していた（法2条3項、施行令2条）。

「事業の用に供する」とは、ある者が行う事業に利用する目的で「個人情報データベース等」を役立たせることを意味する（金融機関における個人情報保護に関するQ&AⅢ-4）。従業員の情報であっても、その事業に利用する目的で役立たせているのであれば、当該情報は「事業の用に供する」ものに当たるから、「個人情報データベース等」を構成する従業員の情報が5000超ある場合、当該金融機関は個人情報取扱事業者に当たると解されていた（金融機関における個人情報保護に関するQ&A問Ⅲ-4）。

ところが、平成29年に施行される改正個人情報保護法より⑤の類型についても、「個人情報取扱事業者」に当たることとされた。これにより、従来、個人情報取扱事業者に当たらなかった小規模事業者においても、個人情報保護法対応が必要になると考えられる。

第3節　センシティブ情報（金融庁GL6条）

1　金融庁GL6条の位置づけ

金融庁GL6条1項では、金融事業者に対し、政治的見解、信教（宗教、思想および信条をいう）、労働組合への加盟、人種および民族、門地および本籍地、保健医療および性生活、ならびに犯罪歴に関する情報（以下「センシティブ情報」という）の取得・利用・第三者提供（以下「取得等」という）を、原則として行わないよう求めている（努力措置）。

また、金融庁GL6条2項では、金融事業者に対し、センシティブ情報を、同条1項各号に定める事由により取得等する場合には、同項に掲げる事由を逸脱したセンシティブ情報の取得等を行うことのないよう、特に慎重に取り扱うよう求めている（努力措置）。

これらの情報がプライバシーに与える影響が特に大きいことにかんがみ、

金融庁GLでは、原則として、金融事業者がセンシティブ情報を取得等することを禁止しているのである（努力措置）（寺田ほか編『金融分野』47頁)[7]。

2 「センシティブ情報」の定義

センシティブ情報とは、①政治的見解、②信教（宗教、思想および信条をいう)、③労働組合への加盟、④人種および民族、⑤門地および本籍地、⑥保健医療および性生活、ならびに⑦犯罪歴に関する情報をいう。

センシティブ情報に該当するためには、上記定義に当たる「情報」であれば足り、個人情報データベース等を構成しているか否かは問わない（金融庁GLに関するパブリックコメント手続における金融庁回答（回答番号135))。

(1) 限定列挙

金融庁GL 6条の文言に照らせば、センシティブ情報に含まれる情報は、同条に列記された情報に限る趣旨と考えられる（限定列挙)（西方建一「『金融分野における個人情報保護に関するガイドライン』および安全管理措置等に関する『実務指針』の概要」（以下「西方・概要」という）金法1729号12頁)。

金融実務では、相続手続や納税義務との関係から、準拠法を確認するため、顧客から国籍情報を取得することがあるが、国籍情報自体は、「センシティブ情報」に含まれていないと考えられる（金融庁GLに関するパブリックコメント手続における金融庁回答（回答番号126・174))。また、個人信用情報も、センシティブ情報に当たらないと考えられる。

また、平成29年1月から、銀行は顧客の居住地国（納税地国）に関する情報を取得する必要があるが（AEOI/CRS対応)、この居住地国もセンシティブ情報に当たらないと考えられる。

(2) 公知情報

新聞・官報などに掲載された公知の情報も、「センシティブ情報」に含まれない（金融庁GLに関するパブリックコメント手続における金融庁回答（回答番

---

[7] FISC取扱指針……センシティブ情報の取得等の禁止は、FISC取扱指針5条3項でも設けられていたが、これが金融庁GLに努力措置として盛り込まれた形になる。

号143～145))。これらの情報はプライバシーに配慮する必要性に乏しいからであると考えられる。したがって、たとえば、新聞などに掲載された犯罪に関する情報は、「センシティブ情報」には当たらない。実務にあたっては、新聞から犯罪歴に関する情報を取得した場合には、その旨を記録にとどめ、当該情報が「公知の情報」であることを明確化しておくことが望ましいと考えられる。

また、外形から一見して明白な身体などに関する情報（顔写真を含む）も「センシティブ情報」に含まれない（金融庁GLに関するパブリックコメント手続における金融庁回答（回答番号144・145））。ビデオカメラの映像も同様である（上記金融庁回答（回答番号154）参照）。

(3) 金融機関が取得する「政治的見解・信教」に関する情報

金融機関が政治団体や宗教団体、その構成員と取引をする場合、当該取引に伴って不可避的に、政治団体・宗教団体の構成員の政治的見解や信教に関する情報を取得する場合がある。

また、金融機関が、適合性の原則に照らした取引の妥当性を判断するため、顧客に対して、職業の申告を求めることがあるが、その職業が僧侶・牧師・政治家などである場合には、結果として、顧客の政治的見解・信教に関する情報を取得してしまうことがある（金融庁GLに関するパブリックコメント手続における金融庁回答（回答番号158）の「質問の概要」欄参照）。

(4) 金融機関が取得する「保健医療」に関する情報

金融機関が取得する保健医療情報には、①取引先の成年後見開始の原因に関する情報（アルツハイマー病をわずらっているなどの具体的病名を含む情報など）、②団体信用生命保険の告知書に記載された病歴に関する情報などが考えられる。

具体的な病名を含む情報は、「センシティブ情報」に該当する場合が多いと考えられるが、たとえば「骨折をしている」など外形から一見して明白な身体などに関する情報が、「センシティブ情報」に該当するか否かは必ずしも明確ではない。

顧客が「成年後見制度における被後見人である」という情報は、「被後見人である」という情報自体からは、病気などの保健医療に関する情報の内容が特定されるものではなく、「被後見人である」という法律的な位置づけを示しているにすぎないため、「センシティブ情報」には当たらないと考えられている（寺田ほか編『金融分野』49頁）。

(5) 金融機関が取得する「犯罪歴に関する情報」

金融機関が取得する犯罪歴に関する情報には、融資取引先における犯罪に関する情報（詐欺・横領・背任などの発生等）がある（金融庁GLに関するパブリックコメント手続における金融庁回答（回答番号120・138）の「質問の概要」欄参照）。

「犯罪歴に関する情報」についても、その意義・範囲は必ずしも明らかではない。①前科のほか、前歴（逮捕歴）を含むのか、②「犯罪」とは、刑法犯のほかに、いかなる範囲を含むのかなどの点は、必ずしも明確ではない。また、③保健医療情報における「被後見人であるという情報」の場合と同様、犯罪歴に関する情報の内容がどの程度特定されれば、「犯罪歴に関する情報」に当たることになるのか（換言すれば、単なる法律的な位置づけを示しているにすぎない、抽象的な「犯罪歴に関する情報」とはどの範囲の情報を指すのか）も、一義的ではない。

3 「取得」「利用」「第三者提供」の意義

金融庁GL6条1項では、センシティブ情報の「取得」「利用」または「第三者提供」を行うことを禁止している（努力措置）。したがって、実務上、「取得」「利用」「第三者提供」の意義を確認することが重要である。

(1) 「取得」

金融庁GL6条の「取得」とは、金融事業者の事業の用に供するものとしてファイルに綴じるなどにより保管等することを意味する。したがって、金融事業者の従業者が本人から口頭でセンシティブ情報に該当する情報を聞いたとしても、保管等しない限り、センシティブ情報の「取得」に当たらない

と考えられる（金融庁GLに関するパブリックコメント手続における金融庁回答（回答番号160））。

また、金融事業者が、センシティブ情報が記載された書面を受け取った場合であっても、速やかに、センシティブ情報の部分を黒塗りして保管すれば、センシティブ情報の「取得」には当たらないと考えられる（金融庁GLに関するパブリックコメント手続における金融庁回答（回答番号161）参照）。

(2) 「利用」

「利用」の意義については、金融庁GLや金融庁GLに関するパブリックコメント手続における金融庁の回答において、明確な定義づけがなされていない。したがって、個人情報保護法上の「利用」の意義や金融庁GL・安全管理実務指針上の用語法などを参考に、その外延を確定することになると考えられる。

個人情報保護法では、「利用」とは、情報の内容を用いることを意味すると考えられている（法27条との関係につき園部『解説』181頁参照）。また、金融庁GL6条1項では、「取得」や「第三者提供」とは別個の（区別された）概念として、「利用」という用語を用いている。さらに、安全管理実務指針では、「取得・入力」「保管・保存」「移送・送信」「消去・廃棄」などの概念と対照させて、「利用・加工」という用語を用いている。

これらの用語法に照らせば、金融庁GL6条1項の「利用」は、センシティブ情報の「取得」「保管・保存」「移送・送信」（第三者提供を含む）および「消去・廃棄」を含まず、センシティブ情報の内容を用いることを意味すると考えるのが素直な解釈であるように思われる。

以上のような解釈を前提とすれば、金融庁GL施行前に取得したセンシティブ情報を保管・保存しているだけで、その内容を用いていない場合には、センシティブ情報の「利用」には当たらないと解することも可能であると考えられる（なお、金融庁GL施行前に取得したセンシティブ情報を、同GL施行後に「利用」する場合には、金融庁GL6条1項各号所定の例外条項のいずれかの要件を充足する必要がある）（西方・概要13頁参照）。

(3) 「第三者提供」

　第三者提供の意義は、個人情報保護法23条1項の「第三者に提供」と同義であると考えられる。

　したがって、個人情報保護法上、「第三者」に当たらないとされている者に対して、センシティブ情報を提供することは禁止されていない。具体的には、①個人情報取扱事業者が利用目的の達成に必要な範囲内においてセンシティブ情報の取扱いの全部または一部を委託すること、②合併その他の事由による事業の承継に伴ってセンシティブ情報が提供されること、③共同利用を行うこと（法23条5項3号）は、金融庁GL6条1項（努力措置）に反しないと考えられる（金融庁GLに関するパブリックコメント手続における金融庁回答（回答番号170））。

　もっとも、金融事業者が共同利用により得たセンシティブ情報を「利用」する場合には、金融庁GL6条1項各号所定の要件を満たす必要がある点に注意が必要である（金融庁GLに関するパブリックコメント手続における金融庁回答（回答番号149））。

4　例外規定（金融庁GL6条1項各号）

(1)　金融庁GLの内容

　金融事業者によるセンシティブ情報の取得等が例外的に認められるのは、次の8つの場合に限られる（金融庁GL6条1項）。

①　法令等に基づく場合
②　人の生命・身体・財産の保護のために必要がある場合
③　公衆衛生の向上・児童の健全な育成の推進のため特に必要がある場合
④　国の機関もしくは地方公共団体またはその委託を受けた者が法令の定める事務を遂行することに対して協力する必要がある場合
⑤　源泉徴収事務等の遂行上必要な範囲において、政治・宗教等の団体もしくは労働組合への所属もしくは加盟に関する従業員等のセンシティブ情報を取得・利用・第三者提供する場合

⑥ 相続手続による権利義務の移転等の遂行に必要な限りにおいて、センシティブ情報を取得・利用・第三者提供する場合

⑦ 保険業その他金融分野の事業の適切な業務運営を確保する必要性から、本人の同意に基づき業務遂行上必要な範囲でセンシティブ情報を取得・利用・第三者提供する場合

⑧ センシティブ情報に該当する生体認証情報を、本人の同意に基づき本人確認に用いる場合

　金融庁GLでは、8つの例外をあげているが、(ア)センシティブ情報の取得等が正当化される理由と、(イ)本人による同意の有無に着目して、例外規定を類型化すると、3つに大別することができる。

　まず、1つ目は、取得等の正当化事由として「他の法益」がある場合には、本人の同意がなくても、センシティブ情報の取得等が認められる（類型Ⅰ）。上記①～④がこの例である。

　次に、2つ目の類型として、取得等の正当化事由として「業務上の特殊性・必要性」がある場合には、本人の同意がなくても、センシティブ情報の取得等が認められている（類型Ⅱ）。上記⑤と⑥がその例である。

　最後に、3つ目の類型として、センシティブ情報の取得等の正当化事由が類型Ⅰ・類型Ⅱと比較して強くない場合には、センシティブ情報の取得等について、本人の同意を得ることが必要とされている（類型Ⅲ）。上記⑦と⑧がその例である。

(2)　類　型　Ⅰ

　類型Ⅰ（上記(1)の①～④）では、取得等の正当化事由として「他の法益」がある場合について、本人の同意がなくても、センシティブ情報を取得等することを認めている。すなわち、①では法令等によって保護されている法益があるため、②では人の生命・身体・財産という法益があるため、③では公衆衛生の向上という公益があるため、④では国が行う事務遂行への協力という公的側面があるため、それぞれ本人の同意を得ず、センシティブ情報を取得等することが認められている。

a　「法令等に基づく場合」の意義

　法令等に基づく場合には、例外的にセンシティブ情報の取得等が許容される。

　金融庁GL6条1項1号では、「法令等」という文言が用いられているから、「法令そのものに基づく場合」に限定されていない点が重要である。「法令等」の「等」には、法令に基づく告示、指針等、条約・政府間協定、公務所から発出された指導文書などが含まれる（金融庁GLに関するパブリックコメント手続における金融庁回答（回答番号148））。また、外国の法令が明示的に金融事業者にセンシティブ情報の取得等を義務づけている場合には、当該法令は「法令等」の「等」に含まれると考えられる（金融庁GLに関するパブリックコメント手続における金融庁回答（回答番号150））。

　「基づく場合」とは、法令が明示的に金融事業者によるセンシティブ情報の取得等を義務づけている場合、または、法令に基づく告示、指針等に基づき金融事業者によるセンシティブ情報の取得等が求められている場合を意味する（金融庁GLに関するパブリックコメント手続における金融庁回答（回答番号139））。

　b　運転免許証記載の本籍地情報の取得

　金融機関では、犯罪収益移転防止法に基づき、預金取引などを開始するにあたり、預金者の氏名・住所および生年月日に関する個人情報を取得し確認記録を作成している。犯罪収益移転防止法では、預金者から運転免許証・健康保険証・戸籍謄本・印鑑証明書などの本人確認書類の提示を受けることによって本人特定事項の確認を行うよう求めているが、実務では、金融機関において本人確認書類の写しをとっている場合があるから、本人確認書類に記載された本人特定事項以外の個人情報（以前の運転免許証であれば本籍地情報（最近の運転免許証の表面には本籍地情報は記載されていない）、戸籍謄本の本籍地情報など）も、あわせて取得している。このような本籍地情報の取得を金融庁GL6条1項との関係で、どのように解するかが問題となる。

　この点、金融庁GLに関するパブリックコメント手続における金融庁の回

答では、「本人確認法（著者注：現在の犯罪収益移転防止法）上、取得が義務づけられている個人情報は、氏名、住居および生年月日にとどまるため、本籍地情報の取得は「法令等に基づく場合」には該当しない」と述べ、上記取得は金融庁GL6条1項1号に該当しないと解釈している（金融庁GLに関するパブリックコメント手続における金融庁回答（回答番号121〜123、163））。もっとも、犯罪収益移転防止法上の本人確認書類として「本籍地」が記載されている運転免許証の提示を受けたところ、当該運転免許証の「本籍地」が「現住所」と同一である場合には、「本籍地」を黒塗りすれば同法上取得が義務づけられている住所が取得できなくなることとなるため、この場合には、例外的に、金融庁GL6条1項1号に該当すると解することも不可能ではないように思われる（寺田ほか編『金融分野』49頁参照）。

　　c　「人の生命・身体・財産の保護のために必要がある場合」の意義

　金融庁GL6条1項2号は、個人情報保護法16条3項2号を参考に立案されたもののようである（金融庁GLに関するパブリックコメント手続における金融庁回答（回答番号120））。

　「人」には、金融事業者自身も含まれると考えられるから、金融事業者の生命・身体・財産を保護するために必要がある場合には、金融庁GL6条1項2号に基づき、本人の同意を得ずにセンシティブ情報を取得等することができると考えられるが、同号が適用されるためには、「人の生命・身体・財産に関する権利利益が侵害される具体的おそれが存在するとともに、当該センシティブ情報を利用することにより、その財産等の保護が図られることについての合理的説明を要」すると解されているから（金融庁GLに関するパブリックコメント手続における金融庁回答（回答番号120・140））、その解釈・適用については個別の事案ごとに慎重な検討が必要であると考えられる。

　同号に該当する場合の具体例として、いわゆる総会屋および暴力団などの違法行為に関する情報を収集する場合がある（金融庁GLに関するパブリックコメント手続における金融庁回答（回答番号111））。

(3) 類型Ⅱ

　類型Ⅱ（金融庁GL6条1項5号・6号）では、取得等の正当化事由として「業務上の特殊性・必要性」がある場合には、本人の同意がなくても、センシティブ情報の取得等が認められている。

　　a　金融庁GL6条1項5号

　金融庁GL6条1項5号は、「源泉徴収事務等の遂行上必要な範囲において、政治・宗教等の団体若しくは労働組合への所属若しくは加盟に関する従業員等の機微（センシティブ）情報を取得、利用又は第三者提供する場合」について、例外的にセンシティブ情報の取得等を認めている。これは、政治団体・宗教団体・労働組合との取引という団体取引の特殊性（政治団体等との取引では不可避的にセンシティブ情報を取得等することになるという特殊性）に着目して、センシティブ情報の取得等を許容したものであると考えられる（西方・概要12頁）。

　同号では、「源泉徴収事務」だけを例示しているが、「源泉徴収事務等」と「等」が付加されているから、源泉徴収事務以外の事務遂行上必要な場合を除外する趣旨ではないと考えられる。たとえば、信託銀行が政治団体・労働組合等から従業員の福利厚生のために年金信託・団体信託等を受託する際に、当該従業員のセンシティブ情報を取得等する場合も、同号に含まれると考えられる（金融庁GLに関するパブリックコメント手続における金融庁回答（回答番号132））。このように、同号は、金融機関が団体に関する事務を処理するにあたり、当該団体への所属情報が必要とされる場合に広く適用されると考えられる（西方・概要12頁、金融庁GLに関するパブリックコメント手続における金融庁回答（回答番号132・164）参照）。

　　b　金融庁GL6条1項6号

　金融庁GL6条1項6号では、「相続手続による権利義務の移転等の遂行に必要な限りにおいて、機微（センシティブ）情報を取得、利用又は第三者提供する場合」について、例外的にセンシティブ情報の取得等を認めている。

　同号でも、「相続手続による権利義務の移転等の遂行に必要な限りにおい

て」と規定し、「等」が付加されているから、相続手続による権利義務の移転に準ずる場合も、同号の対象となると考えられる。

(4) 類型Ⅲ

類型Ⅲ（金融庁GL6条1項7号・8号）では、センシティブ情報の取得等の正当化事由が類型Ⅰ・類型Ⅱと比較して強くない場合に関し、センシティブ情報の取得等について本人の同意を得ることを前提に、例外的にセンシティブ情報の取得等を認めている。

　a　金融庁GL6条1項7号

金融庁GL6条1項7号では、「保険業その他金融分野の事業の適切な業務運営を確保する必要性から、本人の同意に基づき業務遂行上必要な範囲で機微（センシティブ）情報を取得、利用又は第三者提供する場合」について、例外的にセンシティブ情報の取得等を認めている。たとえば、金融機関が保険金の支払や借り手の与信判断をするために、被保険者や借り手の健康状態に関する情報を各種法令や社会通念等に照らし適切といえる方法で、かつ保険金の支払や与信判断のために必要な範囲内で、被保険者や借り手から同意を得て取得することは、同号により可能である（金融機関における個人情報保護に関するQ&A問Ⅳ-1）。

同号は、①業務遂行上、センシティブ情報を取得等する必要性があること（必要性）、②金融分野の事業の適切な業務運営を確保する必要があること（適切性）、③本人の同意に基づくこと（本人同意）という3つの要件をすべて満たす場合に、センシティブ情報の取得等を許容したものである（寺田ほか編『金融分野』58頁、金融機関における個人情報保護に関するQ&A問Ⅳ-1）。適切な業務運営を確保する必要があること（適切性）は、各種法令や社会通念等に照らして判断される。本人同意がある場合であっても、必要性や適切性を欠く場合には、同号に基づくセンシティブ情報の取得等は認められない（金融庁GLに関するパブリックコメント手続における金融庁回答（回答番号146））。実務上、金融機関が、債務者や法人債務者の代表者の健康状態に関する情報を取得する場合がある。債務者や法人債務者の代表者の健康状態な

どが、債務者の返済能力に影響することも少なくないから、債務者や法人債務者の代表者の保健医療情報（体調・健康状態などの一般的な情報）を取得することが「必要性」や「適切性」を欠くとは即断できないが、必要性・適切性の有無については、個別に慎重な検討が必要であると考えられる。

　金融庁GL6条1項7号の同意は、明示の同意であることを要する（金融庁GLに関するパブリックコメント手続における金融庁回答（回答番号162）参照。なお、法施行前に取得したセンシティブ情報につき、回答番号167・168参照）。

　また、同意を得る必要があるのは、「保険業その他金融機関の事業の適切な業務運営を確保する必要性から、業務遂行上必要な範囲で、センシティブ情報を取得、利用または第三者提供する」という点である（金融庁GLに関するパブリックコメント手続における金融庁回答（回答番号166））。この点について同意を得ていれば、それ以上に詳細なセンシティブ情報の利用の態様についてまで同意を得る必要はないと考えられる。

　本人が成年被後見人である場合には、成年後見人から同意を取得することも可能であると考えられる（金融庁GLに関するパブリックコメント手続における金融庁回答（回答番号172）参照）。

　センシティブ情報を共同利用する場合、共同利用者の1人が、本人から「金融機関の事業の適切な業務運営を確保する必要性から、業務遂行上必要な範囲で、センシティブ情報を取得、利用または第三者提供すること」につき同意を得ている場合には、他の共同利用者は、共同利用者の1人が取得した同意に基づき、当該センシティブ情報を取得等することができ、あらためて本人からこの点について同意を得る必要はないと考えられる（西方・概要12頁）。

　金融実務においてセンシティブ情報を取得等する場合、同号を根拠とする場合が多くなると考えられるが、実務にあたっては、同号の要件を充足するか否かを個別に検討する必要があると考えられる。団体信用生命保険において、契約者である金融機関が、被保険者（債務者）の保健医療に関する情報を、契約事務手続の範囲内で取り扱うことは、必要性・適切性の要件を充足

すると考えられる（金融庁GLに関するパブリックコメント手続における金融庁回答（回答番号173））。実務では、この解釈を前提に、団体信用生命保険の告知書に保健医療情報の第三者提供についての同意条項を新設し、この点について被保険者（債務者）から同意を得ている（第3編第2章第9節参照）。

　b　金融庁GL6条1項8号

　金融庁GL6条1項8号は、センシティブ情報に該当する生体認証情報を本人の同意に基づき、本人確認に用いる場合について、例外的にセンシティブ情報の取得等を認めている。

　同号は、センシティブ情報に該当する生体認証情報については、本人の同意に基づく場合であっても、本人確認目的以外に用いることを認めない趣旨を規定したものである（金融庁GLに関するパブリックコメント手続における金融庁回答（回答番号146））。

　生体認証情報としては、指紋・網膜・血管パターンなどがあり、たとえば、ATMを利用した預金取引などでの本人確認方法として、生体認証情報を取得等する場合が考えられる。金融機関では、なりすましの防止・銀行取引の安全性・確実性の向上を目的として、生体認証情報を本人確認に活用する例が増えているが、この場合には、本人から同意を取得したうえで、これを取得等することになる。生体認証情報の場合、暗証番号やID番号などと異なり、本人が自由に変えることができない。したがって、金融機関がこれを取り扱う場合には、特に細心の注意を払う必要がある（金融庁GL6条2項参照）。実務上の工夫の一例をあげれば、①生体認証情報は、ICカードのICチップ内に記憶させるだけで、金融機関自身は保管しない、②ICチップ内に記憶されている生体認証情報は画像から読み取った情報を暗号化したものであり、万一、ICチップに記録されている情報が盗取されても、それから指紋等を復元することは困難である、③ICチップには、生体認証情報を暗号化して記憶させるなどが考えられる（第15回金融審特別部会議事録参照）。

5　センシティブ情報の取扱い（金融庁GL6条2項）

　金融事業者は、金融庁GL6条1項各号に基づきセンシティブ情報を取得等する場合には、同項に掲げる事由を逸脱した取得等を行うことのないよう、特に慎重に取り扱うことが求められている（金融庁GL6条2項、努力措置）。

　「特に慎重に取り扱う」という表現は、金融庁GL6条1項に定められた目的・使用方法等以外の取得等を禁止する旨を努力措置として規定したものである（金融庁GLに関するパブリックコメント手続における金融庁回答（回答番号125））。

　センシティブ情報の取扱いについては、安全管理実務指針別添2において詳細な定めが設けられている。実務にあたっては、この点にも留意する必要がある（第1編第4章第6節参照）。

6　実務上の留意点

(1)　取得できるセンシティブ情報の内容

　金融庁GL6条1項5号に基づき取得できるセンシティブ情報は、政治的見解・信教、労働組合への加盟に関する情報に限られるのか、それとも、人種・民族、門地・本籍地、保健医療、性生活、犯罪歴に関する情報も、同号を根拠に取得できるのかが問題となる。

　同じく、金融庁GL6条1項6号で取得できるセンシティブ情報は、「政治的見解、信教（宗教、思想および信条をいう）、労働組合への加盟、人種および民族、門地および本籍地、保健医療および性生活、ならびに犯罪歴に関する情報」のうち、本籍地に限られるのか、それともそれ以外のセンシティブ情報も取得することもできるのかが問題となる。

　この点、金融庁GL6条の文言（「等」という文言が用いられていることなど）を重視すれば、広めに解釈することも不可能ではないが、センシティブ情報の取得等はあくまで限定的であるべきであるから、慎重に検討する必要があると考えられる。

(2) 所在不明の債務者への訴訟提起

　金融機関では、所在不明となった債務者に対し貸金返還請求訴訟を提起する場合、債務者の戸籍謄本・住民票の写し・戸籍の附票を取得し、債務者の所在を調査したうえで訴えを提起することがあるが、この過程で、債務者の本籍地情報を取得・利用する場合がある。

　そこで、このような本籍地情報の取得・利用を、金融庁GL6条1項との関係で、どのように整理するかが問題となる。

　この点はむずかしい問題であり、また、個別事案ごとに具体的かつ慎重に検討することを要するが、個別事案において具体的に検討した結果、本籍地情報の取得・利用が、金融庁GL6条1項7号の要件（金融分野の事業の適切な業務運営を確保する必要性から、本人の同意に基づき業務遂行上必要な範囲でセンシティブ情報を取得等する場合）を充足する場合には、同号を根拠に、本人の同意に基づき本籍地情報を取得等することができると考えられる。実務上は、融資契約時に、金融庁GL6条1項7号および8条2項の同意を得ておくことになると思われる。

　個別事案において具体的に検討した結果、金融庁GL6条1項各号（特に同項2号など）の要件をいずれも充足しない場合には、金融機関は本籍地情報を取得・利用することができないことになる（努力措置）（以上につき、金融庁GLに関するパブリックコメント手続における金融庁回答（回答番号128・139・140）参照）。

(3) **本人同意の書面性の要否**

　金融庁GL6条1項7号ではセンシティブ情報の取得全般について、同項8号では、センシティブ情報に該当する生体認証情報の取得について「本人の同意」を要件としているが、この同意は書面によることが望ましいか否かが問題となる。

　この点、金融庁GL上は、センシティブ情報の取得・利用につき書面による同意を得ることとする旨の定めは見当たらない。したがって、金融庁GL6条1項7号・8号に基づき、センシティブ情報を取得・利用する場合に

は、必ずしも書面による同意を得る必要はないと考えられる。たとえば、生体認証情報を預金取引の本人確認に用いる場合などについては、明示の同意であることを要するが、書面による同意までは不要であると考えられる。もっとも、金融庁GL4条では、個人情報保護法23条に基づく第三者提供に関する同意については、原則として書面（電子的方式、磁気的方式、その他人の知覚によっては認識することのできない方式でつくられる記録を含む）によることを求めているから（努力措置）、個人データに該当するセンシティブ情報を第三者提供することについて同意を得る場合には、金融庁GL4条に沿って同意を得ることが必要である（努力措置）（金融庁GLに関するパブリックコメント手続における金融庁回答（回答番号169））。

また、与信事業において、本人確認等のために、センシティブ情報を取得する場合については、金融庁GL8条2項の規定にも留意する必要がある。

(4)　複数回にわたりセンシティブ情報を取得する場合の取扱い

本人から複数回にわたりセンシティブ情報を取得する場合、センシティブ情報の取得のつど、本人から金融庁GL6条1項7号所定の同意を得る必要があるかが、実務上、問題となっている（金融庁GLに関するパブリックコメント手続における金融庁回答（回答番号133）の「質問の概要」欄参照）。

この点はむずかしい問題であるが、たとえばセンシティブ情報を取得する取引の内容・態様が異なる場合（預金取引と融資取引など）には、そのつど、本人から同意を得ておくことが望ましいと考えられる。

7　改正個人情報保護法の内容（要配慮個人情報に関する規制の導入）

(1)　規制の内容

個人情報を「センシティブ情報」とそれ以外の情報に分け、前者について特に厳格な取扱いを求めるという規制の枠組みは、従来の個人情報保護法で採用されておらず、金融庁ガイドライン特有のものであった。

平成29年に施行される改正個人情報保護法では、従来の金融庁ガイドラインのセンシティブ情報に類似する概念として、「要配慮個人情報」という概

念を新設し、これについて特に厳格な取扱いを行うよう求めている。

ここで、要配慮個人情報とは、人種、信条、社会的身分、病歴、犯罪の経歴、犯罪により害を被った事実その他本人に対する不当な差別、偏見その他の不利益が生じないようにその取扱いに特に配慮を要するものとして政令で定める記述等が含まれる個人情報をいう（法2条3項）。

要配慮個人情報については、原則としてその取得が禁止され（法17条2項）、また、オプト・アウト制度の利用が認められない（法23条2項）。

要配慮個人情報の取得が認められる場合は、あらかじめ本人の同意を得た場合のほか、①法令に基づく場合、②人の生命、身体または財産の保護のために必要がある場合であって、本人の同意を得ることが困難であるとき、③公衆衛生の向上または児童の健全な育成の推進のために特に必要がある場合であって、本人の同意を得ることが困難であるとき、④国の機関もしくは地方公共団体またはその委託を受けた者が法令の定める事務を遂行することに対して協力する必要がある場合であって、本人の同意を得ることにより当該事務の遂行に支障を及ぼすおそれがあるとき、⑤当該要配慮個人情報が、本人、国の機関、地方公共団体、個人情報保護法76条1項各号に掲げる者その他個人情報保護委員会規則で定める者により公開されている場合、⑥政令で定める場合である（法17条2項）。

(2) 実務上の留意点

まず、従来の金融庁ガイドラインのセンシティブ情報と要配慮個人情報を比較した場合、後者では「犯罪により害を被った事実」が追加されている点が特徴的である。金融事業者が取得している顧客情報のなかに、顧客が「犯罪により害を被った事実」がないかを洗い出すとともに、こうした情報を取得する場合には、これらの取得が例外事由に該当するか否かの判断が必要になると考えられる。

また、従来の金融庁ガイドラインの規制と改正個人情報保護法の規制を比べた場合、取得が例外的に許容される場面が若干異なる。取得が例外的に許容される場面の相違を対比し、実務に支障がないかの検討・検証を行うこと

が重要である。

　最後に、従来の金融庁ガイドラインの規制と改正個人情報保護法の規制のうち、両者の重複する部分の実務対応に関しては、従来の金融庁ガイドラインの規制に係る解釈・実務運用が相当程度参考になると考えられる。

第4節　利用目的の特定等（金融庁GL3条）

1　金融庁GL3条の位置づけ

　金融庁GL3条は、個人情報保護法15条に対応する規定である。

　個人情報取扱事業者は、個人情報を取り扱うにあたっては、その利用の目的（利用目的）をできる限り特定しなければならない（法15条1項）。

　金融庁GL3条では、これを受けて、①利用目的の特定における留意点（同条1項）、②特定の個人情報の利用目的が法令等で限定されている場合の留意点（同条2項）、③与信事業において、利用目的について本人の同意を得る場合の留意点（同条3項）、④与信事業において、個人情報を個人信用情報機関に提供する場合の留意点（同条4項）について、規定している。このうち、③については、本章第7節で後述する。

2　利用目的の特定（金融庁GL3条1項）

(1)　特定の具体例

　金融事業者は、個人情報保護法15条に従い、個人情報の取扱いにあたっては、個人情報がどのような事業の用に供され、どのような目的で利用されるかを本人が合理的に予想できるよう、できる限り特定しなければならない（金融庁GL3条1項）。

　金融事業者が個人情報の利用目的をできる限り特定する際には、提供する金融商品・サービスを示したうえで特定することが望ましい（金融庁GL3条1項）。「自社の所要の目的で用いる」といった特定では不十分である（同項）。

金融庁GL3条1項では、利用目的の特定の具体例として、次のような特定の仕方を例示している。

・当社の預金の受入れ
・当社の与信判断・与信後の管理
・当社の保険の引受け、保険金・給付金の支払
・当社または関連会社、提携会社の金融商品・サービスの販売・勧誘
・当社または関連会社、提携会社の保険の募集
・当社内部における市場調査および金融商品・サービスの開発・研究
・特定の金融商品・サービスの購入に際しての資格の確認

(2) 4つのポイント

金融庁GLの具体例のポイントは、大きく分けて4つある。

1つ目のポイントは、利用主体を明らかにするよう求めている点である。たとえば、「金融商品の販売・勧誘」に利用する場合、自社の金融商品の販売に利用するときには、「当社の金融商品の販売・勧誘」と記載することが必要であり、関連会社・提携会社の金融商品の販売・勧誘にも利用する場合には、「当社または関連会社・提携会社の金融商品の販売・勧誘」と明記することが必要である。

2つ目のポイントは、利用主体の特定にあたり、「関連会社」「提携会社」といった抽象的特定を認めたことである。このような記載であれば、金融事業者が新たに業務提携を行い、当該提携事業に、金融機関がすでに有している顧客の個人情報を用いる場合、利用目的の変更を行う必要がないと思われるから、この点は、金融事業者側の利便性に資するものと評価できる。

3つ目のポイントは、利用目的を特定するにあたっては、「預金の受入れ」「与信後の管理」などのように、①業務内容（預金業務、貸付業務など）と②取扱態様（受入れ・管理・販売勧誘・市場調査・開発研究など）を組み合わせる形で特定する必要があるという点である。取扱態様を特定するにあたっては、取扱態様として明示した態様でしか個人情報を利用できず（法16条1項）、また、これと関連を有する範囲でしか利用目的を変更できないこ

とを念頭に置き（法15条2項。本人の同意を得れば別である）、慎重に特定する必要があると考えられる（たとえば、電子メールで販売勧誘することに利用すると特定した場合には、架電による販売勧誘は困難となる可能性が高い）。

　4つ目のポイントは、上記業務内容の特定の程度である。預金業務も貸付業務もその内容は多種多様であるし、保険商品の内容も多種多様であるが、金融庁GLの具体例では、各商品を例示したうえで利用目的を特定する必要はなく、銀行法10条の規定ぶりを参考に各業務を類型化して記載すれば、利用目的の特定としては十分であることになる。

　金融庁GLでは、利用目的の特定の程度について比較的緩やかに解釈を採用しているが、このような解釈は、個人情報の有用性への配慮と本人の権利利益の保護の調和という個人情報保護法の目的（法1条）や、リレーションシップバンキング（顧客との間で親密な関係を長く維持することにより顧客に関する情報を蓄積し、これをもとに貸出などの金融サービスの提供を行うビジネスモデル）の強化という行政目的にも合致し、妥当であると考えられる。

(3)　実務上の留意点

　　a　誤認リスクの回避

　金融機関は、業法によって、法令で認められた業務以外の他業を営むことを禁止されている（銀行法12条など）。したがって、利用目的を特定する際には、金融機関が個人情報を他業に用いているのではないかとの誤解を招かないように注意して、記載する必要がある。

　　b　受任業務

　金融機関が、企業から個人データの取扱いを受任する場合がある。たとえば、銀行における事務受託業務（付随業務）や、信託銀行における証券代行業務がその代表例である。

　このような受任業務について、どのような記載の仕方をすれば、利用目的の特定として十分かが問題となる。

　この点、他の事業者などから個人情報の処理の一部について、作業の委託を受けて、個人情報を取り扱う事業者にあたっては、委託された当該業務を

遂行することがその利用目的になると解する見解が有力である（園部『解説』117頁）。また、経産省ガイドラインでも、業務委託時における受託者の利用目的の特定に関し、情報処理サービスを行っている事業者を例にあげて「給与計算処理サービス、宛名印刷サービス、伝票の印刷・発送サービスなどの情報処理サービスを業として行うために、委託された個人情報を取り扱います」といった特定を行うよう求めている。

受任業務については、これらの議論をふまえた検討が必要であると考えられる。

3 法令等による利用目的の限定がある場合（金融庁GL3条2項）

金融庁GLでは、特定の個人情報の利用目的が法令等に基づき限定されている場合には、その旨を明示するよう求めている（金融庁GL3条2項、努力措置）。

「法令等」には、①銀行法施行規則13条の6の6、②同規則13条の6の7、③番号法9条の規定などが含まれると考えられる。

「明示」の方法としては、法令名を示し、法令において規定されている利用目的の制限を示すことが考えられる（金融庁GLに関するパブリックコメント手続における金融庁回答（回答番号79））。

したがって、銀行の場合には、利用目的の特定（法15条、金融庁GL3条1項）のほかに、たとえば、「銀行法施行規則13条の6の6等により、個人信用情報機関から提供を受けた資金需要者の借入金返済能力に関する情報は、資金需要者の返済能力の調査以外の目的に利用・第三者提供いたしません」「銀行法施行規則13条の6の7等により、人種、信条、門地、本籍地、保健医療または犯罪経歴についての情報などの特別の非公開情報は、適切な業務運営その他の必要と認められる目的以外の目的に利用・第三者提供いたしません」「番号法の規定に基づき、当行は、特定個人情報等について、同法で認められた利用目的以外の目的のためには取得、利用もしくは第三者提供いたしません」などの形で、法令による利用目的の限定を明記する必要がある

と考えられる。

4 与信事業において個人情報を個人信用情報機関に提供する場合（金融庁GL3条4項）

金融庁GL3条4項は、金融事業者が、与信事業に際して、個人情報を個人信用情報機関に提供する場合には、その旨を利用目的に明示することおよび明示した利用目的について本人の同意を得るよう求めている（後段につき努力措置）。

金融実務では、金融機関における個人情報の利用目的として、「与信事業に際して個人情報を加盟する個人信用情報機関に提供する場合など、適切な業務の遂行に必要な範囲で第三者に提供する」ことを掲げ、与信事業においてはこの利用目的について本人から同意を得ることにより、金融庁GL3条4項に沿った対応を行っている。

5 利用目的の変更（金融庁GL3条5項）

(1) 規制内容

個人情報取扱事業者は、利用目的を変更する場合には、変更前の利用目的と関連性を有すると合理的に認められる範囲を超えて行ってはならない（法15条2項、金融庁GL3条5項）。従来、「相当の関連性」という文言が用いられていたが、平成29年に施行される改正個人情報保護法では、「相当の」という文言が削られ、利用目的の変更が緩やかに行えるようになっている。

利用目的の変更が認められる事例として、「商品案内等を郵送」を「商品案内等をメール送付」に変更する場合などがある（金融庁GL3条5項）。

(2) 実務上の留意点

規制緩和による付随業務の弾力化・法定他業の追加により、金融機関が営む業務は年々多様化している。将来、法令により新たな業務が認められ、金融機関が新事業に参入する場合、既存の個人情報を新事業の営業活動に利用することが考えられるが、前述したとおり、個人情報保護法は、個人情報取

扱事業者に対し利用目的の特定を求め（法15条1項）、利用目的の変更について、変更前の利用目的と関連性を有すると認められる範囲を超えて変更してはならないと定めている（同条2項）。

したがって、新しい事業内容（利用目的）が、従来の事業内容（利用目的）からみてまったく想定できない場合は、個人情報保護法15条2項に基づく「利用目的の変更」は認められず、同法16条1項に基づき本人の同意を得ない限り、新しい事業に、既存の個人情報を利用することはできないと考えられる（金融庁GL4条では、努力措置として、法16条1項の同意は原則として書面によるとしている）。

新しい利用目的が従来の利用目的から想定できるか否かは、通常人の判断として、通常予期しうるか否かという見地から判断されるべきであると考えられる（爪生和久編著『一問一答　平成27年改正個人情報保護法』（商事法務）60頁）。法令により新たに認められた業務が、現在の業務と親近性を有し、上記見地からみて現在の利用目的と関連性を有すると判断できる場合には、利用目的を追加的に変更し、新しい事業に既存の個人情報を利用することができると考えられる。

これに対し、関連性を認められない場合には、新しい事業の商品・役務を勧誘する際、金融機関が有する既存情報を、新しい事業に利用することにつき、顧客から、書面による同意を得る必要がある（法16条1項、金融庁GL3条5項・4条）。

金融機関が利用目的を特定する場合には、利用目的を一度定めると、それと関連性を有する範囲でしか利用目的の変更が認められないことに留意する必要がある。このような観点から、金融実務では、個人情報の利用目的において、既存の業務を列挙したうえで、「今後認められる業務を含む」などと記載し、上記の問題に適切に対応している。

第5節　利用目的による制限（金融庁GL5条）

1　金融庁GL5条の位置づけ

　金融庁GL5条は、個人情報保護法16条に対応する規定である。

　個人情報取扱事業者は、あらかじめ本人の同意を得ないで、個人情報保護法15条の規定により特定された利用目的の達成に必要な範囲を超えて、個人情報を取り扱ってはならない（法16条1項）。また、個人情報取扱事業者は、合併その他の事由により他の個人情報取扱事業者から事業を承継することに伴って個人情報を取得した場合は、あらかじめ本人の同意を得ないで、承継前における当該個人情報の利用目的の達成に必要な範囲を超えて、当該個人情報を取り扱ってはならない（同条2項）。

　もっとも、①法令に基づく場合、②人の生命・身体・財産の保護のために必要がある場合であって、本人の同意を得ることが困難であるとき、③公衆衛生の向上・児童の健全な育成の推進のために特に必要がある場合であって、本人の同意を得ることが困難であるとき、および④国の機関・地方公共団体またはその委託を受けた者が法令の定める事務を遂行することに対して協力する必要がある場合であって、本人の同意を得ることにより当該事務の遂行に支障を及ぼすおそれがあるときには、これらの規制（法16条1項・2項）は適用されない（同条3項）。

　金融庁GL5条では、個人情報保護法16条をふまえて、①個人情報の目的外利用の原則禁止（同条1項）、②事業承継に伴い個人情報を取得した場合の取扱い（同条2項）、③目的外利用が例外的に許される場合（同条3項）について規定している。

　金融庁GL5条の内容は、個人情報保護法16条の内容と同様であるが、金融庁GL5条では、個人情報保護法16条3項各号所定の例外事由について、具体例をあげている点が特徴的である。

2 目的外利用の原則禁止等（金融庁GL5条1項・2項）

(1) 目的外利用の原則禁止

金融事業者は、あらかじめ本人の同意を得ないで、個人情報保護法15条に基づき特定された利用目的の達成に必要な範囲を超えて、個人情報を取り扱ってはならない（法16条、金融庁GL5条1項）。

金融庁GLでは、この同意について、原則として、書面（電子的方式、磁気的方式、その他人の知覚によっては認識することのできない方式でつくられる記録を含む）によって得ることを求めている（金融庁GL4条、努力措置）。

あらかじめ本人の同意を得るために個人情報を利用することは、当初特定した利用目的にない場合にも、目的外利用には当たらない（金融庁GL5条1項）。

(2) 合併等による事業承継に伴って個人情報を取得した場合

金融事業者は、合併その他の事由により他の個人情報取扱事業者から事業を承継することに伴って個人情報を取得した場合は、あらかじめ本人の同意を得ないで、承継前における当該個人情報の利用目的の達成に必要な範囲を超えて、当該個人情報を取り扱ってはならない（法16条2項、金融庁GL5条2項）。

「その他の事由」とは、事業譲渡、事業の現物出資、会社分割など、事業に関する顧客情報等の個人データも一体的に承継される事業の承継を意味すると考えられる（金融庁GLに関するパブリックコメント手続における金融庁回答（回答番号109））。金融事業者における個人情報の利用目的は、金融事業者以外の事業者における個人情報の利用目的と大きく異なっているのが一般であるから、金融事業者が、銀行法等の業務範囲規制に反しない範囲で、金融事業者以外の事業者から事業を承継することに伴って個人情報を取得し、当該個人情報を金融事業者における個人情報の利用目的の達成のために利用する場合には、あらかじめ当該利用目的について本人の同意を得る必要が生じる場合が多いと考えられる（金融庁GLに関するパブリックコメント手続における金融庁回答（回答番号108））（第3編第5章第3節参照）。

3 目的外利用禁止原則の例外とその具体例（金融庁GL5条3項）

前述したとおり、個人情報保護法では、個人情報の目的外利用の禁止について、4つの例外規定を設けている（法16条3項）。

金融庁GL5条3項では、この4つの例外規定に該当する具体例を例示している。

まず、「法令に基づく場合」（法16条3項1号）に当たる例として、①国税通則法74条の2等に基づいて税務当局が行う質問検査、②国税犯則取締法1条等に基づいて収税官吏または徴税吏員の行う犯則事件の任意調査に応じる場合、③刑事訴訟法197条に基づく捜査関係事項照会に応じる場合、④犯罪収益移転防止法8条1項に基づき疑わしい取引を届け出る場合、⑤金融商品取引法210条、211条等に基づく証券取引等監視委員会の職員による犯則事件の調査に応じる場合、⑥弁護士法23条の2第2項に基づく弁護士会の照会に応じる場合をあげている。

「法令に基づく場合」とは、法律・政令・府省令・条例など法令上の具体的根拠をもって個人情報の利用が行われる場合を指すと考えられるから（園部『解説』124頁）、金融庁GLが例示するもののほかに、民事訴訟法223条なども「法令に基づく場合」に当たると考えられる。もっとも、「法令」には、外国の法律は含まない点には注意が必要である（金融庁GLに関するパブリックコメント手続における金融庁回答（回答番号8））。法令に、第三者が個人情報の提供を求めることができる旨の規定はあるが、正当な事由に基づきそれに応じないことができる場合には、金融事業者は、当該法令の趣旨に照らして目的外利用の必要性と合理性が認められる範囲内で対応するよう留意する必要があるとされている（金融庁GL5条3項）。

次に、「人の生命・身体・財産の保護のために必要がある場合であって、本人の同意を得ることが困難であるとき」（法16条3項2号）に当たる例として、金融庁GLは、①暴力団等の反社会的勢力情報、②業務妨害行為を行う悪質者情報、③振り込め詐欺に利用された口座に関する情報を企業間で共有する場合をあげている。

さらに、「公衆衛生の向上又は児童の健全な育成の推進のために特に必要がある場合であって、本人の同意を得ることが困難であるとき」（法16条3項3号）に当たる例として、病気の予防、治療に関する研究などを目的とする情報交換を行う場合をあげている。
　最後に、「国の機関若しくは地方公共団体又はその委託を受けた者が法令の定める事務を遂行することに対して協力する必要がある場合であって、本人の同意を得ることにより当該事務の遂行に支障を及ぼすおそれがあるとき」（法16条3項4号）の例として、①税務当局の任意調査に応じる場合、②警察の任意調査に応じる場合、③振り込め詐欺に利用された口座に関する情報を警察に提供する場合、④一般統計調査に回答する場合をあげている。これらの場合について、金融事業者は、任意の求めの趣旨に照らして目的外利用の必要性と合理性が認められる範囲内で対応するよう留意することとされている（金融庁GL5条3項）。
　これらの具体例は、いずれも例示列挙であり、限定列挙ではない（金融庁GL1条5項）。

4　個人番号の取扱い

　なお、顧客の個人番号については、番号法9条3項等により、その利用目的が制限されており、顧客の同意を得た場合であっても、番号法9条3項等により認められている利用目的を超えて、これを利用することができない点に注意が必要である（浅井『マイナンバー法』98頁）。

第6節　取得時の利用目的の通知・公表・明示
　　　　（金融庁GL8条1項・3項）

1　金融庁GL8条の位置づけ

　金融庁GL8条は、個人情報保護法18条に対応する規定である。
　個人情報取扱事業者は、個人情報を取得した場合は、あらかじめその利用

目的を公表している場合を除き、速やかに、その利用目的を、本人に通知または公表しなければならない（法18条1項）。もっとも、①利用目的を本人に通知・公表することにより本人・第三者の生命・身体・財産その他の権利利益を害するおそれがある場合、②利用目的を本人に通知・公表することにより当該個人情報取扱事業者の権利・正当な利益を害するおそれがある場合、③国の機関・地方公共団体が法令の定める事務を遂行することに対して協力する必要がある場合であって、利用目的を本人に通知・公表することにより当該事務の遂行に支障を及ぼすおそれがあるとき、④取得の状況からみて利用目的が明らかであると認められる場合にはこの限りでない（同条4項）。

金融庁GL8条1項では、個人情報保護法18条1項所定の「通知」「公表」の方法について規定している。また、金融庁GL8条3項は、個人情報保護法18条4項の具体例について規定している。

2 利用目的の通知・公表の方法（金融庁GL8条1項）

(1) 金融庁GL8条1項の内容

前述したとおり、個人情報保護法18条1項では、個人情報取扱事業者は、個人情報を取得した場合、あらかじめその利用目的を公表している場合を除き、速やかに、その利用目的を本人に通知し、または公表しなければならないと定められている。

金融庁GLでは、この「通知」の方法について、原則として書面によることを求めている（金融庁GL8条1項、努力措置）。「書面」には、電子的方式・磁気的方式その他人の知覚によっては認識することのできない方式でつくられる記録も含まれるから、電子メールによる通知も可能である。

また、「公表」の方法については、「自らの金融商品の販売方法等の事業の態様に応じ、インターネット上のホームページ等での公表、事務所の窓口等への書面の掲示・備付け等適切な方法によらなければならない」と述べている（金融庁GL8条1項）。公表方法に関するこの記述は、努力措置ではなく、個人情報保護法の解釈を示すものであるから、これに沿った公表を行わない

限り、個人情報保護法に違反するものとして勧告などの対象になると考えられる。もっぱら電話を利用した取引のみを行っている事業者の場合には、個人情報の利用目的を説明する専用のフリーダイヤルを設けることなどが、「公表」に当たると考えられる（金融庁GLに関するパブリックコメント手続における金融庁回答（回答番号187・188））。

(2) 実務上の留意点

　個人情報取扱事業者は、利用目的を変更した場合は、変更された利用目的について、本人に通知または公表しなければならない（法18条3項）。

　金融庁GL8条1項は、その文言上、法18条1項に基づく通知・公表の方法について努力措置を定めているにすぎず、法18条3項に基づく通知・公表の方法について規定したものではない。したがって、法18条3項に基づく通知・公表については、必ずしも金融庁GL8条1項所定の方法による必要はないと考えられるが、法18条3項に基づく通知・公表も、金融庁GL8条1項に沿った方法で行うことが望ましいことはいうまでもない[8]。

3　利用目的の通知等を要しない場合（金融庁GL8条3項）

　前述したとおり、個人情報保護法18条4項4号では、「取得の状況からみて利用目的が明らかであると認められる場合」には、利用目的の通知・公表・明示を要しないとされている。

　これは、個人情報が取得された状況に照らし当該個人情報の利用目的が自明であり、本人の権利・利益の侵害を防止するためにあえて利用目的を通知等する必要性が認められない場合に、利用目的等の通知等を免除する趣旨であると考えられる。

　「取得の状況からみて利用目的が明らかであると認められる場合」に該当するか否かは、①個人情報の取得の状況、②取得した個人情報の内容、③当

---

[8]　全国銀行個人情報保護協議会の個人情報保護指針Ⅱ2の「運用上の考え方」では、これと同趣旨のことが明記されている。同協議会の会員である金融機関は、この点に留意する必要がある。

該個人情報の利用態様などを総合考慮して、個別事案ごとに判断する（金融庁GLに関するパブリックコメント手続における金融庁回答（回答番号182）参照）。

　金融庁GL8条3項では、「取得の状況からみて利用目的が明らかであると認められる場合」の例として、①電話等での資料請求に対して、請求者が提供した住所および氏名に関する情報を請求された資料の送付のみに利用する場合、②今後連絡を取り合うために名刺交換をした場合、③着信において相手方の電話番号が非通知でない場合で、同じ用件で当方から相手方に電話を掛け直す場合をあげている。

　これ以外にも、①防犯目的のためにATMコーナー等にビデオカメラを設置し撮影する場合（金融機関における個人情報保護に関するQ&A問Ⅵ-1）、②契約締結に際して、契約相手の法人顧客の担当者と名刺交換を行うことにより、個人情報を取得する場合（金融庁GLに関するパブリックコメント手続における金融庁回答（回答番号194））、③保有個人データに関する開示、訂正等および利用停止等の請求（法25条～27条）に対して、請求者が提供した氏名、生年月日、電話番号などに関する情報を、請求された保有個人データの検索のみに利用する場合（金融庁GLに関するパブリックコメント手続における金融庁回答（回答番号192））、④両替の申込用紙に記載された申込者の情報を取得する場合で、当該情報を当該両替取引にのみ利用する場合、⑤振込取引において、振込依頼人や受取人の個人情報を取得する場合で、金融機関が当該情報を、振込取引を行うためだけに利用する場合が、「取得の状況からみて利用目的が明らかであると認められる場合」に当たると考えられる。いうまでもないことであるが、上記個人情報を、他の利用目的（たとえば、金融商品の販売・勧誘）にも用いる場合には、「取得の状況からみて利用目的が明らかであると認められる場合」には当たらないと考えられるから、個人情報保護法18条・金融庁GL8条などに従って利用目的を通知・公表・明示する必要があると考えられる。

第7節　与信業務に関する利用目的の特別規定
（金融庁GL3条3項・8条2項）

1　金融庁GL3条3項・8条2項の位置づけ

金融庁GL8条2項は、個人情報保護法18条2項に対応する規定である。

個人情報保護法18条2項では、個人情報取扱事業者が、本人との間で、契約を締結することに伴って契約書その他の書面に記載された当該本人の個人情報を取得する場合、その他本人から直接書面に記載された当該本人の個人情報を取得する場合、当該個人情報取扱事業者は、あらかじめ本人に対し利用目的を明示するよう求めている。もっとも、①利用目的を本人に通知・公表することにより本人・第三者の生命・身体・財産その他の権利利益を害するおそれがある場合、②利用目的を本人に通知・公表することにより当該個人情報取扱事業者の権利・正当な利益を害するおそれがある場合、③国の機関・地方公共団体が法令の定める事務を遂行することに対して協力する必要がある場合であって、利用目的を本人に通知・公表することにより当該事務の遂行に支障を及ぼすおそれがあるとき、④取得の状況からみて利用目的が明らかであると認められる場合にはこの限りでない（同条4項）。また、人の生命・身体・財産の保護のために緊急必要がある場合も同様である（同条2項但書）。

金融庁GL8条2項では、個人情報保護法18条2項などをふまえて、「金融分野における個人情報取扱事業者は、与信事業に際しては、利用目的を明示する書面に確認欄を設けること等により、利用目的について本人の同意を得ることが望ましい」と定めている（努力措置）[9]。

また、金融庁GL3条3項は、「金融分野における個人情報取扱事業者が、

---

[9]　与信業務において、申込み時に利用目的について本人の同意を得る場合、当該申込み時に利用目的の同意を得た個人情報については、個人情報保護法18条1項に基づく通知または公表を要しないが、それ以降に取得する情報については、あらかじめ利用目的を公表していない限り、利用目的の公表または通知が必要である（金融庁GL8条2項）。

与信事業に際して、個人情報を取得する場合においては、利用目的について本人の同意を得ることとし、契約書等における利用目的は他の契約条項等と明確に分離して記載することとする」と定めている。金融庁GL3条3項と個人情報保護法の条項との関係は、必ずしも一義的ではないが、その規定内容などに照らせば、同条は、金融庁GL8条2項と同様、個人情報保護法18条2項の与信事業に関する特則（努力措置）であると解するのが合理的であるように思われる[10]。

　金融庁GLが与信事業に際して、個人情報を取得する場合においては、利用目的について本人の同意を得ることを求めた趣旨は、与信事業の場合には、与信を受ける本人が、希望しない利用目的を拒否しがたい状況にあることに配慮する点にあるようである（寺田ほか編『金融分野』33頁）。

2　金融庁GL8条2項の内容

(1)　「与信事業」の範囲

　金融庁GL8条2項では、「与信事業」という用語が用いられているが、その範囲は必ずしも明確ではない。実務上、「与信業務」に該当するのか否か

---

[10] 金融庁GL3条3項の位置づけ……個人情報保護法では、本人から直接、書面に記載された本人の個人情報を取得する場合には、本人に対し利用目的を明示する必要があるが（法18条2項）、それ以外の場合には、あらかじめ利用目的を公表しているときを除き、速やかに利用目的を通知・公表するだけで足りる（同条1項）。金融庁GL8条2項が同法18条2項をふまえた規定であることは、金融庁GL8条2項の文言に照らし明確であるが、金融庁GL3条3項の位置づけは明確ではない。なぜならば、同条項は、特に、直接書面取得に限定することなく、「金融分野における個人情報取扱事業者が、与信事業に際して、個人情報を取得する場合においては」と定めているからである。
　金融庁GL3条3項が、直接書面取得の場合以外の場合であっても、与信業務に際して個人情報を取得する場合には、利用目的について本人の同意を得ることが望ましい旨を規定する趣旨なのかは明らかではないが、①個人情報保護法18条2項が利用目的の明示を特に求めた趣旨、②金融庁GL3条3項の規定ぶり、および③金融庁GLに関するパブリックコメント手続における金融庁回答のなかでも、金融庁GL8条2項と3条3項の双方に同時に言及している回答が複数あることに照らせば、金融庁GL3条3項は、金融事業者が、与信事業において、本人の個人情報を直接、書面で取得する場合を念頭に置いていると考えるのが合理的であり、妥当であるように思われる。以下、この解釈を前提に検討する。

が判断に迷うケースも少なくないと考えられる。

「与信事業」には、住宅ローンや教育ローンなどの金銭消費貸借契約だけでなく、保証契約・保証委託契約・抵当権設定契約・根抵当権設定契約・質権設定契約の締結なども含まれると考えられる。したがって、金融庁GL所定の努力措置を講ずる場合には、これらの契約を締結する際にも、保証人・抵当権設定者などに対し利用目的を明示したうえで確認欄にチェックさせるなどの方法で利用目的について同意を得ることになると考えられる。

また、手形割引業務が「与信事業」に含まれるか否かは、必ずしも明確ではない。手形割引は、法的には手形の売買であるが、その実質は与信であるから、この点を重視すれば、「与信事業」に含まれると考えるほうが自然なように思われる。

総合口座やMMFの貸越しについては、「与信事業」に含まれない（金融庁GLに関するパブリックコメント手続における金融庁回答（回答番号72））。

(2) 同意を得る対象

金融庁GL8条2項が努力措置として求めているのは、利用目的について本人の同意を得ることであり、「利用目的を明示する書面に確認欄を設けること」は、その一例にすぎない（「等」の文理解釈）。したがって、この例と同程度の方法で、本人の同意を得ることも可能であると考えられる。

本人の同意を得る場合、本人の捺印を得ることは必須ではないと考えられるが（金融庁GLに関するパブリックコメント手続における金融庁回答（回答番号181））、利用目的を明示する書面に確認欄を設ける方法以外の方法により利用目的について同意を得る場合には、本人の同意意思が明確に反映できる方法によることが望ましいと考えられる（金融庁GLに関するパブリックコメント手続における金融庁回答（回答番号181））。

(3) 実務上の留意点

　a　第三者作成の書面を本人から直接受領する場合

個人情報保護法18条2項は、本人自らが作成した書面であることを要件としていないから、第三者が作成した書面（たとえば、住民票の写しなど）に記

載されている本人の個人情報を本人から直接取得する場合にも、同項が適用されると考えられる（岡村『保護法』173頁）。

　金融庁GL8条2項に基づく利用目的の同意取得についても、これと同様に考えるとすると、金融機関が、与信事業に際して、本人から、本人の住民票の写しを取得する場合には、利用目的を明示する書面に確認欄を設けることなどにより、利用目的について本人の同意を得ることが望まれることになる。

　　b　金融庁GL4条との関係

　金融庁GL4条では、「金融分野における個人情報取扱事業者は、法第16条及び法第23条に定める本人の同意を得る場合には、原則として、書面（電子的方式、磁気的方式、その他人の知覚によっては認識することのできない方式で作られる記録を含む。以下、同様とする。）によることとする。なお、事業者があらかじめ作成された同意書面を用いる場合には、文字の大きさ及び文章の表現を変えること等により、個人情報の取扱いに関する条項が他と明確に区別され、本人に理解されることが望ましい。または、あらかじめ作成された同意書面に確認欄を設け本人がチェックを行うこと等、本人の意思が明確に反映できる方法により確認を行うことが望ましい」と定めている（努力措置）。金融庁GL4条は、個人情報保護法16条に基づく同意および同法23条に基づく同意に関する努力措置であり、それ以外の規定に基づく同意には適用されないと解するのが、金融庁GL4条の文言に照らし妥当であると考えられる。

　したがって、金融庁GL8条2項に基づき本人から利用目的について同意を取得する場合には、金融庁GL4条（特に、同条のなお書以下の規定）は適用されないと考えられる。

　もっとも、金融庁は、この点について、金融庁GLに関するパブリックコメント手続における回答において、金融庁GL8条2項の利用目的の同意取得も、「ガイドライン4条を踏まえて適切に行われることが望まれる」と回答している（回答番号190、同旨・寺田ほか編『金融分野』68頁）。実務では、

金融事業者があらかじめ作成した同意書面（書式）を用いる場合が大半であると考えられるが、その場合には、安全をみて、金融庁GL4条に沿った同意書面（書式）となるよう留意することが望ましいと考えられる。

 c 複数の金融機関が関与する場合の留意点

　金融取引では、1人の個人顧客との取引に、複数の金融機関等が関与する場合がある。この場合、「だれが個人情報を取得したのか」が不明確になることも少なくない（第4編第1章参照）。

　たとえば、銀行が、保証会社の保証付きで、個人に対し融資を行う場合、銀行が、融資申込人から、同申込人が記入した保証委託申込書（保証会社宛てに同申込者が作成する書面）を受け取り、それを保証会社に送付することがある。この場合、保証委託申込書は保証会社宛ての書面であるから、保証委託申込書に記載された申込人の個人情報は、保証会社が直接取得していると考えることが可能である（保証会社直接取得説）。この見解に立脚した場合、銀行は、上記書類の授受を行う使者の役割を営むにすぎず、銀行が保証委託申込書の控え（または写し）を取得していない限り、銀行が保証委託申込書上の個人情報を取得したことにはならないと考えられる（岡村『保護法』214頁）。

　上述した保証会社直接取得説とは異なり、銀行が、保証委託申込書に記載されている申込人の個人情報を直接取得していると考えると（銀行直接取得説）、銀行による保証会社への保証委託申込書の送付は、「個人データの第三者提供」に該当することになると考えられるが（保証委託申込書が個人データに該当することを前提とする）、この第三者提供については、申込者本人の同意があるものと考えられる（法23条1項、第3編第2章第3節）。

　保証会社直接取得説に立脚した場合、金融庁GL8条2項が求める利用目的の同意を得るべき主体は保証会社になり、銀行直接取得説に立脚した場合には、利用目的の同意を得るべき主体は銀行となる。

 d 同一条件で与信を更新する場合の取扱い

　同一の顧客に対し、同一の条件で短期与信を定期的に更新していくような

場合には、初回の与信時に個人情報の利用目的について同意を得ることにより、金融庁GL8条2項所定の与信事業に際しての同意を得ているものと考えられ、その後の与信の更新のつど、あらためて本人の同意を得ることは必要ないと考えられる（寺田ほか編『金融分野』33頁）。

もっとも、利用目的に関する本人の同意を一度得た場合であっても、自動車ローンと住宅ローンなど与信の条件などが異なる場合には、それぞれの与信事業に際して、金融庁GL8条2項所定の同意を取得する必要があると考えられる（寺田ほか編『金融分野』34頁）。

e 法人に対する与信の場合に関する留意点

法人に対する与信において、当該法人の代表者から直接書面に記載された当該代表者の個人情報を取得する場合、金融事業者は、金融庁GL8条2項に基づき、当該代表者に関する個人情報の利用目的について、当該代表者の同意を得なければならないかが問題となる。

法人に対する与信に基づく権利・義務の履行など合理的な範囲内で、当該代表者の個人情報を利用する限りにおいては、「取得の状況からみて利用目的が明らかである」場合に該当すると考えられるため、当該代表者の同意を得る必要はないと考えられる（金融庁GLに関するパブリックコメント手続における金融庁回答（回答番号196）参照）。逆に、法人の代表者に関する個人情報を、この範囲を超えて利用する場合には、法人の代表者の同意を得る必要があると考えられる（努力措置）。

なお、債務者に対する与信に際して、債務者から、債務者の家族に関する情報を取得する場合については、第3編第2章第6節参照。

f 利用目的についての同意取得が不要である場合

金融庁GL8条2項は、個人情報保護法18条2項をふまえて、同条項に関する努力措置を定めたものである。

前述したとおり、個人情報保護法18条4項は、①利用目的を本人に通知・公表することにより本人・第三者の生命・身体・財産その他の権利利益を害するおそれがある場合、②利用目的を本人に通知・公表することにより当該

個人情報取扱事業者の権利・正当な利益を害するおそれがある場合、③国の機関・地方公共団体が法令の定める事務を遂行することに対して協力する必要がある場合であって、利用目的を本人に通知・公表することにより当該事務の遂行に支障を及ぼすおそれがあるとき、④取得の状況からみて利用目的が明らかであると認められる場合について、利用目的の明示を要しない旨定めていると解されるから、これらの場合については、金融庁GL8条2項所定の利用目的についての同意取得も不要であると考えられる。

金融庁GLに関するパブリックコメント手続における金融庁回答ではこの点が明確化されていないが、金融庁GLをふまえて策定された全国銀行個人情報保護協議会の「個人情報保護指針」では、この点が明確化されている（同指針Ⅱ2）。

3 契約書等における利用目的の記載（金融庁GL3条3項）

金融庁GLは、与信業務における契約書等における利用目的は、他の契約条項等と明確に分離して記載するよう求めている（金融庁GL3条3項、努力措置）。

金融庁GLで努力措置として求められているのは、「他の契約条項等」との分離であり、契約書との分離ではないから、契約書と同じ書面上に利用目的を記載した場合であっても、契約書の契約条項と明確に分離されていれば、金融庁の上記要請に合致するものと考えられる（金融庁GLに関するパブリックコメント手続における金融庁回答（回答番号74）参照）。

「明確に分離して」は、①他の契約条項と別の箇所に記載することのほか、②赤字で表示する、③フォントを大きくする、④枠で囲むなどの方法によることが考えられる。また、④他の条項と独立した条項として記載することも、「明確に分離して」に含まれると考えられる（金融庁GLに関するパブリックコメント手続における金融庁回答（回答番号74））。

4　優越的地位の濫用禁止（金融庁GL3条3項）

　金融庁GLは、金融事業者に対し、与信事業において利用目的につき本人から同意を得る場合、取引上の優越的な地位を不当に利用し、与信の条件として、与信事業において取得した個人情報を与信業務以外の金融商品のダイレクトメールの発送に利用することを同意させるなどの行為を行わないよう求めている（金融庁GL3条3項第2文前段、努力措置）。

　与信業務以外の金融商品のダイレクトメールの発送などの目的で個人情報を利用することにつき、本人が同意しなかった場合に、金融事業者が、このことだけを理由に、与信を拒否することは、優越的地位の不当な利用に当たる可能性があると考えられる。

　この努力措置に沿った対応としては、ダイレクトメールの発送などの目的で個人情報を利用することの可否について、他の利用目的と区別して記載し、本人の同意を得ることなどが考えられる（金融庁GLに関するパブリックコメント手続における金融庁回答（回答番号78）参照）。

　金融庁GL3条3項第2文後段では、本人が、与信業務以外の金融商品のダイレクトメールの発送に係る利用目的を拒否することができる旨定めている。本条は、金融事業者を名宛人とした条項ではない点が特徴的である。金融実務では、利用目的の同意書と別に、ダイレクトメールの送付中止の申出書を作成し、ダイレクトメールの送付停止を希望する顧客の要望に沿った対応を行うよう配慮している。

第8節　同意の形式（金融庁GL4条）

1　金融庁GL4条の位置づけ

　金融庁GL4条は、個人情報保護法16条・23条に対応する規定である。

　金融庁GL4条は、個人情報保護法16条・23条に基づき同意を取得する必要がある場合について、同意の取得の仕方を、努力措置として規定したもの

である。

　金融庁GL4条は、個人情報保護法上、同意の取得が不要とされている場合についてまで、同意取得を求める趣旨ではない（金融庁GLに関するパブリックコメント手続における金融庁回答（回答番号106）参照）。

　また、金融庁GL4条は、個人情報保護法16条・23条に基づく同意に関する努力措置であることに照らせば、それ以外の個人情報保護法・金融庁GLの規定に基づく同意については、金融庁GL4条は適用されないと解するのが合理的である（反対、金融庁GLに関するパブリックコメント手続における金融庁回答（回答番号190））。

2　解　説

　金融庁GLは、金融事業者に対し、個人情報保護法16条・23条に定める本人の同意を得る場合には、原則として、書面（電子的方式、磁気的方式、その他人の知覚によっては認識することのできない方式でつくられる記録を含む）によることを求めている（金融庁GL4条、努力措置）。

　自動音声ガイドによるプッシュホン操作の電子的記録も、「書面」に含まれると考えられる（金融庁GLに関するパブリックコメント手続における金融庁回答（回答番号94））。また、インターネットの画面上で顧客に同意欄をクリックさせる方法も、「書面」に含まれると考えられる（金融機関における個人情報保護に関するQ&A問Ⅵ-3）。さらに、口頭で同意を取得し、これを録音した場合も同様である（金融庁GLに関するパブリックコメント手続における金融庁回答（回答番号95）、金融機関における個人情報保護に関するQ&A問Ⅵ-3）。

　金融事業者が、あらかじめ作成した同意書面（書式）を用いる場合には、文字の大きさおよび文章の表現を変えることなどにより個人情報の取扱いに関する条項が他と明確に区別され、本人に理解されるよう配慮することや、あらかじめ作成された同意書面に確認欄を設け本人がチェックを行うなど本人の意思が明確に反映できる方法により本人の同意意思の確認を行うことが望ましい（金融庁GL4条、努力措置）。

本人がチェックを行う確認欄が当該契約に基づく個人情報の取得・利用などに関する一体的同意であることが、書面上、本人にとって明らかであれば、各事項ごとに確認欄を設ける必要はなく、1カ所設けることで足りる（金融庁GLに関するパブリックコメント手続における金融庁回答(回答番号105)）。

本人が未成年者、成年被後見人、被保佐人および被補助人であって、個人情報の取扱いに関して同意したことによって生ずる結果について判断できる能力を有していない場合などは、親権者や法定代理人等から同意を得る必要がある（金融庁GL4条）。

3 実務上の留意点

金融庁GLが努力措置として求めているのは、「本人の意思が明確に反映できる方法により確認すること」であり、「確認欄を設け本人がチェックを行う」という手だてはその一例にすぎないと考えられるから（文理解釈）、この例と同程度に本人の意思が明確に反映でき、かつ事後的に検証可能な方法により本人の同意意思の確認を行うことも許容されると考えられる（金融庁GLに関するパブリックコメント手続における金融庁回答（回答番号90～93））。換言すれば、「同意に関し、本人の意思が明確に反映できる方法による確認が可能であり、かつ、事後的に検証可能な方法」である限り、「書面」に当たると考えられる（寺田ほか編『金融分野』37頁、金融機関における個人情報保護に関するQ&A問Ⅵ-3）。電話により同意を得た事実を金融機関が任意様式に記録し保存する方法では、「本人の意思が明確に反映できる方法により確認が可能」とも、「事後的に検証可能」ともいえないため、ガイドライン第4条に規定された「書面」による同意には該当しないと解されている（金融機関における個人情報保護に関するQ&A問Ⅵ-3）。

―【参考条文】――――――――――――――――――――――――――
第16条（利用目的による制限）
1 個人情報取扱事業者は、あらかじめ本人の同意を得ないで、前条の規定により特定された利用目的の達成に必要な範囲を超えて、個人情報を取り扱っ

> てはならない。
> 2　個人情報取扱事業者は、合併その他の事由により他の個人情報取扱事業者から事業を承継することに伴って個人情報を取得した場合は、あらかじめ本人の同意を得ないで、承継前における当該個人情報の利用目的の達成に必要な範囲を超えて、当該個人情報を取り扱ってはならない。
>
> 第23条（第三者提供の制限）
> 1　個人情報取扱事業者は、次に掲げる場合を除くほか、あらかじめ本人の同意を得ないで、個人データを第三者に提供してはならない。

第9節　適正な取得（金融庁GL7条）

1　金融庁GL7条の位置づけ

　金融庁GL7条は、個人情報保護法17条に対応する規定である。

　個人情報保護法17条は、個人情報取扱事業者に対し、偽りその他不正の手段により個人情報を取得することを禁止している。

　金融庁GL7条では、個人情報保護法17条をふまえて、「事業者は、第三者から個人情報を取得するに際しては、本人の利益の不当な侵害を行ってはならず、個人情報の不正取得等の不当な行為を行っている第三者から、当該情報が漏えいされた個人情報であること等を知った上で当該情報を取得してはならない」と定めている。この金融庁GL7条第2文は、努力措置を定めたものである（寺田ほか編『金融分野』65頁）。

　金融庁GL7条は、あくまで本人の利益の「不当な」侵害を禁止しているにすぎない（努力措置）。

　行方不明となった債務者の所在調査にあたり、親族から居所などを聴取した場合、聴取にあたり偽りその他不正の手段が介在していない限り、そのこと自体は、「本人の利益の不当な侵害」には当たらないと考えられる（なお、金融庁GLに関するパブリックコメント手続における金融庁回答（回答番号177）参

照)。

2 「不正の手段」の意義

「不正の手段」とは、不適法または適正性を欠く方法や手続を意味する。

「不正の手段」に該当するか否かの判断は、個人情報保護法その他の法令の趣旨や社会通念に照らして、個別に判断する(金融庁GLに関するパブリックコメント手続における金融庁回答(回答番号175))。この判断にあたっては、個人情報の有用性への配慮と個人の権利利益の保護との両立という個人情報保護法の趣旨に留意する必要があると考えられる(園部『解説』127頁参照)。

「不正の手段による取得」の例として、①本人に対して個人情報を収集していることを隠して個人情報を取得する場合、②本人に対して個人情報の利用目的を偽って取得する場合、③他人が管理する情報を正当な権限なく隠し撮りする場合、④十分な判断能力を有していない子供から親の個人情報を取得する場合などがある(金融庁GLに関するパブリックコメント手続における金融庁回答(回答番号175))。

個人情報保護法17条との関係でも、不正取得・違法取得された情報であることが歴然としており、そのことが一般に判断可能であるにもかかわらず、漫然とその情報を取得した場合には、「不正の手段による取得」に当たる余地があると指摘されており(園部『解説』128頁)、個人情報取扱事業者が、個人データを取得する際、提供者が不正な取得を行ったことを疑うべき不審事情がある場合には、提供者に対し不正取得が介在していないことを確認する注意義務があると考える余地がある点には注意が必要である(金融庁GLに関するパブリックコメント手続における金融庁回答(回答番号176)参照)。

3 第三者からの取得時の確認義務(努力措置)

平成27年7月の金融庁ガイドラインの改正により、金融庁ガイドライン7条に、「第三者からの提供(法第23条第1項各号に掲げる場合並びに個人情報の取扱いの委託、事業の承継及び共同利用に伴い、個人情報を提供する場合を除

く。）により、個人情報（施行令第2条第2号に規定するものから取得した個人情報を除く。）を取得する場合には、提供元の法の遵守状況（例えば、オプト・アウト……、利用目的、開示手続、問合せ・苦情の受付窓口を公表していることなど）を確認し、個人情報を適切に管理している者を提供元として選定するとともに、実際に個人情報を取得する際には、例えば、取得の経緯を示す契約書等の書面の点検又はこれに代わる合理的な方法により、当該個人情報の取得方法等を確認した上で、当該個人情報が適法に取得されたことが確認できない場合は、偽りその他不正の手段により取得されたものである可能性もあることから、その取得を自粛することを含め、慎重に対応することが望ましい」と追記された。

この趣旨は、提供元が本人の同意を得るまたはオプト・アウトの手続を利用して、金融機関に個人情報を提供する場合、当該金融機関において、提供元が個人情報保護法を遵守して適法に取得したことの確認を行うよう求めるものであると考えられる。

4　改正個人情報保護法の内容

(1)　改正法の内容

平成29年に施行される改正個人情報保護法では、3と同趣旨の規定を新設している。すなわち、個人情報取扱事業者は、第三者（法2条5項各号に掲げる者を除く）から個人データの提供を受けるに際しては、個人情報保護委員会規則で定めるところにより、①当該第三者の氏名・名称、住所、法人にあってはその代表者（法人でない団体で代表者または管理人の定めのあるものにあっては、その代表者または管理人）の氏名、②当該第三者による当該個人データの取得の経緯の確認を行わなければならない。ただし、当該個人データの提供が個人情報保護法23条1項各号または5項各号（委託・共同利用等の場合）のいずれかに該当する場合は、この確認義務は課されない（法26条1項）。

そのうえで、個人情報取扱事業者が上記確認を行ったときは、個人情報保

護委員会規則で定めるところにより、当該個人データの提供を受けた年月日、当該確認に係る事項その他の個人情報保護委員会規則で定める事項に関する記録を作成し（同条3項）、この記録を、当該記録を作成した日から個人情報保護委員会規則で定める期間保存しなければならない（同条4項）。

また、個人情報取扱事業者から上記事項の確認を求められた提供元は、個人情報取扱事業者に対して、上記事項を偽ってはならない（同条2項）。

(2) 実務上の留意点

金融実務では、事業主（職域先）・他の金融機関・保証会社などの第三者から本人の同意に基づき個人データの第三者提供を受ける場合が少なくない。このような場合、法定の方法で所定の事項を確認したうえで、法定の方法で確認記録を作成するなどの事務負担が発生することになる。

個人データの授受の方法は、書面による場合のほか、電子メール・電話・面談による方法が考えられるが、特に電話・面談による個人データの授受についても記録を残すことの負担は大きいと思われる。

第10節　データ内容の正確性の確保（金融庁GL9条）

1　金融庁GL9条の位置づけ

金融庁GL9条は、個人情報保護法19条に対応する規定である。

個人情報保護法19条では、個人情報取扱事業者に対し、利用目的の達成に必要な範囲内において、個人データを正確かつ最新の内容に保つよう努めること等を求めている。

金融庁GL9条では、これを受けて、金融事業者に対し、預金者・保険契約者などの個人データの保存期間については契約終了後一定期間内とするなど、保有する個人データの利用目的に応じ保存期間を定め、当該期間経過後の個人データを消去することなどを求めている（金融庁GL9条第2文本文、努力措置）。

2 正確性・最新性の確保に関する努力義務の内容

金融事業者は、利用目的の達成に必要な範囲内において、個人データの正確性・最新性を確保するように努める必要がある（法19条・金融庁GL 9条第1文）。

正確性・最新性を確保するための具体的な方法については、個人情報保護法・金融庁GLの趣旨に反しない範囲で、金融事業者の裁量に委ねられていると考えられる。正確性・最新性を確保するための具体的方法として、①顧客に対して正確かつ最新のデータ提供を働きかける方法、②顧客から提出される取引開始時の各種届出や、取引開始後の変更届について、本人確認等の実務の一環として当該届出内容の正確性を確認する方法、③顧客からの届出内容について、迅速かつ正確に個人情報データベース等に反映する方法などが考えられる。

個人データの正確化・最新化の頻度は、その利用目的との関係でおのずと定まるものと考えられる。具体的には、①誤りなどを発見した場合には、そのつど訂正する、②一定期間ごとに更新するなどが考えられる（金融庁GLに関するパブリックコメント手続における金融庁回答（回答番号200・206）参照）。顧客との取引自体はすでに終了しており、顧客からの問合せに回答するためなどの目的で、顧客との取引内容に関する個人データを保存している場合、特段の事情がない限り、金融事業者は、当該個人データの正確性を定期的に確認したり、定期的にこれを最新化する必要はなく、誤りなどが発見された場合にはそのつど訂正するといった対応で足りると考えられる。

3 個人データの「消去」方法

金融庁GL 9条第2文の「消去」とは、通常の方法によって当該データを復旧できない状態にすることを意味し、必ずしもハードディスクなどの記録媒体を物理的に破壊することまでは求められていない（金融庁GLに関するパブリックコメント手続における金融庁回答（回答番号203・208））。

バックアップ目的で保存してある過去のデータについても、消去の対象と

なると考えられる（上記金融庁回答（回答番号204））。

4　保存期間の定め

　個人データの保存期間の定めは、保有する個人データの利用目的に応じて定めることが必要である（金融庁GL9条第2文本文、努力措置）。

　保存期間を「永久」と定めることも可能であると考えられるが、永久に保存することの合理性について、金融事業者の側で十分な説明ができるようにしておく必要がある（金融庁GLに関するパブリックコメント手続における金融庁回答（回答番号205））。

　法令等に基づく保存期間の定めがある場合には、金融庁GL9条第2文本文の規定の適用はないが（金融庁GL9条第2文但書）、同条但書の「法令等に基づく保存期間の定めがある場合」としては、犯罪収益移転防止法に基づく確認記録の保存期間（7年）などが考えられる。

　金融庁GL9条第2文但書に該当する場合、保存期間を定める必要がないだけでなく、さらに、保存期間経過後消去する必要がないことを認めた趣旨かは必ずしも一義的ではないが、同条の趣旨が個人データの最新性・正確性を確保する点にあることに照らせば、法令等に基づく保存期間経過後は当該個人データを消去するよう努めることを求めているものと考えるのが自然である。

5　改正個人情報保護法の内容（消去義務（努力義務）の導入）

(1)　改正個人情報保護法の内容

　平成29年に施行される改正個人情報保護法は、19条に、「利用する必要がなくなったときは、当該個人データを遅滞なく消去するよう努めなければならない」旨の文言を追加している。

　「利用する必要がなくなったとき」とは、①あらかじめ特定した利用目的を達成し、その目的との関係では当該個人データを保有する合理的理由が存在しなくなった場合や、②あらかじめ特定した利用目的が達成されなかった

ものの、事業自体が中止となった場合などを意味する（瓜生和久編著『一問一答　平成27年改正個人情報保護法』68頁）。

　金融実務の観点からみた場合、この法改正は、前述した金融庁ガイドライン9条第2文本文を個人情報保護法に格上げしたという側面を有していると考えられる。

(2)　実務上の留意点

　金融実務では、金融機関が、顧客からの取引の申込みを謝絶した場合、当該顧客から、当該顧客が金融機関に提出した個人情報・個人データの消去を求められることがある。金融機関がこのような申出を受けた場合、「利用する必要がなくなったとき」に当たらないことを、どのように説得的に当該顧客に説明するかがポイントになると考えられる。

6　実務上の留意点

　法令等に保存期間の定めがある場合、その期間経過後も、顧客からの問合せに対応するためなど一定の利用目的のために、当該個人データを保存しておく必要がある場合もあると思われる（金融庁GLに関するパブリックコメント手続における金融庁回答（回答番号214）参照）。

　このような場合には、個人データの保管・保存に関する安全管理取扱規程などにおいて、このことを明確化したうえで、法令に基づく保存期間経過後、どの程度の期間保存しておくかを明記しておくことが望まれる。

第11節　安全管理措置（金融庁GL10条）

1　金融庁GL10条の位置づけ

　金融庁GL10条は、個人情報保護法20条および基本方針に対応する規定である。

　個人情報取扱事業者は、その取り扱う個人データの漏えい・滅失・き損の

防止その他の個人データの安全管理のために必要かつ適切な措置を講じなければならない（法20条）。

金融庁GL10条は、これをふまえて、個人データの安全管理のために必要かつ適切な措置の内容について規定している。また、金融庁は、安全管理実務指針において、個人データの安全管理のための必要かつ適切な措置について詳細に規定している。したがって、個人データの安全管理措置について検討を行う場合には、金融庁GLだけでなく、安全管理実務指針も含めた検討を行う必要がある（第1編第4章第3節参照）。

顧客の個人番号・特定個人情報の安全管理については、上記に加え、番号法や個人情報保護委員会が策定・公表しているガイドラインを遵守する必要がある（浅井『マイナンバー法』150頁以下）。

2 安全管理措置の内容（金融庁GL10条1項～4項）

金融事業者は、その取り扱う個人データの漏えい、滅失またはき損の防止その他の個人データの安全管理のため、安全管理に係る基本方針・取扱規程等の整備および安全管理措置に係る実施体制の整備等の必要かつ適切な措置を講じなければならない（金融庁GL10条1項）。

この「必要かつ適切な措置」には、個人データの取得・利用・保管などの各段階に応じた、①組織的安全管理措置、②人的安全管理措置および③技術的安全管理措置を含むものでなければならない（金融庁GL10条1項）。この規定は、努力措置ではなく、金融事業者の義務を定めた規定である（金融庁GLに関するパブリックコメント手続における金融庁回答（回答番号243）参照）。

ここで、「組織的安全管理措置」とは、個人データの安全管理措置について従業者（法21条参照）の責任と権限を明確に定め、安全管理に関する規程などを整備・運用し、その実施状況の点検・監査を行うことなどの、個人情報取扱事業者の体制整備および実施措置をいう（金融庁GL10条2項）。

また、「人的安全管理措置」とは、従業者との個人データの非開示契約等の締結および従業者に対する教育・訓練などを実施し、個人データの安全管

理が図られるよう従業者を監督することをいう（金融庁GL10条3項）。

さらに、「技術的安全管理措置」とは、個人データおよびそれを取り扱う情報システムへのアクセス制御、情報システムの監視など、個人データの安全管理に関する技術的な措置をいう（金融庁GL10条4項）。

経産省ガイドラインでは「物理的安全管理措置」という概念も用いられているが、金融庁GLでは、経産省ガイドライン上の「物理的安全管理措置」を「組織的安全管理措置」と「技術的安全管理措置」のなかに含めて整理している（金融庁GLに関するパブリックコメント手続における金融庁回答（回答番号216）参照）。

以上の安全管理措置は、個人データが漏えい、滅失またはき損等をした場合に本人が被る権利利益の侵害の大きさを考慮し、事業の性質、個人データの取扱状況および個人データを記録した媒体の性質等に起因するリスクに応じたものとすることとされている（金融庁GL10条1項、努力措置）。たとえば、不特定多数者が書店で随時に購入可能な名簿で、事業者においてまったく加工をしていないものについては、個人の権利利益を侵害するおそれは低いと考えられることから、それを処分するために文書細断機等による処理を行わずに廃棄し、または廃品回収に出したとしても、事業者の安全管理措置の義務違反にはならない（金融庁GL10条1項）。

3　漏えい、滅失、き損の意義

(1)　漏えいの意義

個人データの「漏えい」とは個人データが外部に流出することを意味する（金融機関における個人情報保護に関するQ&A問Ⅴ-5）。社内において、権限のない者が個人データにアクセスした場合、どの時点から個人データの漏えいとなるのか。社内の無権限者が個人データにアクセスした段階では、個人データが当該会社の「外部に流出」したとは認められないため、個人データの漏えいには当たらない。他方、当該無権限者が会社の外部の者に個人データの内容を伝えた場合、「外部に流出」したと認められるため、「個人デー

タ」の「漏えい」に当たる（金融機関における個人情報保護に関するQ&A問Ⅴ-5）。

　個人データについて暗号化処理された記録媒体を漏えいした場合、個人データの「漏えい」に当たるのか。この点について諸説あるが、当局は、たとえ流出した媒体において暗号化処理がされていたとしても、個人データの「漏えい」に当たると解している。暗号化処理ではなく、パスワードが設定されている場合も、「漏えい」に当たる（金融機関における個人情報保護に関するQ&A問Ⅴ-5）。

(2) 滅失の意義

　個人データの「滅失」とは個人データの内容が失われることを意味する（金融機関における個人情報保護に関するQ&A問Ⅴ-5）。

　個人データを記録している記録媒体（携帯電話、ノートパソコン、PDAなど）を破損したが、その内容と同じデータが他に保管されている場合は、個人データの「滅失」に当たるか。個人データを記録している記録媒体を破損したとしても、その内容と同じデータが他に保管されている場合には、当該情報を個人情報取扱事業者が自らの手で復元することができ、当該情報の「内容」は失われていないと認められるため、「個人データ」の「滅失」には当たらない（金融機関における個人情報保護に関するQ&A問Ⅴ-5）。

(3) き損の意義

　個人データの「き損」とは個人データの内容が意図しない形で変更されたり、内容を保ちつつも利用不能な状態となることを意味する（金融機関における個人情報保護に関するQ&A問Ⅴ-5）。

　個人データについて暗号化処理された記録媒体の復元キーを失念して、復元不能となった場合、個人データの「き損」に当たるのか。暗号化処理された記録媒体の復元キーを失念し、当該個人データの内容を個人情報取扱事業者が自らの手で復元できない場合、当該個人データは「内容を保ちつつも利用不能な状態」となったと認められるため、個人データの「き損」に当たると考える（金融機関における個人情報保護に関するQ&A問Ⅴ-5）。

(4) 所在不明の場合の取扱い

　保存期間経過前の帳票など保有しているはずの個人データを紛失し、存在を確認できない場合、個人データの「漏えい、滅失、き損」に当たるのか。この点について、金融機関における個人情報保護に関するQ&Aでは、「保有しているはずの「個人データ」を紛失した場合、「漏えい、滅失、き損」が発生していない確証がある場合を除き、その懸念があると言えます。この場合も、「漏えい、滅失、き損」に準じて当局への報告等の措置を講じる必要があります」と述べている（金融機関における個人情報保護に関するQ&A問Ⅴ-5）。

4　基本方針等整備義務（金融庁GL10条5項）

(1) 内　　容

　金融事業者は、個人データの安全管理に係る基本方針・取扱規程などの整備として、以下の「組織的安全管理措置」を講じなければならない（金融庁GL10条5項）。これも金融事業者の義務を定めたものであると考えられるから、金融事業者は、これらの事項すべてを含む組織的安全管理措置を講ずる必要があると考えられる。

　① 規程等の整備
　　ア 個人データの安全管理に係る基本方針の整備
　　イ 個人データの安全管理に係る取扱規程の整備
　　ウ 個人データの取扱状況の点検・監査に係る規程の整備
　　エ 外部委託に係る規程の整備
　② 各管理段階における安全管理に係る取扱規程
　　ア 取得・入力段階における取扱規程
　　イ 利用・加工段階における取扱規程
　　ウ 保管・保存段階における取扱規程
　　エ 移送・送信段階における取扱規程
　　オ 消去・廃棄段階における取扱規程

カ　漏えい事案などへの対応の段階における取扱規程
(2)　実務上の留意点
　　個人データの安全管理に係る基本方針および主要な取扱規程の策定は、特別な事情がない限り、「重要な業務執行」（会社法362条4項）に該当すると考えられるから、取締役会の決議によって決するべきであると考えられる。当該取扱規程の変更も同様である（ただし軽微な変更についてはこの限りでない）。
　　これに対し、それ以外の取扱規程（細則など）については、上記基本方針・主要な取扱規程などの委任・授権に基づき、業務担当取締役などが策定することになると考えられる。

5　実施体制整備義務（金融庁GL10条6項）

　　金融事業者は、個人データの安全管理に係る実施体制の整備として、以下の「組織的安全管理措置」「人的安全管理措置」および「技術的安全管理措置」を講じなければならない（金融庁GL10条6項）。これも、努力措置ではなく、金融事業者の義務であると考えられる（金融庁GLに関するパブリックコメント手続における金融庁回答（回答番号243）参照）。したがって、金融事業者は、これらの事項すべてを含む安全管理措置を講ずる必要があると考えられる。

【組織的安全管理措置】
　①　個人データの管理責任者などの設置
　②　就業規則などにおける安全管理措置の整備
　③　個人データの安全管理に係る取扱規程に従った運用
　④　個人データの取扱状況を確認できる手段の整備
　⑤　個人データの取扱状況の点検・監査体制の整備と実施
　⑥　漏えい事案などに対応する体制の整備

【人的安全管理措置】
　①　従業者との個人データの非開示契約等の締結
　②　従業者の役割・責任等の明確化

③　従業者への安全管理措置の周知徹底、教育および訓練
　④　従業者による個人データ管理手続の遵守状況の確認
【技術的安全管理措置】
　①　個人データの利用者の識別および認証
　②　個人データの管理区分の設定およびアクセス制御
　③　個人データへのアクセス権限の管理
　④　個人データの漏えい・き損防止策
　⑤　個人データへのアクセスの記録および分析
　⑥　個人データを取り扱う情報システムの稼働状況の記録および分析
　⑦　個人データを取り扱う情報システムの監視および監査
　金融分野に関する情報通信技術は、日々進歩し続けている。どの水準の安全管理措置を講ずるのかが、今後も引き続き検討を要する実務上の課題であると考えられる。

第12節　従業者の監督（金融庁GL11条）

1　金融庁GL11条の位置づけ

　金融庁GL11条は、個人情報保護法21条および基本方針に対応する規定である。

　個人情報取扱事業者は、その従業者に個人データを取り扱わせるにあたっては、当該個人データの安全管理が図られるよう、当該従業者に対する必要かつ適切な監督を行わなければならない（法21条）。

　金融事業者は、個人情報保護法21条に従い、個人データの安全管理が図られるよう、適切な内部管理体制を構築し、その従業者に対する必要かつ適切な監督を行わなければならない（金融庁GL11条1項）。この監督は、個人データが漏えい、滅失またはき損等をした場合に本人が被る権利利益の侵害の大きさを考慮し、事業の性質および個人データの取扱状況等に起因するリスク

に応じたものとするとされている（金融庁GL11条1項、努力措置）。

　金融庁は、安全管理実務指針Ⅱにおいて、「従業者の監督」について、具体的な定めを置いている。従業者への監督についてはこの点にも留意する必要がある（第1編第4章第4節参照）。

2　内部管理体制構築義務の具体的内容（金融庁GL11条3項）

　金融庁GL11条3項では、「必要かつ適切な監督」（金融庁GL11条1項）の具体的内容として、次の3点を行うよう求めている。本項は、努力措置を定めたものではないから、金融事業者は、これらの事項すべてを含む内部管理体制を構築する義務を負うと考えられる（金融庁GLに関するパブリックコメント手続における金融庁回答（回答番号243））。

① 　従業者が、在職中およびその職を退いた後において、その業務に関して知り得た個人データを第三者に知らせ、または利用目的外に使用しないことを内容とする契約（これを「非開示契約」という）等を採用時等に締結すること。

② 　個人データの適正な取扱いのための取扱規程の策定を通じた従業者の役割・責任の明確化および従業者への安全管理義務の周知徹底、教育および訓練を行うこと。

③ 　従業者による個人データの持出し等を防ぐため、社内での安全管理措置に定めた事項の遵守状況等の確認および従業者の個人データ保護に対する点検・監査制度を整備すること。

　金融庁GL11条3項が従業者との非開示契約等の締結を求めた趣旨は、一従業者による誤った取扱いに起因する個人データの漏えい等により重大な被害が発生する危険性があるため、各従業者が、個人データを取り扱うにあたり、その責任を認識することが不可欠であるという考え方に立脚し、金融事業者に対し、各従業者に上記認識をもたせたことを確認できる手段を整備するよう求めることによって、個人データの漏えい等を防止しようとする点にある（金融庁GLに関するパブリックコメント手続における金融庁回答（回答番号

236・244)、寺田ほか編『金融分野』81頁参照)。

金融庁GL11条3項①では、「採用時等」に非開示契約等を締結することを求めているが、異動等により従業者の取り扱う個人データの内容・範囲が変更された場合についても、この手続を経る必要があると考えられる(金融庁GLに関するパブリックコメント手続における金融庁回答(回答番号233)参照、寺田ほか編『金融分野』81頁)。

3　「従業者」の定義(金融庁GL11条2項)

金融庁GL11条2項では、「従業者」の範囲を例示している。

従業者とは、金融事業者の組織内にあって直接・間接に事業者の指揮監督を受けて事業者の業務に従事している者をいい、雇用関係にある従業者(正社員、契約社員、嘱託社員、パート社員、アルバイト社員等)のみならず、事業者との間の雇用関係にない者(取締役、執行役、理事、監査役、監事、派遣社員等)を含む広い概念である(金融庁GL11条2項、金融庁GLに関するパブリックコメント手続における金融庁回答(回答番号227)参照)。

4　実務上の留意点

(1)　外部委託先に対する監督との区別

「従業者」に該当するためには、金融事業者の指揮監督を受けていることが必要である。請負業者の従業者が金融事業者の施設内で個人データの取扱いを行う場合があるが、このような従業者は、個人情報保護法21条・金融庁GL11条2項の「従業者」には含まれないと考えられる。

このような従業員に対する監督は、自社の従業者に対する内部監督の問題ではなく、外部委託先に対する監督の問題である(金融庁GLに関するパブリックコメント手続における金融庁回答(回答番号232・253)参照)。

(2)　従業者が非開示契約等の締結を拒んだ場合の対応

従業者が、個人データの非開示契約等の締結等を拒んだ場合にどのように対処するか議論があるが、金融庁GLの立案担当者らは、この場合について、

「個人情報取扱事業者が、配置転換や分掌の変更等により当該従業者が個人データをまったく取り扱わないこととするのであれば、仮にすべての従業者との間で個人データの非開示契約等が締結できないとしても、本項目の趣旨は満たしているものと解される」と述べている（寺田ほか編『金融分野』82頁）。

この点はむずかしい問題であり、慎重な検討が必要である。

第13節　委託先への監督（金融庁GL12条）

1　金融庁GL12条の位置づけ

金融庁GL12条は、個人情報保護法22条および基本方針に対応する規定である。

個人情報取扱事業者は、個人データの取扱いの全部または一部を委託する場合は、その取扱いを委託された個人データの安全管理が図られるよう、委託を受けた者に対する必要かつ適切な監督を行わなければならない（法22条）。

金融庁GL12条は、これをふまえて、委託先に対する「必要かつ適切な監督」の内容について、具体的な定めを置いている。委託先に対する必要かつ適切な監督の内容については、安全管理実務指針Ⅲにも規定されているから、実務にあたっては、この点にも留意する必要がある（第1編第4章第5節）。

金融機関が、顧客の個人番号を取り扱う事務を委託する場合、上記に加え、番号法に基づき、委託先に対し必要かつ適切な監督を尽くす必要がある（番号法11条）（浅井『マイナンバー法』177頁以下）。

2　委託先監督義務

前述したとおり、個人情報保護法は、個人情報取扱事業者に対し、個人

データの取扱いの全部または一部を委託する場合は、その取扱いを委託された個人データの安全管理が図られるよう、委託を受けた者に対する必要かつ適切な監督を行うよう求めている（法22条。なお、金融庁GL12条1項）。この監督は、個人データが漏えい、滅失またはき損等をした場合に本人が被る権利利益の侵害の大きさを考慮し、事業の性質および個人データの取扱状況等に起因するリスクに応じたものとすることとされている（金融庁ＧＬ12条1項）。

ここで、「委託」とは、契約の形態や種類を問わず、金融事業者が他の者に個人データの取扱いの全部または一部を行わせることを内容とする契約のいっさいを含む（金融庁GL12条2項）。個人データを含む書面・磁気テープなどについての保管を依頼することも、「委託」に含まれると考えられる（金融庁GLに関するパブリックコメント手続における金融庁回答（回答番号252））。

金融庁GLでは、個人情報保護法22条および基本方針をふまえて、金融事業者に対し、「必要かつ適切な監督」として、①委託先の選定基準の確立、および、②委託先における安全管理措置の確保を求めている（金融庁GL12条3項）。

具体的には、①個人データの安全管理のため、委託先における組織体制の整備および安全管理に係る基本方針・取扱規程の策定などの内容（委託先において、委託先と従業者との間で個人データの非開示契約等が締結されていることを含む。金融庁GLに関するパブリックコメント手続における金融庁回答（回答番号253）参照）を委託先選定の基準に定め、当該基準に従って委託先を選定するとともに、当該選定基準を定期的に見直すこと、および、②(ア)委託者の監督・監査・報告徴収に関する権限、(イ)委託先における個人データの漏えい・盗用・改ざんおよび目的外利用の禁止、(ウ)再委託に関する条件および(エ)漏えい等が発生した場合の委託先の責任を内容とする安全管理措置を委託契約に盛り込むとともに、定期的または随時に当該委託契約に定める安全管理措置の遵守状況を確認し、安全管理措置の見直しを行うことなどが必要である（金融庁GL12条3項）。

委託先が再委託を行おうとする場合は、委託元は委託を行う場合と同様、再委託の相手方、再委託する業務内容および再委託先の個人データの取扱方法等について、委託先に事前報告または承認手続を求める、直接または委託先を通じて定期的に監査を実施する等により、委託先が再委託先に対して金融庁GL12条の委託先の監督を適切に果たすこと、再委託先が個人情報保護法20条に基づく安全管理措置を講ずることを十分に確認することが望ましい（金融庁GL12条3項）。

　また、再委託が行われた場合には、委託先の事業者が再委託先の事業者に対して十分な監督を行っているかについても、委託元において監督を行わなければならない（金融庁GL12条3項）。再委託の場合には、委託元は、委託先による監督状況を確認すれば足り、必ずしも、再委託先を直接監督する必要まではないと考えられる。

3　実務上の留意点
(1)　委託先選定時の留意点

　金融庁GL12条3項では、「委託先の選定基準」のなかに委託先における安全管理に係る基本方針・取扱規程の策定などを定め、これに従って委託先を選定するよう求めているが、これは、金融事業者（委託元）が、委託先の安全管理に係る基本方針・取扱規程を取得することまで要求する趣旨ではない（金融庁GLに関するパブリックコメント手続における金融庁回答（回答番号258）、寺田ほか編『金融分野』86頁）。

　したがって、たとえば、委託先がセキュリティ上の理由から委託先の安全管理に係る取扱規程そのものを金融事業者（委託元）に提示しない場合であっても、金融事業者による委託先に対するヒアリングなどの結果、金融事業者（委託元）の委託先選定基準を満たし個人データの安全管理が図られると判断できる場合には、当該委託先に委託を行ったとしても、金融庁GL12条3項に反しないと考えられる（金融庁GLに関するパブリックコメント手続における金融庁回答（回答番号258）、寺田ほか編『金融分野』86頁）。

(2) 外部委託に伴うリスクの増大

　金融事業者が、金融業務に係る事務を外部委託する場合、自社で内製する場合に比べて、オペレーションリスクの管理がむずかしくなる。金融機関としては、外部委託によりリスクが増大することを認識したうえで、外部委託先の監督を行うことが望まれる。

(3) 委託元らの代表者による監督の可否

　　a　問題の所在

　金融機関が共同して事務受託会社や事務センター（以下「事務受託会社等」という）を設立し、複数の金融機関が、当該事務受託会社等に対して、特定の（同一種類の）個人データの取扱いを委託している場合、委託元である複数の金融機関（以下「委託元金融機関ら」という）を代表して一部の委託元金融機関（以下「代表金融機関」という）のみが、当該事務受託会社等に対して、「必要かつ適切な監督」（法22条、金融庁GL12条1項）、「委託契約に定める安全管理措置の遵守状況（の確認）」（金融庁GL12条3項②）を行い、委託元金融機関らは個別に監督・確認を行わないことが認められるかが、実務上、問題となっている。

　たとえば、委託元金融機関らと代表金融機関が、委託元金融機関らが代表金融機関に対して委託金融機関らと事務受託会社等との間の委託契約に基づく監督・確認事務を委任する旨を合意し、この合意に基づいて、代表金融機関が事務受託会社等に対する監督・確認を一括して行うという方式を採用することが可能か否かが、問題となる。

　　b　検　討

　個人情報保護法22条・金融庁GL12条に基づく委託元の委託先に対する監督・確認は、委託元である金融機関が自ら履行することを要し、監督・確認事務（作業）の全部または一部を第三者に委任することは認められないという見解に立脚すれば、上記合意は脱法行為として無効であると考えられるが、このような見解に立脚しない限り、委託元金融機関らが、共同して設立した事務受託会社等に対して、同種類の個人データの取扱いを委託している

場合については、前述したような代表金融機関による監督・確認方法を許容することも、実際的であり、合理的であるように思われる。その理由は、以下のとおりである。

　まず、①委託元金融機関らと事務受託会社等の間の委任契約の内容は、通常、同一内容であり、また、委託元金融機関らが事務受託会社等に取扱いを委託している個人データも、通常、同種類であるから、委託元金融機関らによる個別的監督・確認が必須であると解したとしても、結局、委託元金融機関らの数だけ、実質的に同内容の監督・確認が繰り返されるにすぎず、委託元金融機関らに個別的監督・確認を求める実際上の必要性がどこまであるか疑問である。換言すれば、委託元金融機関らに対し、実質的に同内容の監督・確認を重畳的に行うことを義務づけたとしても、それによって、個人情報保護法22条の趣旨である「委託先における個人データの安全管理の確保」が、代表金融機関による一括監督・確認の場合と比較して、どれだけ向上・改善するのか疑問であるように思われる。

　また、②事務受託会社等に対して、多数の委託元金融機関らによる実質的に同内容の監督・確認に個別に対応し、それぞれの委託元金融機関らに対して実質的に同内容の報告を個別に行うよう求めることは、あまりに形式的にすぎ、実際的でなく、場合によっては、事務効率化を目的とした金融機関による外部委託を著しく阻害しかねないように思われる。

　③個人情報保護法22条が、委託元に対して、委託先に対する「必要かつ適切な監督」を行うよう義務づけた趣旨は、委託元による監督を通じて、委託先において行われる個人データの取扱いの適正化・委託先において取り扱われる個人データの安全管理を図る点にあると考えられる（園部『解説』141頁・142頁）。近年、金融機関も含めた企業等において、事業効率の向上等の観点から個人データの外部委託が行われることが増えているが、個人情報保護法22条は、個人データの取扱いの外部委託による事業効率の向上という社会経済的必要性と委託先における個人データの安全管理の必要性とを調和させるという観点から、委託元に委託先に対する「必要かつ適切な監督」を行

うよう義務づけたものと考えられる（園部『解説』140頁参照）。「必要かつ適切な監督」の内容は、個別の事案ごとに総合的に判断する必要があるが（園部『解説』140頁）、「必要かつ適切な監督」の内容などを判断するにあたっては、前述した2つの必要性の調和という観点からの検討が不可欠であるように思われる（法1条）。金融庁GL12条3項の解釈・運用にあたっても、この点は同様であると考えられる。

　金融庁GLに関するパブリックコメント手続における金融庁の回答では、委託先に対する「必要かつ適切な監督」（法22条）の意義について、あくまで「個々の委託契約の内容の忠実な遵守の確認が必要と解される」と述べ、上記した「代表金融機関による監督・確認」を許容することに消極的なようであるが（金融庁GLに関するパブリックコメント手続における金融庁回答（回答番号248））、前述した2つの必要性を調和するという観点からみた場合、少なくとも、委託元金融機関らが共同して設立した事務受託会社等に対して同種類の個人データの取扱いを委託している事案についてみる限り、委託金融機関らに常に個別的監督・確認を義務づけることは、必ずしも合目的とはいえず、いたずらに形式的にすぎ、実際的でないように思われる。

　委託元金融機関らが共同して設立した事務受託会社等に対して同種類の個人データの取扱いを委託している場合については、実質的に委託先において行われる個人データの取扱いの適正化・委託先において取り扱われる個人データの安全管理が確保されていると認められる範囲内で、「代表金融機関による監督・確認」を認めることも合理的であり、妥当であるように思われる。具体的には、㈠代表金融機関が、事務受託会社等に対して、「必要かつ適切な監督」「委託契約に定める安全管理措置の遵守状況（の確認）」を行う能力・適格を有すること、㈡代表金融機関と委託元金融機関らが、代表金融機関による事務受託会社等に対する監督・確認の具体的内容・方法について、必要に応じて、十分な検討を行っていること、㈢代表金融機関は、委託元金融機関らに対して、必要に応じて、監督・確認結果などを報告していること、㈣監督・確認の具体的内容・方法に関する委託元金融機関らの意見

を、代表金融機関による監査・確認に反映する方法が存在すること、(オ)以上の諸点が代表金融機関と委託元金融機関らの間の合意において明確化されていることなど、一定の条件を満たすことを前提に、「代表金融機関による監督・確認」を認めることも合理的であり、妥当であるように思われる。

なお、このような監督・確認方法が個人情報保護法22条・金融庁GL12条との関係で可能であると解した場合であっても、(a)代表金融機関による事務受託会社等に対する監督・確認が不十分なため、または(b)委託元金融機関らによる代表金融機関の監督・確認の内容・方法に対するチェックが不十分なため、委託元金融機関らが委託先に対する必要かつ適切な監督を怠っていたと評価される場合には、代表金融機関に対して監督・確認事務を委任していた委託元金融機関らも、個人情報保護法22条違反、金融庁GL12条の責任を負うことはいうまでもない。

c　実務上の留意点

「代表金融機関による監督・確認」を実現するための法律構成としては、ｂで前述した委託元金融機関らと代表金融機関間が個別に委任契約を締結する方法のほかに、委託元金融機関らで構成する団体（権利能力なき社団）に規約等を設け、規約等に同様の定めを置き、当該団体が指定する構成員が、事務受託会社等に対する監督・確認を行うことが考えられる。

この場合であっても、基本的な考え方は、ｂで検討した考え方と同様であると考えられる。なお、この場合には、規約等において、金融庁GL12条3項・安全管理実務指針5-1～5-4所定の事項を明記しておくことが必要であると考えられる。

第14節　第三者提供の制限（金融庁GL13条）

1　金融庁GL13条の位置づけ

金融庁GL13条は、個人情報保護法23条に対応する規定である。

個人情報取扱事業者は、原則として、あらかじめ本人の同意を得ないで、個人データを第三者に提供してはならない（法23条1項）。もっとも、①法令に基づく場合、②人の生命・身体・財産の保護のために必要がある場合であって、本人の同意を得ることが困難であるとき、③公衆衛生の向上・児童の健全な育成の推進のために特に必要がある場合であって、本人の同意を得ることが困難であるとき、④国の機関・地方公共団体またはその委託を受けた者が法令の定める事務を遂行することに対して協力する必要がある場合であって、本人の同意を得ることにより当該事務の遂行に支障を及ぼすおそれがあるときは、この限りでない（同項）。②の「人の生命・身体・財産」の「人」には法人（金融機関など）も含まれる（金融庁GL13条1項）。

　金融庁GL13条は、個人情報保護法23条をふまえて、①「第三者」の意義、②第三者提供の同意は原則として書面によること（努力措置）、③第三者提供の同意を取得する際の留意点、④個人信用情報機関に対する第三者提供時の留意点などについて定めている。

　金融庁GL13条は、金融事業者が個人データを第三者に提供する場合に適用されるが、金融事業者が、金融事業者以外の者から個人データの提供を受ける場合には、適用されない（金融庁GLに関するパブリックコメント手続における金融庁回答（回答番号278））。

2　「第三者」の意義（金融庁GL13条2項・6項）

(1)　「第三者」の意義

　個人情報保護法23条・金融庁GL13条における「第三者」とは、個人データを提供しようとする個人情報取扱事業者および当該個人データに係る本人のいずれにも該当しないものを意味する（金融庁GL13条2項）。自然人、法人その他の団体を問わない。

　また、個人情報保護法23条1項〜4項との関係では、①個人情報取扱事業者が利用目的の達成に必要な範囲内において個人データの取扱いの全部または一部を委託する場合の受任者、②合併その他の事由による事業の承継に

伴って個人データが提供される場合の事業承継者、③いわゆる個人データの共同利用の場合の共同利用者は、「第三者」には当たらない（同条5項、金融庁GL13条6項）。

(2) 改正個人情報保護法の内容（外国にある第三者への提供）

　　a　改正法の内容

　平成29年に施行される改正個人情報保護法では、「個人情報取扱事業者は、外国（本邦の域外にある国又は地域をいう。以下同じ。）（個人の権利利益を保護する上で我が国と同等の水準にあると認められる個人情報の保護に関する制度を有している外国として個人情報保護委員会規則で定めるものを除く。以下この条において同じ。）にある第三者（個人データの取扱いについてこの節の規定により個人情報取扱事業者が講ずべきこととされている措置に相当する措置を継続的に講ずるために必要なものとして個人情報保護委員会規則で定める基準に適合する体制を整備している者を除く。以下この条において同じ。）に個人データを提供する場合には、前条第一項各号に掲げる場合を除くほか、あらかじめ外国にある第三者への提供を認める旨の本人の同意を得なければならない。この場合においては、同条の規定は、適用しない」旨の定めを新設している（法24条）。

　　b　実務上の留意点

　平成29年に施行される改正個人情報保護法の上記規律との関係では、個人データを委託する場合、共同利用する場合などにおいても、法24条に従い、外国にある第三者に提供するのに先立ち、本人の同意を得る必要があると考えられる。金融機関では、その一次委託先・二次委託先等が外国にある第三者に個人データを提供している場合があると思われるが、こうした場合には、実務上、金融機関において、顧客から法24条所定の同意を得ることになると考えられる。

　また、「外国にある第三者」の意義も問題になると考えられる。たとえば、日本に本店のある金融機関の海外現地法人は「外国にある第三者」に当たると考えられるが、日本に本店のある金融機関の海外支店などは「外国に

ある第三者」に当たらないと考えられる。

3 書面同意の原則（金融庁GL13条1項）

(1) 金融庁GL13条1項の内容

　金融庁GLでは、個人情報保護法23条1項に基づく第三者提供の同意は、原則として書面によって得ることとし（金融庁GL4条・13条、努力措置）、また、当該書面における記載を通じて、①個人データを提供する第三者、②提供を受けた第三者における利用目的、③第三者に提供される情報の内容を本人に認識させたうえで同意を得るよう求めている（金融庁GL13条1項なお書。努力措置。以下この3つの内容を「金融庁GL13条1項なお書の3要件」という）。

　金融庁GL13条1項なお書の趣旨は、本人のまったく予期しない形で個人データが利用されたり、他のデータと結合・加工されるなどして、本人に不測の権利・利益の侵害を及ぼすおそれが生じることを防止するため、金融事業者が本人から第三者提供の同意を取得するにあたり上記3点を本人に認識させることを、努力措置として求めた点にあると考えられる（金融庁GLに関するパブリックコメント手続における金融庁回答（回答番号279）、寺田ほか編『金融分野』92頁参照）。

　この趣旨に照らせば、「提供を受けた第三者における利用目的」は、第三者における利用目的すべてを本人に認識させる必要はなく、提供を受けた第三者における主な利用目的を本人に認識させれば足りると考えられる（第16回金融審特別部会における金融庁担当官説明、西方・概要13頁）。

(2) 金融庁GL13条1項の射程

　金融庁GL13条・4条は、金融事業者が個人情報保護法23条1項に基づき個人データの第三者提供について同意を取得する場合について、その具体的方法などを努力措置として規定したものであり、金融事業者がオプト・アウトの規定（同条2項）を利用することを妨げる趣旨ではない（金融庁GL13条5項の場合を除く）（金融庁GLに関するパブリックコメント手続における金融庁回答（回答番号276））。

第3章　金融庁ガイドラインと改正個人情報保護法　119

また、金融庁GL13条1項なお書が、上記努力措置に「原則として」という留保をつけた趣旨は必ずしも明らかではないが、その趣旨は、①合理的な理由により努力措置を講じられない場合や②金融庁GL13条1項なお書の上記趣旨に反しない場合については、上記努力措置を講じないことを容認する趣旨であると解することも可能であるように思われる。

(3)　実務上の留意点

　　a　債権譲渡の同意取得に関する問題点

　本人から個人データの第三者提供について同意を取得する場合、個人データの提供先が一義的に確定していない場合がありうると考えられる。

　たとえば、住宅ローン契約において、金融機関が住宅ローン申込者から債権譲渡に伴う個人データの第三者提供について同意を取得する場合、その時点では、だれに対して当該住宅ローン債権を譲渡するのかが確定していない場合がある。また、債権の流動化・証券化などの場合では、借主と原債権者（譲渡金融機関）が住宅ローン契約を締結した当時、譲受会社（SPC）がまだ設立されていない場合すらある。

　このような場合には、住宅ローン申込書において、借主から第三者提供の同意を取得する際に「個人データを提供する第三者」を具体的に記載することは困難である。

　金融庁GL13条1項なお書の趣旨は、「個人データを提供する第三者」が確定している場合には、個別の譲受人の氏名・商号などを記載し同意を得るのが望ましいが（努力措置）、正当な理由によりそれが困難である場合には、本人が同意の可否を判断するに足りる程度に、個人データの提供先の属性・資格を特定し、個人データが提供される第三者の外延を明らかにする方法によって、これを特定・記載することを排斥する趣旨ではないように思われる。

　このような解釈が可能であるとすれば、たとえば、「金融機関、債権管理回収会社その他金融業務・債権回収業務などを営む者、または、特定目的会社などに提供されることに同意します」といった記載を融資申込書・融資契

約書に盛り込み、第三者提供につき本人の同意を得ることも、金融庁GL13条1項なお書の努力措置に必ずしも反しないと考えることも可能であるように思われる。

　　b　同意の撤回・錯誤・詐欺
　個人情報保護法23条1項に基づく第三者提供の同意は撤回することができるか。また、民法95条の規定に基づき、同意の錯誤無効を主張することができるか。さらに、民法96条の規定に基づき、同意の詐欺取消を主張することができるか。

　この点、個人情報保護法23条1項に基づく同意は、金融事業者の同意を得ない限り、撤回することができないと考えられる。なぜならば、金融事業者の同意を得ない撤回を認めると、金融事業者の地位を不当に不安定にするからである（結論同旨・岡村『保護法』219頁）。もっとも、撤回の理由に関する本人の説明いかんによっては、金融機関としても、同意の撤回を認めることが望まれる場合もあると考えられる。

　また、個人情報保護法23条1項に基づく同意が「意思表示」に該当するか否かについては議論があるが（岡村『保護法』159頁）、意思表示に該当すると解すれば、民法95条・96条が適用されることになる。以下、意思表示に該当すると解することを前提に検討する。

　まず、詐欺取消についてであるが、金融事業者の欺罔行為により本人が錯誤に陥り同意（法23条1項）をした場合には、「同意の意思表示の取消」という構成をとらなくとも、「偽りその他不正の取得」（法17条）を理由とする利用停止・消去請求（法30条1項）を行うことによって、本人の所期の目的（金融事業者による利用・第三者提供を回避するという目的）が達成できる場合が少なくないと考えられる。したがって、本論点は、金融実務との関係では、議論の実益の少ない論点であると考えられる。

　次に、錯誤の場合であるが、個人情報保護法23条1項に基づく同意は、「自己の個人データが第三者に提供されること」についての同意であり、その内容はきわめて単純かつ明快であるから、この同意について、錯誤が認め

られる場合は、きわめて限られていると考えられる。また、金融事業者が本人に対し同意を促す際に不適切な説明をした場合などについては、個別的事情を総合考慮したうえで「偽りその他不正の取得」(法17条)と評価できると考えられる。そうだとすると、「同意の意思表示の錯誤」が重要な問題となるのは、金融事業者からなんらの働きかけもないにもかかわらず本人が錯誤に陥った場合であろうが、このような場合には、通常、本人に重大な過失（民法95条但書）が認められるのではないかと思われる。

　もっとも、このような場合であっても、顧客保護の観点から、金融機関において、以後当該情報については第三者提供を行わないという対応をとることは、望ましいと考えられる。

　　c　同意書の保存

　ローン契約書と別に、個人データの第三者提供に関する同意書を作成した場合、当該同意書は、特段の事情がない限り、当該ローン契約に基づく借入金債務が完済されるまでの間、保存しておくことが望ましいと考えられる。

　ローン契約に基づく借入金債務が完済された場合には、あらかじめ定めた保存期間が経過した後に廃棄するなどの対応をとることになると考えられる。

　4　事前同意の原則の例外（金融庁GL13条1項）

　前述したとおり、個人情報保護法23条は、個人情報取扱事業者が、あらかじめ本人に同意を得ずに、個人データを第三者に提供することを、原則として禁止しているが（法23条1項）、法令に基づく場合など個人情報保護法23条1項所定の場合には、あらかじめ本人の同意を得ずに個人データを第三者に提供することを認めている。

　ここで、「法令に基づく場合」とは、法令によって、情報を第三者へ提供することを義務づけられている場合や、法令の規定で提供そのものが義務づけられているわけではないが第三者が情報の提供を受けることについて法令上の具体的な根拠がある場合を意味すると考えられる（園部『解説』147頁・

148頁、金融庁GLに関するパブリックコメント手続における金融庁回答（回答番号283））。

5　金融実務における第三者提供

金融実務においては、金融取引に伴い個人データの第三者提供が発生する場合が少なくない。

そこで、本項では、金融実務における個人データの第三者提供と個人情報保護法23条の関係に関し、金融庁GLに関するパブリックコメント手続において金融庁が回答した内容等について、検討する。

(1)　債権譲渡の場合

実務では、債権の譲渡人が、譲受人に対し、債権者としての十分な管理回収を行わせしめ、譲渡人および譲受人の経済的利益を保護するため、債権そのものに加えて債務者に関連する個人情報を移転することが不可欠である。債権譲渡に付随して譲渡人から譲受人に対して当該債権の管理に必要な範囲において債務者および保証人などに関する個人データが提供される場合には、個人情報保護法23条1項に基づく第三者提供に関する本人の同意を事実上推定できるため、あらためて明示的に本人の同意を得る必要はないと考えられる（第18回金融審特別部会議事録、西方建一「債権譲渡に関する個人情報保護法23条の解釈上の取扱い」金法1728号52頁（以下「西方・債権譲渡」という）、金融機関における個人情報保護に関するQ&A問Ⅵ-4）[11]。「債権の管理」には、債権の回収なども含まれると考えられる（西方・債権譲渡52頁）。債務者に関する個人データが債権の管理に必要であるという合理的な説明ができない場合は、債務者の同意の推定は及ばないことになる（金融機関における個人情報保護に関するQ&A問Ⅵ-4）。

---

[11]　金融機関における個人情報保護に関するQ&A問Ⅵ-4は、本文記載の解釈について、「債務者が民法第466条第2項に基づく譲渡禁止特約……を求めていないことを根拠としており、例えば債権譲渡に伴い第三者提供される「個人データ」の本人が、譲渡禁止特約を結ぶことを要求できない立場にある場合等については、「同意の事実上の推定」が及ばない可能性があることに留意する必要があります」とするが、疑問である。

また、本人たる債務者・保証人などが債権譲渡に伴う個人データの第三者提供について明示的に拒否する意思を示し、これにより当該債権の管理に支障をきたし、債権の譲渡人または譲受人の財産などの保護のために必要な場合には、「人の生命、身体又は財産の保護のために必要がある場合であって、本人の同意を得ることが困難であるとき」（法23条1項2号）に該当するため、金融機関は、本人たる債務者などの同意なく当該個人データを債権の譲受人に提供することができると考えられる（第18回金融審特別部会議事録、金融機関における個人情報保護に関するQ&A問Ⅵ-4）。

　以上の考え方は、証券化の場合にも同様に妥当すると考えられる（第18回金融審特別部会議事録参照）。これは、上記の考え方が信託譲渡などにも妥当することを意味するものと考えられる。

　また、第18回金融審特別部会では、「証券化の前提である債権の譲渡に関連して行われるデューディリジェンスや譲受人の選定等、当然のことながら必要な準備事項についても」同様の考え方が妥当するとされている（金融機関における個人情報保護に関するQ&A問Ⅵ-4も同旨）。これは、デュー・ディリジェンスや譲受人選定など債権譲渡に当然必要な準備行為に際しての債務者および保証人の個人データの提供についても、「債権の管理に必要な範囲」に含まれる場合があることを意味する趣旨であると考えられる（西方・債権譲渡53頁、金融機関における個人情報保護に関するQ&A問Ⅵ-4も同旨）。

　第18回金融審特別部会議事録では明示されていないが、上記の考え方は、信用リスクのヘッジを目的としたプロテクションの購入などに際して、個人データの第三者提供が必要となる場合にも同様に妥当すると考えられる（金融GLに関するパブリックコメント手続における金融庁回答（回答番号265））。

　なお、貸付時における保証人・保証会社への個人データの提供については、第3編第2章第3節を、管理・回収時における保証人・保証会社への個人データの提供については、第3編第3章第3節・第4節をそれぞれ参照されたい。

(2) 合併その他の事由による事業承継に伴った個人データの提供

　合併その他の事由による事業の承継に伴って個人データが提供される場合には、当該個人データの提供を受ける者は、個人情報保護法23条1項との関係で「第三者」には当たらない（同条5項2号）。したがって、合併その他の事由による事業の承継に伴って個人データを提供しようとする個人情報取扱事業者は、同条1項の同意を得る必要はない。

　問題は、合併その他の事由による事業承継に先立ち、その準備段階において、デュー・ディリジェンスなどを行うために個人データを提供する場合について、これをどのように整理するかである。この点については、本書第3編第5章第3節を参照されたい。

(3) 日銀考査

　日本銀行が金融機関に対して行う考査に伴い、当該金融機関が日本銀行に対して行う個人データの提供は、日本銀行法44条1項に定める考査契約に基づいているため、「法令に基づく場合」（法23条1項1号）に該当し、日本銀行に対して個人データを提供するにあたり、本人の同意を得る必要はないと考えられる（金融庁GLに関するパブリックコメント手続における金融庁回答（回答番号300））。

(4) 弁護士・監査法人などへの提供

　金融機関が、債務者などに対して訴訟などを提起する場合、または、債務者などによる訴訟などに応訴する場合など、弁護士との間で訴訟委任契約を締結しこれに基づいて債務者などの個人データを提供することがある。このような場面における個人データの提供は、通常、「人の生命、身体又は財産の保護のために必要がある場合であって、本人の同意を得ることが困難であるとき」（法23条1項2号）に該当することが多いと考えられる。

　また、公認会計士・監査法人が行う公認会計士法2条1項の業務（以下「監査業務」という）において、被監査会社が、監査業務を行う公認会計士・監査法人（以下「監査人」という）に対して、顧客等の個人データを提供することは、「委託」（法23条5項1号）に該当すると考えられるから、当該監

査人は「第三者」(同条1項)に該当せず、あらかじめ顧客等の同意を得る必要はないと考えられる(日本公認会計士協会「個人情報保護法下の監査業務の実施に当たって」(リサーチ・センター審理情報〔No.22〕、平成17年3月11日)、金融庁GLに関するパブリックコメント手続における金融庁回答(回答番号112))[12]。

なお、会社法328条に基づく法定監査または金融商品取引法193条の2の規定等に基づく法定監査である場合、被監査会社が当該監査への対応として監査人に対して当該被監査会社の顧客等の個人データを提供することは、「法令に基づく場合」(法23条1項1号)に該当すると考えられる(日本公認会計士協会「個人情報保護法下の監査業務の実施に当たって」(リサーチ・センター審理情報〔No.22〕、平成17年3月11日)、経産省ガイドライン参照)。

(5) 民間の信用調査会社への調査依頼

金融機関が民間の信用調査会社などに対して個人データを提供する場合については、当該金融機関と当該信用調査会社などの間の法律関係に照らし、「委託」(法23条5項1号)に該当することと解することができる場合もあると考えられる(金融庁GLに関するパブリックコメント手続における金融庁回答(回答番号288))。

(6) 防犯カメラの映像の提供

防犯カメラに映った偽造キャッシュカードの実行犯の映像を本人(実行犯)の同意なく他の金融機関に提供することは、個人情報保護法23条1項に反しないか。

この点について、金融機関における個人情報保護に関するQ&A問Ⅵ-1によれば、次のとおり考えられる。

---

[12] 監査人の独立性との関係……個人情報保護法22条は、個人情報取扱事業者、すなわち被監査会社が個人データの取扱いの全部または一部を委託する場合、その取扱いを委託された個人データの安全管理が図られるよう、委託を受けた者に対する必要かつ適切な監督を行うことを求めているが、これはあくまで個人データの安全管理措置に関する監督に限定される。当該監督により、監査手続の実施に際して被監査会社のコントロール下に置かれる等の制約を受けるものではなく、また、監査人の独立性が阻害されるものではないと考えられる(日本公認会計士協会「個人情報保護法下の監査業務の実施に当たって」(リサーチ・センター審理情報〔No.22〕、平成17年3月11日))。

まず、防犯カメラに映った映像も、それによって特定の個人が識別される場合は、「個人情報」に該当するが、防犯カメラに映った個人情報は、記録した日時等による検索は可能であったとしても、通常氏名等の個人情報によっては容易に検索できないため、個人データには該当しないと考えられる。したがって、防犯カメラに映った実行犯の映像を他の金融機関に提供することは、個人情報保護法23条1項に反しないと考えられる。

また、仮に当該情報提供が利用目的を超えた利用に当たるとしても、偽造キャッシュカードの実行犯の映像を他の金融機関に提供する場合は、個人情報保護法23条1項2号（人の生命、身体または財産の保護のために必要がある場合であって、本人の同意を得ることが困難であるとき）に該当するため、本人の同意を得ることなく当該映像を他の金融機関に提供することができるものと考えられる。

(7) 社会福祉事務所からの照会への回答

生活保護の適正な実施のために行う調査の一環として、社会福祉事務所員から生活保護申請者の資産や収入状況等の個人情報の提供を要請された場合、当該要請に応じ、本人の同意を得ず個人データを提供することは、「法令に基づく場合」に該当し、個人情報保護法23条1項に反しないと考えられる（金融機関における個人情報保護に関するQ&A問Ⅵ-5）。なぜならば、生活保護法29条には、保護の決定または実施のために必要があるときは、保護の実施機関および福祉事務所長が、要保護者またはその扶養義務者の資産および収入の状況につき、銀行、信託会社、要保護者もしくはその扶養義務者の雇主その他の関係人に、報告を求めることができる旨が規定されているからであり、第三者（社会福祉事務所員）が情報の提供を受けることについて法令上の具体的な根拠があるからである。

(8) 労働基準監督署からの照会への回答

未払賃金立替払制度（賃金の支払の確保等に関する法律7条）の適正な実施のために行う調査の一環として、倒産した事業主の賃金支払能力の有無を把握するために、労働基準監督署から、倒産会社およびその代表者、個人事業

主等の関係者が保有する預金口座の残高状況や賃金未払期間における保有預金口座の取引状況等の個人情報の提供を要請された場合、当該要請に応じ、本人の同意なく個人データを提供することは、個人情報保護法23条1項4号に該当すると考えられるから、同条1項に反しないと考えられる（金融機関における個人情報保護に関するQ&A問Ⅵ-6）。

なぜならば、倒産した会社およびその代表者、個人事業主等の関係者が保有する預金口座の残高状況等について労働基準監督署に情報提供を行うことについては、①国の機関である労働基準監督署長が協力を依頼するものであること、②賃金の支払の確保等に関する法律7条に定める未払賃金立替払制度の事務を遂行するために必要であること、③本人の同意を得ることとした場合には、賃金が未払いとなっている労働者の救済を目的とする未払賃金立替払事務の迅速かつ適正な遂行に支障を及ぼすおそれがあるものであることから、個人情報保護法23条1項4号に該当すると解されるからである。

(9) 弁護士法23条の2に基づく照会への回答

弁護士法23条の2は、弁護士が、受任している事件について、所属弁護士会に対し、公務所または公私の団体に照会して必要な事項の報告を求めることを申し出ることができ、当該報告請求の申出を受けた弁護士会は、当該申出が適当でないと認めるときは、その拒絶をすることができ、そうでない場合は、当該申出に基づいて、公務所または公私の団体に照会して必要な事項の報告を求めることができる旨を規定している。

金融機関が、弁護士法23条の2に基づいてなされる報告の請求を弁護士会から受けた場合、その保有する個人データを本人の同意なく弁護士会に対し提供することは個人情報保護法23条1項に反しないか。

この点について、金融機関における個人情報保護に関するQ&A問Ⅵ-7は、「当該規定に基づき、弁護士会が公務所等に対して照会を行った場合、一般的には、報告することによって得られる公共的利益が報告しないことによって守られる秘密、プライバシー、名誉等の利益を上回ると認められる場合において、公務所等に弁護士会に対する報告義務があると考えられること

は、複数の判例も認めるところです。従って、第三者（弁護士会）が情報の提供を受けることについて法令上の具体的な根拠があり、個人情報保護法第23条第1項第1号における「法令に基づく場合」に該当すると考えられることから、当該報告の請求に応じることは個人情報保護法上問題ないものと考えられます。但し、弁護士会の前歴照会に区長が応じて、公権力の違法な行使に当たるとされた判例（最高裁判所昭和56年4月14日最高裁第三小法廷判決）にも見られるように、具体的な報告内容によっては、プライバシー権の侵害等を理由に損害賠償請求が認容されるおそれがあることから、報告を行う際には予め本人からの同意を得ることが望ましいですし、仮に同意が得られない場合に報告に応じるか否かは、その照会の理由や当該個人情報の性質等に鑑み、個別の事案ごとに慎重に判断をする必要があると考えられます」と述べている。

(10) 特定個人情報の第三者提供

　顧客の個人番号をその内容に含む個人情報（特定個人情報）については、前述した個人情報保護法23条に基づく規律の適用はなく、番号法19条において認められている場合を除き、これを第三者に提供することが禁じられている。

　番号法19条は、顧客本人の同意がある場合であっても、金融機関が第三者に対し特定個人情報を提供することを許容していない。この点は個人情報保護法23条1項や守秘義務と大きく異なる点であり、注意が必要である（浅井『マイナンバー法』120頁）。

(11) 改正個人情報保護法の内容（記録作成・保存義務）

　　a　改正法の内容

　個人情報取扱事業者である金融機関は、個人データを第三者（個人情報保護法2条5項各号に掲げる者を除く）に提供したときは、個人情報保護委員会規則で定めるところにより、当該個人データを提供した年月日、当該第三者の氏名または名称その他の個人情報保護委員会規則で定める事項に関する記録を作成しなければならない。ただし、当該個人データの提供が個人情報保

護法23条1項各号または5項各号のいずれか（外国にある第三者への提供の場合には、同法23条1項各号のいずれか）に該当する場合には、この記録作成義務の適用はない（法25条1項）。また、個人情報取扱事業者である金融機関は、この記録を、当該記録を作成した日から個人情報保護委員会規則で定める期間保存する必要がある（法25条2項）。

　同条の趣旨は、金融機関が顧客の同意を得て個人データを第三者（国等を除く）に提供した場合に、その記録を作成し保存するよう求める点にあると考えられる。

　　b　実務上の留意点

　前述したとおり、金融実務では、事業主（職域先）・他の金融機関・保証会社などの第三者に対し本人の同意に基づき個人データの提供する場合が少なくない。このような場合、法定の方法で記録を作成するなどの事務負担が発生することになる。

　個人データの授受の方法は、書面による場合のほか、電子メール・電話・面談による方法が考えられるが、特に電話・面談による個人データの授受についても記録を残すことの負担は大きいと思われる。個人情報保護委員会規則の内容を注視する必要がある。

6　個人信用情報機関に対する提供（金融庁GL13条3項）

　金融庁GL13条3項では、個人信用情報機関が保有する個人データは、多数の金融機関で広範に利用されるという特徴を有している点を考慮し、特に個人信用情報機関に対する個人データの第三者提供について必要な事項を定めている（寺田ほか編『金融分野』97頁）。

(1)　同意を取得する事業者

　「個人信用情報機関」とは、個人の返済能力に関する情報の収集および与信事業を行う個人情報取扱事業者に対する当該情報の提供を業とするものをいう（金融庁GL2条7項）。銀行業界では、昭和63年10月、各地の銀行協会が運営していた個人信用情報センターを統合し、「全国銀行個人信用情報セ

ンター」が設置された。現在は、全国銀行協会が、同センターを運営している。

個人信用情報機関に対して個人データが提供される場合には、個人信用情報機関を通じて、当該機関の会員企業にも情報が提供されるため、個人信用情報機関に個人データを提供する金融事業者が、この点につき本人の同意を取得することになる（金融庁GL13条3項、努力措置）。

(2) 同意取得の方法

金融事業者が本人からの同意を取得するにあたっては、本人が、個人データが個人信用情報機関を通じて当該機関の会員企業にも提供されることを明確に認識したうえで、同意に関する判断が行うことができるようにすることが求められている（金融庁GL13条3項、努力措置）。

そのため、金融事業者は、同意を得る書面に、金融庁GL13条1項なお書に定める事項（個人データを提供する第三者、提供を受けた第三者における利用目的、第三者に提供される情報の内容）のほか、個人データが当該機関の会員企業にも提供される旨の記載、および、当該機関の会員企業として個人データを利用する者の表示を行うことを求められている（金融庁GL13条3項、努力措置）。

ここで、「当該機関の会員企業として個人データを利用する者の表示」はその外延を本人に客観的かつ明確に示すものであることが必要であり、会員企業の名称を記載する方法、もしくは当該機関の規約等および会員企業名を常時公表しているホームページ（苦情処理の窓口の連絡先など、金融庁GL23条の内容を記載したもの）のアドレスを記載する方法などにより、本人が同意の可否を判断するに足りる具体性をもって示すことをいう（金融庁GL13条3項）。「当該機関の会員企業として個人データを利用する者の表示」には、上記のほかに、会員企業名を記載したリーフレットの提供が含まれると考えられる（金融庁GLに関するパブリックコメント手続における金融庁回答（回答番号285))。

また、本人に表示する個人信用情報機関の規約等においては、機関の加入

資格および会員企業の外延が明確に示されるとともに、個人データの適正管理、情報の目的外利用防止等の観点から、安全管理体制の整備、守秘義務の遵守および違反に対する制裁措置等を明確に記載することが適切である（金融庁GL13条3項、努力措置。安全管理実務指針別添3参照）。

(3) 利用目的の制限

金融庁GLでは、金融事業者に対し、個人信用情報機関から得た資金需要者の返済能力に関する情報については、当該者の返済能力の調査以外の目的に使用することのないよう、慎重に取り扱うことを求めている（金融庁GL13条3項なお書、努力措置）。

銀行法施行規則のほか、貸金業法・割賦販売法にも同条項と同趣旨の規定がある。

7 オプト・アウト制度（金融庁GL13条4項・5項）

(1) オプト・アウト制度の意義

平成29年に施行される改正個人情報保護法による改正前の個人情報保護法23条2項は、第三者に提供される個人データについて、本人の求めに応じて当該本人が識別される個人データの第三者への提供を停止することとしている場合で、同項各号に掲げる事項について、あらかじめ、本人に通知し、または本人が容易に知りうる状態に置いているときは、個人情報取扱事業者は当該個人データを第三者に提供することができると定めていた。これを「オプト・アウト制度」という。

金融庁GL13条4項・5項では、このオプト・アウト制度に関して、①「本人が容易に知り得る状態」の意義、および②個人信用情報機関への個人データの提供時の利用制限について、規定している。

(2) 「本人が容易に知り得る状態」の例示

金融庁GLでは、「本人が容易に知り得る状態」の意義について、本人が知ろうと思えば、時間的にも、その手段においても、容易に知ることができる状態をいい、金融事業者は、自らの金融商品の販売方法などの事業の態様に

応じた適切な方法により、継続的な公表を行う必要があり、たとえば、事務所の窓口などでの常時掲示・備付け、インターネットのホームページへの常時掲載などが考えられると解説している（金融庁GL13条4項）。

(3) 個人信用情報機関への提供等における利用制限

金融庁GLは、金融事業者に対し、与信事業に係る個人の返済能力に関する情報を個人信用情報機関に提供するにあたっては、オプト・アウト制度（法23条2項）を用いず、本人の同意を得るよう求めている（金融庁GL13条5項、努力措置）。

これは、個人信用情報機関への個人データの提供について、オプト・アウト制度によることを禁止する趣旨であると考えられる（努力措置）（金融庁GLに関するパブリックコメント手続における金融庁回答（回答番号289・290））。

顧客の個人番号をその内容に含む個人情報（特定個人情報）については、前述した個人情報保護法23条に基づく規律の適用はなく、オプト・アウト制度の利用も認められていない（浅井『マイナンバー法』11頁）。

(4) 改正個人情報保護法の内容

平成29年に施行される改正個人情報保護法により、オプト・アウト制度は大きく見直されている。具体的には、①要配慮個人情報について、オプト・アウト制度の利用が認められないこと、②「本人が容易に知り得る状態に置く」方法等について、個人情報保護委員会規則の定めに服するよう求められること、③オプト・アウト制度を利用することについて、個人情報保護委員会に届出を行うことが求められている。

金融実務では、従来、守秘義務等の観点から、オプト・アウト制度をあまり利用してきておらず、上記の法改正に伴う金融機関への影響は少ないと予想される。

8 個人データの共同利用（金融庁GL13条7項）

(1) 共同利用の意義

個人情報保護法23条5項3号は、特定の者との間で共同して利用される個

人データが当該特定の者に提供される場合であって、その旨ならびに共同して利用される個人データの項目、共同して利用する者の範囲、利用する者の利用目的および当該個人データの管理について責任を有する者の氏名・名称について、あらかじめ、本人に通知し、または本人が容易に知りうる状態に置いているときは、当該共同利用者は「第三者」(同条1項) に当たらないと定めている。

個人情報保護法23条5項3号に基づく個人データの提供を「個人データの共同利用」という。個人データの共同利用を行う場合、共同利用者間の個人データの提供について、あらかじめ本人の同意 (同条1項) を得る必要はない (同条5項柱書)。

金融庁GL13条7項では、個人データの共同利用に関し、①通知の形式、②「共同して利用する者の範囲」の記載に関する留意点、③「個人データの管理について責任を有する者」の意義などについて規定している。

(2) 通知の「書面」性

金融庁GLでは、個人情報保護法23条5項3号所定の「通知」は、原則として書面によることを求めている (金融庁GL13条7項、努力措置)。

(3) 共同利用者の範囲の記載例

また、金融庁GL13条7項では、「共同して利用する者の範囲」の記載について、努力措置として、共同利用者を個別列挙することが望ましいとしている。

もっとも、金融庁GLでは、これに続けて、「共同して利用する者の外延を示すことにより本人に通知等する場合には、本人が容易に理解できるよう共同して利用する者を具体的に特定しなければならない」と述べ、外延を示す記載例としては、「当社及び有価証券報告書等に記載されている、当社の子会社」「当社及び有価証券報告書等に記載されている、連結対象会社及び持分法適用会社」といった方法を例示している (金融庁GL13条7項)。

このような金融庁GL13条7項の規定ぶりに照らせば、金融庁の理解としては、個人情報保護法23条5項3号の「共同して利用する者の範囲」の解釈

としては、必ずしも事業者名を個別に列挙することを義務づけられておらず、本人からみて共同して利用するものが具体的に特定できるよう外延を明らかにする必要があり、かつ、それで足りると考えているものと推測される（金融庁GLに関するパブリックコメント手続における金融庁回答（回答番号81）参照）。このような個人情報保護法の解釈は、立案担当者らの意図に合致するものである（基本法制研究会編『Q&A（第2版）』75頁）。

金融庁GLに関するパブリックコメント手続における金融庁の回答では、「ホームページ（ホームページURLを表示）に掲載した当社提携先」といった記載により、客観的に外延を示すことも許容しているようである（上記金融庁回答（回答番号296））。

(4) 管理責任者の意義・責任

金融庁GLでは、個人情報保護法23条5項3号に定める「個人データの管理について責任を有する者」（以下「管理責任者」という）の意義について、共同利用する者において、第一次的に苦情を受け付け、その処理を行うとともに、開示・訂正等・利用停止等の決定を行い、安全管理に責任を有する者をいうと定義している（金融庁GL13条7項）。

(5) 実務上の留意点

個人情報保護法23条5項3号の規定は、管理責任者以外の共同利用を行う者における安全管理責任などを免除する趣旨ではない（金融庁GL13条7項）。

したがって、管理責任者以外の共同利用者は、それぞれ、自社内の共同利用個人データについて安全管理を行う必要がある。これは、管理責任者以外の共同利用者が個人情報取扱事業者である場合には、個人情報保護法20条からも当然の帰結であると考えられる。

a 管理責任者以外の共同利用者の義務内容

問題は、管理責任者以外の共同利用者が、他の共同利用者における共同利用個人データの安全管理についても、なんらかの個人情報保護法の責任を負う余地があるかである。この点については、本書第4編第4章第2節（共同利用制度を利用する際の留意点）で詳述する。

b　管理責任者の責任範囲

　また、管理責任者の義務の内容も必ずしも一義的ではない。

　すなわち、金融庁GL13条7項は、管理責任者の意義につき「共同して利用する者において、第一次的に苦情を受け付け、その処理を行うとともに、開示、訂正等、利用停止等の決定を行い、安全管理に責任を有する者」と定義していること、および、同項（著者注：個人情報保護法23条5項3号の規定）は、「管理責任者以外の共同して利用する者における安全管理責任等を免除する趣旨ではない」と指摘している点に照らせば、管理責任者は、全共同利用者によって共同利用される個人データの安全管理について第一次的責任を有していると考えられるが、その責任の具体的内容は必ずしも明確ではないのである。

　　　c　特定個人情報と共同利用

　顧客の個人番号をその内容に含む個人情報（特定個人情報）については、前述した個人情報保護法23条に基づく規律の適用はなく、共同利用制度の利用も認められていない（浅井『マイナンバー法』11頁）。

第15節　保有個人データに関する事項の公表等（金融庁GL14条）

1　金融庁GL14条の位置づけ

　金融庁GL14条は、個人情報保護法27条1項および施行令5条に対応する規定である。

　個人情報保護法27条1項・施行令5条は、個人情報取扱事業者に対し、保有個人データに関して、①当該個人情報取扱事業者の氏名・名称、②すべての保有個人データの利用目的（法18条4項1号～3号に該当する場合を除く）、③開示等の請求に応じる手続（手数料の額を定めたときは、その手数料の額を含む）、④当該個人情報取扱事業者が行う保有個人データの取扱いに関する苦情の申出先、⑤当該個人情報取扱事業者が認定個人情報保護団体の対象事

業者である場合にあっては、当該認定個人情報保護団体の名称および苦情の解決の申出先を、本人の知りうる状態（本人の求めに応じて遅滞なく回答する場合を含む）に置くよう求めている。

「すべての保有個人データ」の利用目的を本人の知りうる状態に置く必要があるから、金融機関が保有する顧客の個人番号・特定個人情報の利用目的についても、本人の知りうる状態に置く必要がある。

2　金融庁GL14条の内容

「本人の知り得る状態」とは、本人が知ろうと思えば知ることができる状態をいい、事業者の金融商品の販売方法などの事業の態様に応じて適切な方法による必要があり、たとえば、金融庁GL23条に定める「個人情報保護宣言」と一体としてインターネットのホームページでの常時掲載を行うこと、または事務所の窓口などでの常時掲示・備付けを行うことが考えられる（金融庁GL14条）。

利用目的に第三者提供が含まれる場合には、個人情報保護法27条1項2号に定める「すべての保有個人データの利用目的」の内容として、その旨を記載しなければならない（金融庁GL14条）。金融機関は、個人情報の利用目的のなかに、「与信事業に際して個人情報を加盟する個人信用情報機関に提供する場合等、適切な業務の遂行に必要な範囲で第三者に提供するため」などと明記し、金融庁GL14条に沿った対応を行っている。

第16節　開示等（金融庁GL15条〜18条）

1　金融庁GL15条〜18条の位置づけ

金融庁GL15条〜18条は、個人情報保護法28条〜34条に対応する規定である。

金融庁GL15条では個人情報取扱事業者の開示義務について、同16条では

個人情報取扱事業者の訂正等の義務について、同17条では個人情報取扱事業者の利用停止等・第三者提供停止の義務について、同18条では本人から求められた措置をとらない場合またはこれと異なる措置をとる場合についての理由の説明時の留意点について、それぞれ規定している。

2 開示（金融庁GL15条）
(1) 開示義務の内容・範囲

金融事業者は、本人から、当該本人が識別される保有個人データの開示を求められたときは、本人に対し、書面の交付による方法（開示の求めを行った者が同意した方法があるときは、当該方法）により、遅滞なく保有個人データを開示しなければならない（法28条2項、金融庁GL15条）。もっとも、保有個人データの開示をすることにより、①本人または第三者の生命、身体、財産その他の権利利益を害するおそれがある場合、②当該個人情報取扱事業者の業務の適正な実施に著しい支障を及ぼすおそれがある場合、③他の法令に違反することとなる場合のいずれかに該当する場合には、その全部または一部を開示しないことができる（法28条2項但書、金融庁GL15条）。

「遅滞なく」とは、理由のない滞りを生じさせることなくという意味である（金融庁GLに関するパブリックコメント手続における金融庁回答（回答番号317））。

また、例外事由②の「当該個人情報取扱事業者の業務の適正な実施に著しい支障を及ぼすおそれがある場合」に該当するか否かは、支障の重大性・原状回復の困難性などを勘案し、個別事案ごとに判断する必要がある（金融庁GLに関するパブリックコメント手続における金融庁回答（回答番号306））。金融庁GL15条では、「当該個人情報取扱事業者の業務の適正な実施に著しい支障を及ぼすおそれがある場合」の具体例として、①与信審査内容等の個人情報取扱事業者が付加した情報の開示請求を受けた場合、②保有個人データを開示することにより評価・試験等の適正な実施が妨げられる場合、③企業秘密が明らかになるおそれがある場合（金融庁GLに関するパブリックコメント手続

における金融庁回答（回答番号306））を例示している。また、例外事由②の要件に該当しないものとして、開示すべき個人データの量が多いことのみを理由に開示請求を拒絶する場合をあげている。開示すべき個人データの量が多い場合には、それに応じた手数料（金融庁GL20条）を徴求したうえで、これに応じることになると考えられる。

さらに、③の「他の法令に違反することとなる場合」に当たる例として、犯罪収益移転防止法8条2項（顧客への届出事実の漏えい）がある（金融庁GL15条）。

なお、金融事業者が、開示請求を行った者が識別される保有個人データを有していない場合には、開示請求を行った者に対して、その旨を知らせる必要がある（法28条2項本文カッコ書）。この通知は、書面の交付による方法（開示請求を行った者が同意した方法があるときは当該方法）による必要がある（施行令6条）。

(2) 開示拒否時の説明

金融庁GLでは、金融事業者に対し、個人情報保護法28条2項但書各号の規定に基づき求められた保有個人データの全部または一部について開示しない旨の決定をしたときは、本人に対し、遅滞なく、その旨を通知し、また、その決定の理由について、根拠とした法の条文および判断の基準となる事実を示して遅滞なく説明を行うことを求めている（金融庁GL15条、努力措置）。

このような努力措置が設けられた趣旨は、個人情報保護法28条～30条の本人関与手続が、金融分野における個人情報の正確性・最新性を確保する観点から特に重要であるという点にあると考えられるが（第12回金融審特別部会における金融庁担当官の説明参照）、「判断の基準となる事実」を具体的に説明することで、保有している個人データの内容が露見してしまうなどの不都合が生じるおそれもあり、慎重な対応が必要であると考えられる。

本条に関する実務上の留意点については、本書第3編第1章第8節および第4編第2章において、詳述する。

3　訂正等・利用停止等・第三者提供停止（金融庁GL16条・17条）

(1)　訂正等（金融庁GL16条）

　個人情報取扱事業者は、本人から、当該本人が識別される保有個人データの内容が事実でないという理由によって当該保有個人データの内容の訂正・追加・削除（以下、これらを「訂正等」という）を求められた場合には、その内容の訂正等に関して他の法令の規定により特別の手続が定められている場合を除き、利用目的の達成に必要な範囲内において、遅滞なく必要な調査を行い、その結果に基づき、当該保有個人データの内容の訂正等を行わなければならない（法29条2項）。

　また、個人情報取扱事業者は、個人情報保護法29条2項の規定に基づき求められた保有個人データの内容の全部もしくは一部について訂正等を行ったとき、または訂正等を行わない旨の決定をしたときは、本人に対し、遅滞なく、その旨（訂正等を行ったときは、その内容を含む）を通知しなければならない（同条3項）。

　金融庁GL16条は、個人情報保護法29条とほぼ同内容を規定しているが、訂正等を行わない場合には、訂正等を行わない根拠およびその根拠となる事実を示し、その理由を説明するよう求めている点が特徴的である（金融庁GL16条、努力措置）。

(2)　利用停止等・第三者提供停止（金融庁GL17条）

　個人情報取扱事業者は、本人から、当該本人が識別される保有個人データが個人情報保護法16条の規定に違反して取り扱われているという理由または同法17条の規定に違反して取得されたものであるという理由によって、当該保有個人データの利用の停止・消去（以下、これらを「利用停止等」という）を求められた場合であって、その求めに理由があることが判明したときは、違反を是正するために必要な限度で、遅滞なく、当該保有個人データの利用停止等を行わなければならない（法30条2項）。ただし、当該保有個人データの利用停止等に多額の費用を要する場合その他の利用停止等を行うことが困難な場合であって、本人の権利利益を保護するため必要なこれにかわるべき

措置をとるときは、この限りでない（同項但書）。

　また、個人情報取扱事業者は、本人から、当該本人が識別される保有個人データが個人情報保護法23条1項または24条の規定に違反して第三者に提供されているという理由によって、当該保有個人データの第三者への提供の停止を求められた場合であって、その求めに理由があることが判明したときは、遅滞なく、当該保有個人データの第三者への提供を停止しなければならない（法30条4項）。ただし、当該保有個人データの第三者への提供の停止に多額の費用を要する場合その他の第三者への提供を停止することが困難な場合であって、本人の権利利益を保護するため必要なこれにかわるべき措置をとるときは、この限りでない（同項但書）。

　さらに、個人情報取扱事業者は、個人情報保護法30条1項の規定に基づき求められた保有個人データの全部もしくは一部について利用停止等を行ったとき、もしくは利用停止等を行わない旨の決定をしたとき、または同条3項の規定に基づき求められた保有個人データの全部もしくは一部について第三者への提供を停止したとき、もしくは第三者への提供を停止しない旨の決定をしたときは、本人に対し、遅滞なく、その旨を通知しなければならない（同条5項）。

　金融庁GL17条では、個人情報保護法30条とほぼ同内容のことを規定している。

(3) 実務上の留意点
　　a　住所等変更届の取扱い
　金融機関では、顧客に対し、各種規定において、住所・電話番号その他届出事項に変更があった場合には、金融機関にその変更を届け出るよう求めている（以下、この届出を「住所等変更届」という）。

　住所等変更届は、金融機関が保有する個人データの訂正を求める旨の申出という側面を有しているが、金融機関は、住所等変更届を行った本人が個人情報保護法に基づく訂正等請求である旨を明示しない限り、当該届出を従来の「住所等変更届」であると解釈し、従来どおり、各金融機関所定の方法に

よってこれに応ずれば足りると考えられる。

これに対し、住所等変更届を行った本人が、個人情報保護法に基づく訂正等請求である旨を明示した場合には、個人情報保護法・金融庁GLに沿った対応を行う必要があると考えられる。

以上の考え方は、残高証明の発行（開示の側面を有している）の場合についても、同様であると考えられる。

　　b　訂正等のために必要な調査の範囲

金融事業者の保有個人データのなかに、金融事業者が第三者から取得した個人データが含まれている場合、金融事業者が、当該個人データの内容が事実か否かについて調査し判断することが困難な場合も少なくない。個人信用情報機関が保有している個人データは、この一例であると考えられる（金融庁GLに関するパブリックコメント手続における金融庁回答（回答番号318）の「質問の概要」欄参照）。

本人から訂正等の請求（法29条）を受けた金融事業者が、本人から求められた訂正等に係る個人データが事実であるか否かを知りうる立場にない場合、当該金融事業者における通例の業務運営の場において確認することが可能な範囲で調査のうえ、訂正等の決定を行えば足りると考えられる（金融庁GLに関するパブリックコメント手続における金融庁回答（回答番号318））。

もっとも、訂正等を行わない場合には、その判断の根拠および根拠となる事実を示し、その理由を説明する必要があるが（金融庁GL18条、努力措置）、この際には、工夫が必要であるように思われる。

4　理由の説明（金融庁GL18条）

個人情報取扱事業者は、利用目的の通知・開示請求・訂正等請求・利用停止等請求・第三者提供停止請求を受けたが、個人情報保護法27条3項・28条3項・29条3項・30条5項の規定により、本人から求められた措置の全部または一部について、その措置をとらない旨を通知する場合またはその措置と異なる措置をとる旨を通知する場合は、本人に対し、その理由を説明するよ

う努めなければならない（法31条）。

　金融庁GL18条は、個人情報保護法31条をふまえて、金融事業者に対し、理由の説明時に、措置をとらない、または異なる措置をとることとした判断の根拠および根拠となる事実を示し、措置をとらない、または異なる措置をとる理由を説明するよう求めている（努力措置）。

5　改正個人情報保護法の内容（請求権の付与・事前請求制度）

　平成29年に施行される改正個人情報保護法では、本人が開示請求権、訂正・追加・削除請求権、利用停止・消去請求権、第三者提供停止請求権を有する旨を明定したうえで（法28条1項・29条1項・30条1項・3項）、本人がこれらの請求に係る訴えを提起しようとするとき、または、その仮処分命令の申立てをしようとするときは、その訴えの被告となるべき者に対し、あらかじめ、当該請求を行い、かつ、その到達した日から2週間を経過した後でなければ、その訴えを提起することができない旨の定めを新設している（法34条）。ただし、当該訴えの被告となるべき者がその請求を拒んだときは、この事前請求を行う必要がない。

　金融機関では、従来、本人の開示請求等に対し、適法かつ適切に対応してきており、上記法改正が金融実務に与える影響はそれほど大きくはないと思われる。

第17節　開示請求手続等規則（金融庁GL19条・20条）

1　金融庁GL19条・20条の位置づけ

　金融庁GL19条および20条は、個人情報保護法27条〜33条、施行令7条および8条に対応する規定である。

　個人情報取扱事業者は、利用目的の通知（法27条2項）、開示（法28条1項）、訂正等（法29条1項）、利用停止等・第三者提供停止（法30条1項・3

項）の求めに関し、施行令で定めるところにより、その求めを受け付ける方法（以下「開示請求手続等規則」という）を定めることができる（法32条1項）。また、個人情報取扱事業者は、上記の利用目的の通知・開示を求められたときは、当該措置の実施に関し、手数料を徴収することができる（法33条1項）。

　前述したとおり、個人情報保護法27条1項3号は、個人情報取扱事業者に対して、開示請求手続等規則等を定めた場合には、これを本人の知りうる状態（本人の求めに応じて遅滞なく回答する場合を含む）に置くよう義務づけている。

　金融庁GL19条では、これらの規定をふまえて、①開示請求手続等規則の公表方法、②開示請求等を受け付けるにあたっての本人等確認の方法について規定している。また、金融庁GL20条では、手数料の算定に関する留意点について規定している。

2　開示請求手続等規則の公表方法（金融庁GL19条1項）

　金融庁GLでは、金融事業者に対し、個人情報保護法32条1項に基づき開示請求手続等規則を定めた場合には、金融庁GL23条に定める「個人情報保護宣言」と一体としてインターネットのホームページでの常時掲載や事務所の窓口などでの掲示・備付けを行うことを求めている（金融庁GL19条1項、努力措置）。

3　本人・代理人確認の方法

　開示等請求は、代理人によっても行うことができる（法32条3項）。「代理人」には、未成年者・成年被後見人の法定代理人や、任意代理人が含まれる（施行令8条）。これらの規定を前提に、個人情報保護法・施行令では、個人情報取扱事業者が開示請求手続等規則において本人確認・代理人確認の方法を定めることを認めている（法32条3項、施行令7条3号）。

　金融庁GL19条2項では、金融事業者が、個人情報保護法32条3項・施行

令7条3号に基づき、開示等の求めをする者が本人または施行令8条に規定する代理人であることの確認の方法を定めるにあたっては、十分かつ適切な確認手続とするよう求めている（金融庁GL19条2項、努力措置）。

　本人や代理人になりすました第三者による開示等請求を未然に防止するためにも、開示請求手続等規則において、十分かつ適切な本人・代理人確認の手続を設けておくことが重要である。開示請求手続等規則における本人確認方法に関する実務上の留意点については、第4編第2章で詳述する。

4　開示（回答）方法

(1)　開示（回答）の相手方

　金融庁GL19条2項では、「施行令第8条第2号の代理人（著者注：委任状による任意代理人）による開示等の求めに対して、事業者が本人にのみ直接開示等することは妨げられない」と定めている。

　この規定は、代理人から本人に関する保有個人データの開示請求がなされた場合、代理人に対しこれを開示することを禁止する趣旨ではない。金融事業者の判断で、代理人に開示するのではなく、本人に直接郵送する等の方法で開示することを許容する趣旨である（金融庁GLに関するパブリックコメント手続における金融庁回答（回答番号325））。

　この規定はきわめて重要な規定であり、この点に関する解説および実務上の留意点については、第4編第2章で詳述する。

(2)　具体的な開示（回答）方法

　また、開示（回答）は、書面の交付による方法（開示の求めを行った者が同意した方法があるときは当該方法）によることを要するが（施行令6条）、この点さえ遵守すれば、それ以外の点については、本人の利便性を勘案し、多様な方法を用いることができると考えられる（金融庁GLに関するパブリックコメント手続における金融庁回答（回答番号303）参照）（第4編第2章）。

5 手数料

(1) 規定内容

　前述したとおり、個人情報取扱事業者は、上記の利用目的の通知・開示を求められたときは、当該措置の実施に関し、手数料を徴収することができる（法33条1項）。

　金融事業者は、個人情報保護法33条に従い、手数料を徴収する場合には、同様の内容の開示等手続の平均的実費の予測に基づき、合理的な手数料額を算定する等の方法により、実費を勘案して合理的であると認められる範囲において手数料の額を定めなければならない（金融庁GL20条）。合理的であると認められる範囲内における具体的な金額の決定は、金融機関の裁量に委ねられている（金融庁GLに関するパブリックコメント手続における金融庁回答（回答番号328））。

(2) 実務上の留意点

　手数料は、個人情報保護法27条2項による利用目的の通知・同法28条1項による開示を求められたときに、請求することができる。換言すれば、訂正等・利用停止等・第三者提供停止を求められた場合には、手数料を請求することができない。また、結果的に開示すべき保有個人データが存在しない場合であっても、手数料を徴求することができ、また、徴求ずみの手数料を返還する必要はないと考えられる（園部『解説』192頁）。

　もっとも、あらかじめ定めた手数料を減額または免除することは、金融事業者の裁量において、任意に行うことができる（金融庁GLに関するパブリックコメント手続における金融庁回答（回答番号326）参照）。

第18節　個人情報取扱事業者による苦情の処理（金融庁GL21条）

1　金融庁GL21条の位置づけ

　金融庁GL21条は、個人情報保護法35条に対応する規定である。

個人情報保護法35条は、個人情報取扱事業者に対し、個人情報の取扱いに関する苦情の適切かつ迅速に処理するよう努めるよう求め（同条1項）、また、この目的を達成するために必要な体制の整備に努めるよう求めている（同条2項）。

金融庁GL21条は、個人情報保護法35条をふまえて、次項記載の内容を規定している。

2　金融庁GL21条の内容

金融庁GLは、個人情報保護法35条1項をふまえて、金融事業者に対し、①個人情報の取扱いに関する苦情を受けたときは、その内容について調査すること、および、②苦情処理を合理的な期間内に行うよう努めることを求めている（金融庁GL21条1項、努力措置）。

また、金融庁GLでは、個人情報保護法35条2項の「必要な体制の整備」の具体例として、①苦情処理手順の策定、②苦情受付窓口の設置、③苦情処理にあたる従業者への十分な教育・研修などを例示している（金融庁GL21条2項）。

3　実務上の留意点

苦情受付窓口の設置にあたっては、苦情の適切かつ迅速な処理に関する努力義務を定めた個人情報保護法35条の趣旨や、苦情処理を合理的な期間内に行うよう努めることを求めている金融庁GL21条の趣旨に照らし、本人の利便性に欠けることのないよう配慮することが望まれる。

また、金融庁GL21条2項の趣旨は、あくまで苦情の適切かつ迅速な処理を可能とする体制整備を求める点にあり、必ずしも苦情受付の専用窓口を新設することを求める趣旨ではないと考えられるから、既存の部署や営業店など苦情受付窓口となることも可能であると考えられる。

営業店においては、苦情処理の受付窓口ではない渉外担当の従業員が、顧客から個人情報の取扱いに関する苦情の申出を受けることも少なくないと考

えられる。このような場合に備えて、渉外担当の従業員が当該苦情を苦情処理の受付窓口に誘導するなど適切な第一次対応が行えるよう、苦情処理の受付方法・苦情処理手順の概要について渉外担当の従業員にも周知・徹底しておくことが、重要であると考えられる。

第19節　漏えい事案等への対応（金融庁GL22条）

1　金融庁GL22条の位置づけ

　金融庁GL22条は、基本方針に対応するものである。

　基本方針では、「事業者において、個人情報の漏えい等の事案が発生した場合は、二次被害の防止、類似事案の発生回避などの観点から、可能な限り事実関係などを公表することが重要である」「事業運営において個人情報の保護を適切に位置づける観点から、外部からの不正アクセスの防御対策のほか、個人情報保護管理者の設置、内部関係者のアクセス管理や持ち出し防止策、個人情報の安全管理について、事業者の内部における責任体制を確保するための仕組みを整備することが重要である」「事業者において、個人情報の漏えい等の防止等、その取り扱う個人情報の適切な保護が確保されるためには、教育研修の実施等を通じて、個人情報を実際に業務で取り扱うこととなる従業者の啓発を図ることにより、従業者の個人情報保護意識を徹底することが重要である」と述べられている。

　金融庁GL22条は、これらの基本方針の記述や個人情報保護法20条をふまえて策定されたものである（金融庁GLに関するパブリックコメント手続における金融庁回答（回答番号331））。

　金融機関が取り扱う顧客の個人番号・特定個人情報が漏えい等した場合には、上記に従った対応を行うことに加え、番号法28条の4・個人情報保護委員会が定める規則等に従い、個人情報保護委員会への報告、事案の公表、顧客への通知等を行うことになる（浅井『マイナンバー法』160頁以下）。

2 金融庁GL22条の内容

(1) 監督当局への報告

a 報告義務の有無

　金融事業者は、個人情報の漏えい事案等の事故が発生した場合には、監督当局に直ちに報告する必要がある（金融庁GL22条1項、努力措置）。

　金融機関において個人情報の漏えい事案等が発生した場合、個人情報保護法および業法上、監督当局への報告義務（努力措置を含む）が課されており、その内容は図表1-1および1-2のとおりである（金融機関における個人情報保護に関するQ&A問Ⅴ-6）。以下、個人情報保護法上の義務と努力義務、業法上の義務と努力義務に分けて説明する。

　まず、安全管理実務指針2-6-1は、漏えい事案等が発生した場合には、

図表1-1　個人（顧客）情報漏えい時等の当局への報告に関する規定

規定	対象となる情報	対象事業者	位置づけ
(1) 個人情報保護法の体系における安全管理措置	個人データ	金融分野における個人情報取扱事業者	報告義務
(2) 個人情報保護法の体系における努力措置	個人情報	金融分野における個人情報取扱事業者	報告の努力義務
(3) 業法の体系における安全管理措置	個人顧客に関する個人データ	業法の適用を受けるすべての金融機関	報告義務
(4) 業法の体系における報告態勢の整備の規定	顧客情報	業法の適用を受けるすべての金融機関（注1）	報告態勢整備に係る監督上の着眼点
(5) 業法の体系における不祥事件届出	制約なし	業法の適用を受けるすべての金融機関	届出義務（注2）

（注1）　監督指針等のなかには、報告態勢の整備の規定がないものもあるが、その場合、第一義的には、まず各金融機関においてその必要性を判断することとなる。なお、監督指針等のなかには、個人情報のみを対象としたものもある。
（注2）　情報漏えい等が不祥事件に当たる場合。

①監督当局等への報告、②本人への通知等、③二次被害の防止・類似事案の発生回避等の観点からの漏えい事案等の事実関係および再発防止策等の早急な公表、を実施しなければならないと定めている。この規定の対象は個人データで、この規制の名宛人は金融事業者（金融分野における個人情報取扱事業者）である。換言すれば、金融事業者による個人データの漏えい等が発生した場合には、監督当局への報告が必須である（金融機関における個人情報保護に関するQ&A問Ⅴ-6）。

これに対し、金融庁GL22条1項は、漏えい事案等への対応として、「金融分野における個人情報取扱事業者は、個人情報の漏えい事案等の事故が発生した場合には、監督当局に直ちに報告することとする」という努力措置を定めている。この対象は個人情報で、この規制の名宛人は金融事業者である。

図表1-2　対象となる情報の整理

	個人		法人	
	個人データ	個人データ以外の個人情報	データベース等を構成するもの	データベース等を構成しないもの
顧客	(1)の報告義務 (3)の報告義務 (4)の態勢整備 (注2)	(2)の努力義務 (4)の態勢整備 (注2)	(4)の態勢整備 (注2)	(4)の態勢整備 (注2)
非顧客	(1)の報告義務 (注1)	(2)の努力義務 (注1)		

(注1)　非顧客に関する情報のうち、金融機関自身の雇用管理情報、株主情報については、「ガイドライン」「実務指針」の対象外であるため、報告義務、努力措置の対象とはならない。ただし、これらの情報であっても、漏えい等が発生し、金融機関の信用を害するおそれがある場合には、任意に当局へ報告することが望ましいと考える。
(注2)　監督指針等のなかには、報告態勢の整備の規定がないものもあるが、その場合であっても、第一義的には、まず各金融機関においてその必要性を判断することとなる。なお、監督指針等のなかには、個人情報のみを対象としたものもある。
(注3)　情報漏えいが不祥事件とみなされる場合、すべての区分において図表1-1の(5)の届出義務がかかりうる。

換言すれば、金融事業者による個人情報の漏えい等が発生した場合には、監督当局への報告は努力義務にとどまる（金融機関における個人情報保護に関するQ&A問Ⅴ-6）[13]。

次に、業法では、個人顧客に関する個人データについて、業法の適用を受ける金融機関を名宛人として、安全管理実務指針と同じ措置が義務づけられている。また、監督指針等のなかには、監督上の着眼点として、「顧客情報の漏洩等が発生した場合に、当局への報告が迅速かつ適切に行われる態勢が整備されているか」等の記述が設けられているものがある。この監督上の着眼点の対象は「法人情報も含む顧客情報」で、その名宛人は業法の適用を受けるすべての金融機関である。このほか、業法では、金融機関が、不祥事件が発生したことを知った場合に監督当局に届出が義務づけられている場合がある[14]。業法上の不祥事件に該当すると認められる場合には、個人情報・個人データを問わず、その漏えい等について報告を行う必要があると考えられる（金融機関における個人情報保護に関するQ&A問Ⅴ-6）。

b 「漏えい等」の判断基準

「漏えい等」とは、漏えいのほか、滅失・き損を含む。漏えい、滅失、き損の意義は前述したとおりである。

金融事業者が、個人データに当たる顧客の取引内容を、本人の同意を得ず、その内容を知る家族に伝えた場合であっても、個人データの「漏えい」に当たると考えられる（金融機関における個人情報保護に関するQ&A問Ⅵ-2）。なぜならば、個人情報保護法23条1項において、第三者が当該個人データを

---

[13] 金融事業者の雇用管理情報、株主情報については、金融庁GL、安全管理実務指針の適用がないため、監督当局への報告義務・努力義務の対象とはならない。もっとも、これらの情報であっても、漏えい等が発生し、金融事業者の信用を害するおそれがある場合には、任意に監督当局へ報告することが望ましいとされている。雇用管理情報の取扱いについては、厚労省告示によることとなる（金融機関における個人情報保護に関するQ&A問Ⅴ-6）。

[14] 個人情報の漏えい事案等が「不祥事件」に該当するか否かは、漏えい等の生じた経緯、漏えい等した情報の内容等から、各業法の規定に照らして個別に判断する必要がある（金融機関における個人情報保護に関するQ&A問Ⅴ-7）。実務上、「不祥事件」に該当しないケースも多いと考える。

あらかじめ知っていたか否かは要件とされていないからである。本人の明示的な同意がなくとも、たとえば、本人が家族を連れて金融機関に融資の申込みをしに来た際に入手した情報を後日当該家族に伝える場合等、状況に照らし本人が実質的に同意していると判断できる場合は個人データの「漏えい」とならないと考えられる（上記Q&Aの問Ⅵ-2）。

　　c　監督当局への報告の様式等

　監督当局への報告について、法令等において報告の様式は定められていないが、「金融機関における個人情報保護に関するQ&A」において、様式の一例が示されている。

　ファックスの誤送信、配送等の誤配、メール誤送信等のうち、金融事業者が個別の事案ごとに、漏えい等した情報の量、センシティブ情報の有無、二次被害や類似事案の発生の可能性などを検討し直ちに報告を行う必要性が低いと判断したものについて、月に1回程度にまとめて監督当局に報告することができ、発生後直ちに報告する必要はないと考えられる（金融機関における個人情報保護に関するQ&A問Ⅴ-10）。

　報告書に記載する根拠条文は、個人データの漏えい等の場合には、「金融分野における個人情報保護に関するガイドラインの安全管理措置等についての実務指針2-6-1の規定に基づき……」と記載し、個人情報の漏えいの場合には、「金融分野における個人情報保護に関するガイドライン第22条第1項の規定に基づき……」と記載することが考えられる。また、業法上に基づく報告の場合には、主要行等においては、「銀行法施行規則第13条の6の5及び主要行等向けの総合的な監督指針Ⅲ-3-3-3の規定に基づき」、また保険会社においては、「保険業法施行規則第53条の8及び保険会社向けの総合的な監督指針Ⅱ-3-5の規定に基づき」などと記載することが考えられる（金融機関における個人情報保護に関するQ&A問Ⅴ-9）。

　個人情報保護法に基づく報告と業法に基づく報告とが同じ内容である場合、同じ内容の報告書を重複して提出する必要はなく、1つの報告書により両法令の要請を満たすものとして取り扱うことも可能である（金融機関にお

ける個人情報保護に関するQ&A問Ⅴ-8)。この場合、当該報告書において、2つの法令上の根拠条文を並べて記載する必要がある(金融機関における個人情報保護に関するQ&A問Ⅴ-7)。

(2) 漏えい等の事実関係などの公表

金融事業者は、個人情報の漏えい事案等の事故が発生した場合には、二次被害の防止、類似事案の発生回避などの観点から、漏えい事案等の事実関係および再発防止策などを早急に公表する必要がある(金融庁GL22条2項、努力措置)。

金融庁GL22条1項・3項と異なり、同条2項では、「二次被害の防止、類似事案の発生回避等の観点から」という文言が付加されている。金融庁GL22条2項にだけ、このような文言が付加された趣旨は、金融事業者が漏えい等の事実関係を自主的に公表するか否かを判断する際の視点を提供する趣旨であると考えられる。換言すれば、二次被害の防止・類似事案の発生回避などの必要性がない場合には、公表を行わないことを許容する趣旨であると考えられる(金融庁GLに関するパブリックコメント手続における金融庁回答(回答番号331・332)参照)。公表することによりかえって二次被害等が発生・拡大するおそれがある場合や、漏えい等が生じた情報の量・性質等にかんがみて、漏えい事案等としては軽微であり、かつ二次被害の防止・類似事案の発生回避等の観点から必要でないことが十分に説明できる場合には、必ずしも公表する必要はないのである(金融機関における個人情報保護に関するQ&A問Ⅴ-17)。たとえば、インターネット上でファイル交換を行うソフトウェアの使用により、個人情報が流出した場合、回収が不可能であり、当該事案の発生を公表することで当該個人情報がさらに検索・共有され、被害が拡大することも予想される場合など公表によりかえって二次被害を誘引する場合など、個人の権利利益を保護するため公表しないほうが望ましいと認められる場合には公表する必要はない(金融機関における個人情報保護に関するQ&A問Ⅴ-15)。

個人情報を記載した手形・小切手を紛失した場合、手形・小切手は転々流

通するものであることからこれらに記載された情報は公知のものであり、二次被害防止の必要性はないものとして公表しなくてもよいか。この点について、二次被害防止の必要性等については、漏えい事案等の経緯、情報の量・性質等にかんがみて個別に判断する必要があり、記載されている情報が公知であることのみをもって、二次被害防止の必要性がないと判断することは妥当でないと考えられている（金融機関における個人情報保護に関するQ&A問V-17）。

古い個人情報を記録した記録媒体が、営業店の店内で不注意から所在不明になり、「滅失」したと判断される場合には、(ｱ)滅失した個人情報の数が膨大である場合や(ｲ)記録媒体に記録された個人情報の内容に照らし二次被害が生じるおそれがある場合など特段の事情がない限り、「二次被害の防止・類似事案の発生回避」などの必要性があるとは考えられないから、公表を行う必要まではないように思われる。

(3) 本人への通知

金融事業者は、個人情報の漏えい事案等の事故が発生した場合には、漏えい事案等の対象となった本人に速やかに漏えい事案等の事実関係などの通知を行う必要がある（金融庁GL22条3項、努力措置）。

個人情報の漏えい数が多数であり、本人への通知が困難である場合には、公表によって本人への通知に代替できると考えられる。また、漏えい事案が発生した場合において、高度な暗号化処理等が施されている場合や即時に回収できた場合等、本人の権利利益が侵害されておらず、今後も権利利益の侵害の可能性がないまたはきわめて小さい場合等には、本人への通知を省略できると考えられる（以上につき金融機関における個人情報保護に関するQ&A問V-16）。

3　実務上の留意点

(1) 個人データの漏えい等が生じた場合の留意点

前述したとおり、安全管理実務指針2-6-1・6-6-1では、個人データ

の漏えい事案等が発生した場合の監督当局等への報告、本人への通知、公表を義務づけている。この点は、金融庁GL22条が努力措置であることと異なっており、実務上、注意が必要である。

個人データの漏えい等が発生した際に公表が義務づけている趣旨は個人データの本人である個人の権利保護のためであると考えられる（金融機関における個人情報保護に関するQ&A問V-15）。

また、安全管理実務指針2-6-1などに基づき本人への通知を行う場合には、通知の送付に起因してトラブルが発生しないよう、本人以外の第三者に通知が送付されることのないよう工夫することが望まれる（安全管理実務指針に関するパブリックコメント手続における金融庁回答（回答番号36）参照）。

(2) 外部委託先等からの個人情報の漏えい等の場合の留意点

金融庁GL22条に基づく対応を行う必要があるのは、金融事業者が取り扱う個人情報が漏えい等した場合である（金融庁GLに関するパブリックコメント手続における金融庁回答（回答番号330）参照。同回答では、「管理」という言葉が用いられている）。

このことは、安全管理実務指針2-6-1・6-6-1についても、同様であると考えられる。なぜならば、安全管理実務指針2-6-1等は、個人情報保護法20条に基づく規定であるところ、同条は、個人情報取扱事業者が「取り扱う」個人データを対象に、安全管理措置を講じるよう求めているからである。

金融事業者が、外部委託先に対して個人情報・個人データの取扱いを委託していたところ、当該外部委託先において、個人情報・個人データが漏えい等した場合には、当該個人情報・個人データも「金融事業者が取り扱う個人情報・個人データ」に含まれると考えられるから、外部委託先のみならず、金融事業者においても、監督官庁等に報告を行うなど金融庁GL22条所定の対応を行う必要があると考えられる。

これに対して、金融事業者が、個人情報保護法23条1項所定の同意を得て、第三者に対し個人情報・個人データを提供したところ、当該第三者にお

いて当該個人情報・個人データの漏えい等が発生した場合には、提供者である金融事業者は、金融庁GL22条所定の対応を行う必要はないと考えられる。なぜならば、この場合は、「金融事業者が取り扱う個人情報が漏えい等した場合」には当たらないからである[15]。

(3) 認定個人情報保護団体への報告

個人情報の漏えい等が生じた場合、認定個人情報保護団体の対象事業者である金融機関は、認定個人情報保護団体の個人情報保護指針に基づき、認定個人情報保護団体に対しても、報告を行うことが義務づけられている場合がある。全国銀行個人情報保護協議会の個人情報保護指針、社団法人信託協会の個人情報の保護と利用に関する指針では、その旨の規定が設けられている（第1編第5章）。

実務にあたっては、この点にも留意する必要がある。

4 本人への通知の要件限定の必要性

前述したとおり、金融庁GL22条は、基本方針の記述や個人情報保護法20条をふまえて、策定されたもののようであるが（金融庁GLに関するパブリックコメント手続における金融庁回答（回答番号331））、これらを根拠に、個人情報の漏えい・滅失・き損が生じた場合には、常に本人への通知を行う必要があると結論づけるのは、いささか飛躍があるように思われる。

二次被害の発生が懸念される場合には、当然、本人への通知が必要不可欠であると考えられるが、個別の漏えい・滅失・き損の事案においては、必ずしも本人への通知の必要性があるとはいえない事案もある。本人への通知を要する場合について一定の限定を設け、金融事業者がその要否を判断する際の視点を金融庁GLに盛り込むことなどが望まれる。

---

15 金融機関における個人情報保護に関するQ&A問V-12も、本人の同意を得て第三者に提供した個人データを、提供先が漏えいした場合、提供元である金融事業者は、監督当局に対し漏えい等の報告を行う必要はないと述べている。その理由として、個人データの取扱いの委託（法22条）と異なり、本人の同意を得て個人データを提供した提供先について、提供元は監督義務を負わないことがあげられている。

第20節　個人情報保護宣言の策定（金融庁GL23条）

1　金融庁GL23条の位置づけ

　金融庁GL23条は、個人情報保護法18条（取得に際しての利用目的の通知等）、27条（保有個人データに関する事項の公表等）および基本方針に対応する規定である。

2　金融庁GL23条の内容

　金融庁GLは、個人情報に対する取組方針をあらかじめわかりやすく説明することの重要性にかんがみ、金融事業者に対し、「個人情報保護に関する考え方および方針に関する宣言（プライバシー・ポリシー、プライバシー・ステートメント等。以下「個人情報保護宣言」という。）」を策定し、インターネットのホームページへの掲載、または、事務所の窓口等での掲示・備付け等により、公表するよう求めている（金融庁GL23条1項、努力措置）。

　プライバシー・ポリシーの内容としては、①関係法令等の遵守、個人情報を目的外に利用しないこと、および苦情処理に適切に取り組むこと等、個人情報保護への取組方針の宣言、②個人情報保護法18条における個人情報の利用目的の通知・公表等の手続についてのわかりやすい説明、③同法27条における開示等の手続等、個人情報の取扱いに関する諸手続についてのわかりやすい説明、④個人情報の取扱いに関する質問および苦情処理の窓口などを定めることが例示されており（金融庁GL23条1項）、また、消費者等、本人の権利利益保護の観点から、事業活動の特性、規模および実態に応じて、プライバシー・ポリシーに盛り込むことが望ましい事項として、⑤保有個人データについて本人から求めがあった場合には、ダイレクトメールの発送停止など、自主的に利用停止等に応じること、⑥委託の有無、委託する事務の内容を明らかにする等、委託処理の透明化を進めること、⑦事業者がその事業内容を勘案して顧客の種類ごとに利用目的を限定して示したり、事業者が本人

の選択による利用目的の限定に自主的に取り組むなど、本人にとって利用目的がより明確になるようにすること、⑧個人情報の取得元またはその取得方法（取得源の種類等）を可能な限り具体的に明記することがあげられている（同条2項、努力措置）。

3　実務上の留意点

金融事業者が、個人情報保護法32条に基づき、開示等の求めを受け付ける方法（開示請求手続規則等）を定めた場合には、「プライバシー・ポリシー」と一体として、ホームページ等に常時掲載等することとされている（金融庁GL19条1項、努力措置）。

また、金融事業者が、個人情報保護法27条1項に基づき保有個人データの利用目的等を本人の知りうる状態に置く方法として、この利用目的等を、「プライバシー・ポリシー」と一体として、ホームページ等に常時掲載等することが考えられる（金融庁GL14条）。

実際、金融機関では、自社のホームページ等において、プライバシー・ポリシーとともに、開示請求手続等規則や保有個人データの利用目的等を公表している例が多い。

第21節　認定個人情報保護団体による自主ルール （金融庁GL1条2項）

金融庁GLは、金融分野における各認定個人情報保護団体（法47条1項の認定を受けた団体をいう）および個人情報取扱事業者等が、金融庁GL等をふまえ、各事業の実態等に応じて個人情報の適正な取扱いを確保するためのさらなる措置を自主的なルールとして定め、対象とする事業者等に遵守させること、および自らが遵守することが重要であると定めている（金融庁GL1条2項）。

後述するとおり、銀行業界では、全国銀行個人情報保護協議会が、平成17

年4月15日、主務大臣の認定を受けて、認定個人情報保護団体になり、「個人情報保護指針」を策定・公表している。また、信託(銀行)業界では、信託協会が、認定個人情報保護団体になり、「個人情報の保護と利用に関する指針」を策定・公表している(第1編第5章参照)。

❗ワンポイントアドバイス

　金融庁GLは、個人情報保護法をふまえて制定されたものである。したがって、金融庁GLの内容を理解するにあたっては、これに対応する個人情報保護法とあわせて理解することが重要である。

　また、個人データの安全管理措置等については、安全管理実務指針に詳細な定めが置かれているから、実務にあたっては、安全管理実務指針にも留意する必要がある(第1編第4章)。

　銀行業界における認定個人情報保護団体の会員である金融機関の場合には、金融庁GL・安全管理実務指針に加えて、認定個人情報保護団体の個人情報保護指針も遵守する必要がある(第1編第5章)。

第4章　安全管理実務指針

> **チェックポイント**
> ① 安全管理実務指針の位置づけ・適用範囲を理解する（第1節・第2節）。
> ② 個人データの安全管理措置に関する安全管理実務指針の規制内容のポイントを理解する（第3節）。
> ③ 従業者に対する監督に関する安全管理実務指針の規制内容のポイントを理解する（第4節）。
> ④ 委託先に対する監督に関する安全管理実務指針の規制内容のポイントを理解する（第5節）。
> ⑤ センシティブ情報の取扱いに関する安全管理実務指針の規制内容のポイントを理解する（第6節）。

第1節　本章の位置づけ

　金融庁は、金融庁GLとは別に、個人データの安全管理措置、センシティブ情報の取扱いについて規定した「安全管理実務指針」を策定し、告示している。

　安全管理実務指針は、個人情報保護法・基本方針・金融庁GLをふまえたものである。金融機関は、個人データの安全管理措置などを講じるにあたり、個人情報保護法・金融庁GLに加え、安全管理実務指針もふまえた対応

を行う必要がある。

　以下、本章では、安全管理実務指針の規定内容と実務上の留意点について、説明・検討する。なお、個人番号・特定個人情報の安全管理措置については、以下で述べる諸点に加え、個人情報保護委員会が策定・公表しているガイドラインに従った安全管理措置を講ずる必要がある（浅井『マイナンバー法』150頁以下）。

第2節　安全管理実務指針の位置づけ等

1　安全管理実務指針の位置づけ

　安全管理実務指針は、金融庁GL10条～12条に定められた個人データの安全管理措置などについて、金融事業者が講ずるべき措置などを定めたものである。金融庁は、平成17年1月28日、「『金融分野における個人情報保護に関するガイドラインの安全管理措置等についての実務指針（案）』への意見一覧」（以下「安全管理実務指針に関するパブリックコメント手続における金融庁回答」という）を公表しており、実務上、この内容も重要である。

　金融庁GLでは、金融事業者が取り扱う個人データに関し、①組織的安全管理措置、②人的安全管理措置、③技術的安全管理措置を講じることを義務づけており（金融庁GL10条）、安全管理実務指針では、各安全管理措置の具体的項目を定めている。したがって、金融事業者は、同指針所定の各項目について一定の措置を講じる義務を負うと考えられる。もっとも、それぞれの項目について、どの程度の（レベルの）措置を講じるかについては、個人情報保護法20条、金融庁GL10条および安全管理実務指針の趣旨に反しない範囲で、各金融事業者の裁量に委ねられていると考えられる（安全管理実務指針に関するパブリックコメント手続における金融庁回答（回答番号2・3・5～7）、西方・概要14頁、金融機関における個人情報保護に関するQ&A問V-3）。

2　安全管理実務指針の適用範囲

　安全管理実務指針は、金融分野における個人情報取扱事業者（金融事業者）に適用される。

　したがって、金融事業者の子会社や関連会社については、当該事業者が「金融分野における個人情報取扱事業者」に該当しなければ、安全管理実務指針の適用対象とはならない（安全管理実務指針に関するパブリックコメント手続における金融庁回答（回答番号4））。

　また、金融事業者の外部委託先についても、当該外部委託先が「金融分野における個人情報取扱事業者」に該当しなければ、安全管理実務指針の適用対象とはならないと考えるべきである。この点、安全管理実務指針に関するパブリックコメント手続における金融庁回答（回答番号4）は、これと異なる見解に立脚しているようであるが、この解釈は、個人情報保護法46条に反する解釈であると考えられる。金融事業者の外部委託先が、「金融分野における個人情報取扱事業者」に該当しない場合には、当該外部委託先は、当該外部委託先を所管する主務大臣が告示したガイドラインに従えば足り、これに加えて金融庁の安全管理実務指針まで遵守する必要はない。金融事業者の外部委託先は、金融事業者との委託契約に基づき、事実上、安全管理実務指針に沿った安全管理措置を講じざるをえないとしても、これは、当該外部委託先に安全管理実務指針が適用されることとは別個の事柄であり、両者を混同すべきではない。

第3節　金融庁GL10条に定める安全管理措置の実施

1　安全管理実務指針の2つのポイント

　安全管理実務指針Ⅰでは、金融庁GL10条に定める安全管理措置の実施に関する細目を定めている。

　安全管理実務指針Ⅰが求めている内容は、大きく分けて2つある。

1つは、「個人データの安全管理に係る基本方針・取扱規程等の整備」であり（同Ⅰ(1)）、もう1つは「個人データの安全管理措置に係る実施体制の整備」（同Ⅰ(2)）である。

2　個人データの安全管理に係る基本方針・取扱規程等の整備
(1)　個人データの安全管理に係る基本方針

　安全管理実務指針は、金融事業者に対し、金融庁GL10条5項(1)①に基づき、「個人データの安全管理に係る基本方針」を策定し当該基本方針を公表するとともに、必要に応じて基本方針の見直しを行うことを求めている（安全管理実務指針1-1）。

　「個人データの安全管理に係る基本方針」で定めるべき事項は、①個人情報取扱事業者の名称、②安全管理措置に関する質問・苦情処理の窓口、③個人データの安全管理に関する宣言、④基本方針の継続的改善の宣言、⑤関係法令等遵守の宣言である（安全管理実務指針1-1）。

　これらの事項を、金融庁GL23条所定の「個人情報保護宣言」のなかに規定し、同宣言を公表すれば、別途、「個人データ安全管理に係る基本方針」は策定・公表する必要はない（金融庁GLに関するパブリックコメント手続における金融庁回答（回答番号228））。実務においても、両者を一体のものとして策定し、公表している金融機関が多い。

(2)　個人データの各管理段階における安全管理に係る取扱規程

　安全管理実務指針は、金融庁GL10条5項(1)②に基づき、同項(2)に規定する個人データの各管理段階における安全管理に係る取扱規程（以下「安全管理取扱規程」という）を整備し、管理段階ごとに安全管理実務指針別添1に規定する事項を定めるとともに、必要に応じて上記規程の見直しを行うことを求めている（安全管理実務指針1-2。なお、小規模事業者等については例外が認められている）。

　　a　管理段階の区分

　安全管理実務指針のポイントは、個人データの管理段階ごとに措置内容な

どを明確化することを求める点にある。安全管理実務指針が、個人データの管理段階ごとの安全管理取扱規程を整備するよう求めた趣旨は、漏えい事案等が生じた場合に、どの管理段階における取扱いに問題があるかを検証し、適切な対応策を講ずることを可能とすることにより、金融事業者自らが安全管理取扱規程の有効性を高めていくことを可能とする点にある（安全管理実務指針に関するパブリックコメント手続における金融庁回答（回答番号16・17））。したがって、この趣旨が満たされている限り、既存の規程の名称や形式の統一を行う必要はなく、また、既存の規程などの構成を安全管理実務指針の構成と一致させる必要は必ずしもない（安全管理実務指針に関するパブリックコメント手続における金融庁回答（回答番号12））。各管理段階の取扱規程を、業務単位や商品単位ごとのように、実務に即して盛り込むことも可能であるが、その際には、金融事業者全体として、安全管理実務指針6－1～6－6－1に定められた事項が各管理段階ごとにすべて盛り込まれていること、金融事業者内の部署や商品ごとに定めた規程において盛り込まない事項がある場合には合理的な理由があることが必要である（金融機関における個人情報保護に関するQ&A問Ⅴ－4）。

　安全管理実務指針別添1では、個人データの管理段階を、「取得・入力段階」「利用・加工段階」「保管・保存段階」「移送・送信段階」「消去・廃棄段階」および「漏えい事案等への対応の段階」に細分している。「取得」は個人情報取扱事業者が自ら保管するために個人情報を本人から受け取る段階を意味し、「入力」は個人情報取扱事業者が個人情報を情報システムに入力する段階を意味する（安全管理実務指針に関するパブリックコメント手続における金融庁回答（回答番号65））。また、「保存」とは個人データを加工せず、そのままの状態でとっておくことを意味する（上記金融庁回答（回答番号70））。

　　b　安全管理取扱規程に定めるべき項目
　安全管理実務指針は、それぞれの管理段階ごとに、「個人データの取扱者の限定」「個人データのアクセスの記録・分析」「個人データの管理区域外への持ち出しに関する上乗せ措置」などの項目を安全管理取扱規程に盛り込む

よう求めている。

「個人データのアクセスの記録・分析」が求められる趣旨は、個人データの漏えい等の事案が発生した際に、漏えい等の原因・ルートの解明などを行うことを可能とするためである（安全管理実務指針に関するパブリックコメント手続における金融庁回答（回答番号62））。記録・分析の範囲・方法については、金融事業者が業務の実態に照らし、創意工夫を行う必要があると考えられる（安全管理実務指針に関するパブリックコメント手続における金融庁回答（回答番号63・64））。

また、金融事業者の従業者による個人データの建物外への持出しを、個別の申請・承認など手続なしに許容する場合には、建物外への持出しに伴う各種リスク要因を洗い出したうえで、安全管理取扱規程を定める必要があると考えられる。具体的には、①取扱者および対象となる個人データの限定や、②アクセス制御および機器・記録媒体などの管理手続などを安全管理取扱規程に定めることなどが考えられる（以上につき、安全管理実務指針に関するパブリックコメント手続における金融庁回答（回答番号67〜69）参照）。

(3) 個人データの取扱状況の点検・監査規程

安全管理実務指針は、金融庁GL10条5項(1)③に基づき、個人データの取扱状況に関する点検・監査の規程（以下「点検監査規程」という）を整備すること、および、必要に応じて点検監査規程を見直すことを求めている（安全管理実務指針1-3。なお、個人データ取扱部署が単一である事業者には例外が認められる）。

点検監査規程で定めるべき事項は、①点検・監査の目的、②点検・監査の実施部署、③点検責任者・点検担当者の役割・責任、④監査責任者・監査担当者の役割・責任、⑤点検・監査に関する手続である。

(4) 外部委託に係る規程

安全管理実務指針は、金融庁GL10条5項(1)④に基づき、外部委託に係る取扱規程（以下「外部委託規程」という）を整備すること、および、定期的に外部委託規程を見直すことを求めている（安全管理実務指針1-4）。

外部委託規程に定めるべき事項は、①委託先の選定基準と②委託契約に盛り込むべき安全管理に関する内容である。

　外部委託規程の見直し間隔は、「定期的に」と定められており、それ以外の規程の場合の見直し間隔で用いられている「必要に応じて」とは、異なる文言が用いられている。この趣旨は、外部委託規程については、同規程の変更に伴い外部委託先との契約内容の変更を要する場合があり、金融事業者の裁量により随時見直すことが困難な場合がありうることから、「必要に応じて」ではなく、「定期的に」見直すことで足りるとする点にあるようである（安全管理実務指針に関するパブリックコメント手続における金融庁回答（回答番号14・15））。

3　個人データの安全管理措置に係る実施体制の整備

　安全管理実務指針は、金融庁GL10条6項に基づき、組織的安全管理措置・人的安全管理措置および技術的安全管理措置の細目を定めている（安全管理実務指針2-1～4-7）。本項では、組織的安全管理措置と技術的安全管理措置の内容について説明する。人的安全管理措置については、第4節で後述する。

(1)　組織的安全管理措置

　金融事業者は、金融庁GL10条6項に基づき、個人データの安全管理措置に係る実施体制の整備における「組織的安全管理措置」として、①個人データの管理責任者等の設置、②就業規則等における安全管理措置の整備、③安全管理取扱規程に従った運用、④個人データの取扱状況を確認できる手段の整備、⑤個人データの取扱状況の点検・監査体制の整備と実施、および⑥漏えい事案等に対応する体制の整備に関する措置を講じなければならない。

a　個人データ管理責任者と個人データ管理者の設置

　金融事業者が設置しなければならない役職は、①個人データ管理責任者と②個人データ管理者の2つである（安全管理実務指針2-1。なお、個人データ取扱部署が単一である事業者の場合には、両者の兼務が認められる）。

「個人データ管理責任者」は、個人データの安全管理に係る業務遂行の総責任者であり、株式会社組織の金融事業者であれば、取締役・執行役などの業務執行に責任を有する者を充てることが必要である（安全管理実務指針2－1）。個人データ管理責任者は、①個人データの安全管理に関する規程および委託先の選定基準の承認・周知、②個人データ管理者等の任命、③個人データ管理者からの報告徴収・助言・指導、④個人データの安全管理に関する教育・研修の企画、⑤その他個人情報取扱事業者全体における個人データの安全管理に関することを所管する（安全管理実務指針2－1－1）。個人データ管理責任者が上記業務を所管している限り、個人データ管理責任者自身がこれらの作業を実際に行う必要まではなく、業務を行う権限を他の従業者に委譲することは可能である（安全管理実務指針に関するパブリックコメント手続における金融庁回答（回答番号20））。具体的には、上記①②の決裁は、個人データ管理責任者名義で行われる必要があるが、規程・基準の具体的作成作業は、他の従業者に委譲することができる。また、上記③〜⑤に関する権限の委譲を行う場合には、この手続などを規程等で明確化する必要があると考えられる（上記金融庁回答（回答番号20））。なお、安全管理実務指針における「個人データ管理責任者」は、個人情報保護法23条5項3号の「個人データの管理について責任を有する者」とは別個の概念である（金融庁GLに関するパブリックコメント手続における金融庁回答（回答番号230））。

次に、「個人データ管理者」は、個人データを取り扱う各部署における管理者である。個人データ管理者が所管すべき業務は、①個人データの取扱者の指定・変更等の管理、②個人データの利用申請の承認・記録等の管理、③個人データを取り扱う保管媒体の設置場所の指定・変更等、④個人データの管理区分・権限についての設定・変更の管理、⑤個人データの取扱状況の把握、⑥委託先における個人データの取扱状況等の監督、⑦個人データの安全管理に関する教育・研修の実施、⑧個人データ管理責任者に対する報告、⑨その他所管部署における個人データの安全管理に関することである（安全管理実務指針2－1－2）。

ここで、「部署」とは、課やグループなど、金融事業者における内部規程などに定められた分掌上の最小組織単位を意味すると考えられる（なお、安全管理実務指針に関するパブリックコメント手続における金融庁回答（回答番号19））。

　　b　就業規則等における安全管理措置の整備

　金融事業者は、①個人データの取扱いに関する従業者の役割・責任、②違反時の懲戒処分に関する事項を就業規則等に定めるとともに、従業者との個人データの非開示契約等の締結を行わなければならない（安全管理実務指針2-2）。

　安全管理実務指針2-2の趣旨は、労働関係法令の範囲内で、漏えい等の防止策の一環として、故意に漏えい等を行った従業者等に対する懲戒処分に関する規定の整備を求める点にあると考えられる（安全管理実務指針に関するパブリックコメント手続における金融庁回答（回答番号22））。「就業規則等」には、内規や労働協約も含まれる（上記金融庁回答（回答番号22））。

　　c　安全管理取扱規程に従った運用

　金融事業者は、安全管理取扱規程に従った体制を整備し、当該取扱規程に従った運用を行うとともに、安全管理取扱規程に規定する事項の遵守状況の記録・確認を行わなければならない（安全管理実務指針2-3）。

　個人データの各管理段階において作成される帳票類に各取扱者が捺印等することも、上記「記録・確認」に含まれると考えられる（安全管理実務指針に関するパブリックコメント手続における金融庁回答（回答番号23））。

　　d　個人データ取扱台帳の整備

　金融事業者は、個人データの取扱状況を確認するための台帳等（以下「個人データ取扱台帳」という）を整備しなければならない（安全管理実務指針2-4）。個人データ取扱台帳に記載すべき項目は、①個人データの取得項目、②個人データの利用目的、③個人データの保管場所・保管方法・保管期限、④個人データの管理部署、⑤個人データのアクセス制御の状況である。

　個人データ取扱台帳は、事業者ごとに整備をすれば足り、部署ごと、また

は顧客ごとに整備する必要はない。また、個人データ取扱台帳における各項目の記載は、基本的には「データベース」単位で、紙媒体の場合には「同種の書類・帳票」単位で、記載することが必要であると考えられる(以上につき安全管理実務指針に関するパブリックコメント手続における金融庁回答(回答番号24・25)参照)。

 e 個人データの取扱状況の点検・監査体制の整備と実施

 金融事業者は、①個人データを取り扱う部署が自ら行う点検体制を整備し点検を実施すること、および②当該部署以外の者による監査体制を整備し監査を実施することが必要である(安全管理実務指針2-5。なお、個人データ取扱部署が単一である事業者においては、点検により監査を代替することが認められる)。

 具体的には、金融事業者は、個人データを取り扱う部署において点検責任者・点検担当者を選任するとともに、点検計画を策定することにより点検体制を整備し、定期的および臨時の点検を実施しなければならない。また、点検の実施後において、規程違反事項等を把握したときは、その改善を行わなければならない(以上につき安全管理実務指針2-5-1)。部署が少人数の場合には、点検責任者と点検担当者の兼務も認められる(安全管理実務指針に関するパブリックコメント手続における金融庁回答(回答番号27))。

 また、金融事業者は、監査の実施にあたっては、監査対象となる個人データを取り扱う部署以外から監査責任者・監査担当者を選任し、監査主体の独立性を確保するとともに、監査計画を策定することにより監査体制を整備し、定期的および臨時の監査を実施しなければならない。監査の実施後において、規程違反事項等を把握したときは、その改善を行わなければならない(以上につき安全管理実務指針2-5-2)。監査は、点検とは異なり、監査対象部署とは別個の立場から個人データの取扱状況を確認するものであり、単に各部署における個人データの取扱状況を確認するだけでなく、監査をふまえて当該事業者全体としての個人データの取扱いの見直しが行われることが必要である(安全管理実務指針に関するパブリックコメント手続における金融庁回

答（回答番号28））。したがって、監査部署は取扱状況の監督および全体的見直しなどの機能をもつ、監査部などの部署が一元的に行うことが望ましいと考えられるが、そうした一元化の機能を有する部署が存在しない場合には、監査結果を集約し金融事業者全体としての個人データの取扱いに関する適正な実施体制などを整備することを前提として、各部署が相互に監査を行うという手法も許容されると考えられる（上記金融庁回答（回答番号28））。

なお、監査部署が監査業務などにより個人データを取り扱う場合には、当該部署における個人データの取扱いについて、個人データ管理責任者が特に任命する者がその監査を実施しなければならない（安全管理実務指針2-5-2）。「個人データ管理責任者が特に任命する者」とは、監査部署の従業者以外の者であることが必要である（安全管理実務指針に関するパブリックコメント手続における金融庁回答（回答番号29））。

　　f　漏えい事案等に対応する体制の整備

金融事業者は、個人データの漏えい事案等に対応する体制として、①対応部署、②漏えい事案等の影響・原因などに関する調査体制、③再発防止策・事後対策の検討体制、および④自社内外への報告体制を整備しなければならない（安全管理実務指針2-6）。この規定は、個人データの漏えい事案等への対応部署を新設することを求める趣旨ではない。対応部署が明確にされている限り、既存部署が「対応部署」となることも可能である（安全管理実務指針に関するパブリックコメント手続における金融庁回答（回答番号33））。

また、金融事業者は、個人データの漏えい事案等が発生した場合には、①監督当局等への報告、②本人への通知等、③二次被害の防止・類似事案の発生回避等の観点からの漏えい事案等の事実関係および再発防止策等の早急な公表を行わなければならない（安全管理実務指針2-6-1）。「監督当局等」の「等」には、警察など捜査機関が含まれる（安全管理実務指針に関するパブリックコメント手続における金融庁回答（回答番号34））。また、「本人への通知等」の「等」には、漏えい等に関する謝意の表明や漏えい等の原因の説明などが含まれる（上記金融庁回答（回答番号35））。

g 実務上の留意点

　安全管理実務指針2-6-1の定めは、個人データの漏えい事案等が発生した場合の金融庁等への報告、本人への通知等を義務づける規定であり、努力措置ではない。この点は、個人情報の漏えい事案等が発生した場合に監督当局への報告、本人への通知等を行うよう定めている金融庁GL22条が努力措置であることと異なっており、実務上注意が必要である。

　また、安全管理実務指針2-6-1に基づき「本人への通知等」を行う場合には、通知の送付に起因してトラブルが発生しないよう、本人以外の第三者に通知が送付されることのないよう工夫することが望まれる（安全管理実務指針に関するパブリックコメント手続における金融庁回答（回答番号36）参照）。

(2) 技術的安全管理措置

　金融事業者は、金融庁GL10条6項に基づき、個人データの安全管理措置に係る実施体制の整備における「技術的安全管理措置」として、①個人データの利用者の識別・認証、②個人データの管理区分の設定・アクセス制御、③個人データへのアクセス権限の管理、④個人データの漏えい・き損等防止策、⑤個人データへのアクセスの記録・分析、⑥個人データを取り扱う情報システムの稼働状況の記録・分析、⑦個人データを取り扱う情報システムの監視・監査に関する措置を講じなければならない。

　紙媒体の個人データについても、技術的安全管理措置を講じることが必要であると考えられるが、当該個人データへの技術的安全管理措置の適用が物理的に不可能な場合には、技術的安全管理措置の対象外となることがあると考えられる（安全管理実務指針に関するパブリックコメント手続における金融庁回答（回答番号41））。たとえば、紙媒体については保存時の暗号化は不可能であるが、こうした場合には紙媒体については当該技術的安全管理措置を講じないことも許容される（寺田ほか編『金融分野』119頁）。

　技術的安全管理措置として求められている項目は、広範かつ詳細であるため、実務にあたっては、直接、安全管理実務指針の該当箇所（4-1～4-7）を参照することが望まれる[16]。

第4節　従業者に対する監督

1　安全管理実務指針Ⅱの4つのポイント

　安全管理実務指針Ⅱでは、金融庁GL11条に定める従業者の監督に関する細目を定めている。具体的には、金融事業者は、金融庁GL11条に基づき、安全管理実務指針所定の人的安全管理措置を講ずることにより、従業者に対し「必要かつ適切な監督」を行わなければならない。

　安全管理実務指針所定の人的安全管理措置の内容は、大きく分けて4つある。

　具体的には、①従業者との個人データの非開示契約等の締結、②従業者の役割・責任等の明確化、③従業者への安全管理措置の周知徹底、教育・訓練、④従業者による個人データ管理手続の遵守状況の確認である（安全管理実務指針3-1～3-4）。

2　従業者との個人データの非開示契約等の締結

　安全管理実務指針は、金融事業者に対し、①採用時等に従業者と個人データの非開示契約等を締結すること、②非開示契約等に違反した場合の懲戒処分を定めた就業規則等を整備することを求めている（安全管理実務指針3-1）。

　安全管理実務指針は、一従業者の誤った個人データの取扱いにより多大な被害が発生しうる危険があるため、個人データの取扱いに関し各従業者における責任等の認識が不可欠であるという観点に立脚し、就業規則等の定めのほかに、別途、従業者との個人データ非開示契約等の締結を求めていると考えられる（安全管理実務指針に関するパブリックコメント手続における金融庁回答（回答番号37））。

16　技術的安全管理措置への具体的な対応策については、金融情報システムセンターが取りまとめた「金融庁実務指針と安全対策基準（第6版追補）との対応表」が参考になる（寺田ほか編『金融分野』119頁）。

3　従業者の役割・責任等の明確化

　また、安全管理実務指針は、金融事業者に対して、①各管理段階における個人データの取扱いに関する従業者の役割・責任の明確化、②個人データの管理区分・アクセス権限の設定、③違反時の懲戒処分を定めた就業規則等の整備、④必要に応じた規程等の見直しを行うことを求めている（安全管理実務指針3-2）。

4　従業者への安全管理措置の周知徹底、教育・訓練

　さらに、安全管理実務指針は、金融事業者に対して、①従業者に対する採用時の教育および定期的な教育・訓練、②個人データ管理責任者および個人データ管理者に対する教育・訓練、③個人データの安全管理に係る就業規則等に違反した場合の懲戒処分の周知、④従業者に対する教育・訓練の評価および定期的な見直しを求めている（安全管理実務指針3-3）。

　「個人データの安全管理に係る就業規則等に違反した場合の懲戒処分の周知」については、従業者に対する採用時およびその後の定期的な教育の際に周知することが考えられる（安全管理実務指針に関するパブリックコメント手続における金融庁回答（回答番号39））。

　平成29年に施行される改正個人情報保護法では、従業者を名宛人とする刑事罰も新設されている（法83条）。具体的には、個人情報取扱事業者（その者が法人（法人でない団体で代表者または管理人の定めのあるものを含む）である場合にあっては、その役員、代表者または管理人）もしくはその従業者またはこれらであった者が、その業務に関して取り扱った個人情報データベース等（その全部または一部を複製し、または加工したものを含む）を自己もしくは第三者の不正な利益を図る目的で提供し、または盗用したときは、1年以下の懲役または50万円以下の罰金に処される。こうした罰則の新設・存在も含めて、従業者に対する教育を徹底することが肝要である。

5 従業者による個人データ管理手続の遵守状況の確認

　安全管理実務指針は、金融事業者に対し、①安全管理取扱規程に定めた事項の遵守状況について、同指針2-3に基づく記録・確認を行うことと、②同指針2-5に基づき点検・監査を実施することを求めている（同指針3-4）。

　遵守条項の確認の程度や頻度について、金融事業者において創意工夫を行うことが期待されている（安全管理実務指針に関するパブリックコメント手続における金融庁回答（回答番号40））。

第5節　委託先に対する監督

1　安全管理実務指針Ⅲの2つのポイント

　安全管理実務指針Ⅲでは、金融庁GL12条3項に定める「委託先の監督」について、細目を定めている。

　具体的には、金融事業者は、①個人データを適正に取り扱っていると認められる者を選定し、個人データの取扱いを委託するとともに、②委託先における当該個人データに対する安全管理措置の実施を確保しなければならない。

2　個人データ保護に関する委託先選定の基準

　金融事業者は、個人データの取扱いを委託する場合には、金融庁GL12条3項①に基づき、(a)委託先選定の基準を定めること、(b)当該基準に従って委託先を選定すること、および(c)当該基準を定期的に見直さなければならない（安全管理実務指針5-1）。

　委託先選定基準に定めるべき事項は、①委託先における個人データの安全管理に係る基本方針・取扱規程等の整備、②委託先における個人データの安全管理に係る実施体制の整備、③実績等に基づく委託先の個人データ安全管理上の信用度、④委託先の経営の健全性である（安全管理実務指針5-1）。

(1) 委託先における個人データの安全管理に係る基本方針・取扱規程等の整備

上記①の「委託先における個人データの安全管理に係る基本方針・取扱規程等の整備」とは、具体的には、㋐委託先における個人データの安全管理に係る基本方針の整備、㋑委託先における安全管理取扱規程の整備、㋒委託先における個人データの取扱状況の点検および監査に係る規程の整備、㋓委託先における外部委託に係る規程の整備を意味する（安全管理実務指針5-1-1）。

委託先における個人データの安全管理に係る基本方針等は、委託先が委託先自らの取組みとして整備する必要があるが、その際に、委託元である金融事業者が、そのひな型などを提示することは可能である（金融庁GLに関するパブリックコメント手続における金融庁回答（回答番号249））。

(2) 委託先における個人データの安全管理に係る実施体制の整備

また、上記②の「委託先における個人データの安全管理に係る実施体制の整備」とは、安全管理実務指針Ⅰ(2)1)の組織的安全管理措置、同2)の人的安全管理措置および同3)の技術的安全管理措置に記載された事項を定めること、および、委託先から再委託する場合の再委託先の個人データの安全管理に係る実施体制の整備状況に係る基準を定めることを意味する（安全管理実務指針5-1-2）。

これは要するに、外部委託先（金融事業者以外の場合もある）に対して、組織的安全管理措置・人的安全管理措置・技術的安全管理措置について、金融事業者と同様の項目について措置を講じることを、事実上求めているものであり、金融事業者でない外部委託先の負担はきわめて大きいものとなっている。

もっとも、外部委託先が安全管理措置の各項目についてどの程度の具体的措置を講じるかについては、外部委託先が取り扱う個人データの性質・分量などに応じて差異を設けることも可能であると考えられる（安全管理実務指針に関するパブリックコメント手続における金融庁回答（回答番号57・58））。

(3) 実績等に基づく委託先の個人データ安全管理上の信用度

　安全管理実務指針は、委託先選定基準の1項目として「実績等に基づく委託先の個人データ安全管理上の信用度」を規定しているが（上記③）、これは、漏えい事案等を発生させた外部委託先を一律に排除する趣旨ではない。過去に漏えい事案等を発生させた外部委託先であったとしても、その後適切な措置がなされており現時点で必要かつ適切な安全管理措置が図られていると判断できる場合には、引き続き当該外部委託先に対し委託を行うことは可能である（安全管理実務指針に関するパブリックコメント手続における金融庁回答（回答番号55））。

　また、委託先選定基準における上記項目は、受託実績がない外部委託先を一律排除する趣旨でもない（寺田ほか編『金融分野』131頁）。

(4) 委託先の経営の健全性

　安全管理実務指針は、委託先選定の基準の1項目として、「委託先の経営の健全性」を規定しているが（上記④）、これは、委託先における適切な個人情報保護の遂行という視点から経営の健全性についての審査を求めるものであり、財務状況などが悪化している企業を一律に委託先から排除する趣旨ではない（安全管理実務指針に関するパブリックコメント手続における金融庁回答（回答番号56））。

3　委託契約等に盛り込むべき事項

　金融事業者は、外部委託先との間の委託契約に、①委託者の監督・監査・報告徴収に関する権限、②委託先における個人データの漏えい・盗用・改ざん・目的外利用の禁止、③再委託における条件、④漏えい事案等が発生した際の委託先の責任に関する事項を盛り込まなければならない（安全管理実務指針5-3）。

　③について、再委託の可否および再委託を行うにあたっての委託元への文書による事前報告または承認等を、委託契約に盛り込むことが望ましい。また、委託先において、個人データを取り扱う者の氏名・役職または部署名を

委託契約に盛り込むことが望ましい。

金融事業者は、定期的に委託契約に盛り込む安全管理措置を見直さなければならない（安全管理実務指針5-4）。

4 外部委託先における遵守状況の確認

金融事業者は、安全管理実務指針5-3に基づき、委託契約後に委託先選定の基準に定める事項の委託先における遵守状況を定期的または随時に確認するとともに、委託先が当該基準を満たしていない場合には、委託先が当該基準を満たすよう監督しなければならない（安全管理実務指針5-2）。

また、金融事業者は、安全管理実務指針5-3に基づき、定期的に監査を行う等により、定期的または随時に委託先における委託契約上の安全管理措置の遵守状況を確認するとともに、当該契約内容が遵守されていない場合には、委託先が当該契約内容を遵守するよう監督しなければならない（安全管理実務指針5-4）。

第6節 センシティブ情報の取扱い

1 規制の全体像

金融事業者は、センシティブ情報について、金融庁GL6条1項各号に掲げられた場合を除き、取得、利用・第三者提供を行わず、同条2項に基づき、同条1項に掲げる事由を逸脱した取得、利用・第三者提供を行わないよう求められている（金融庁GL6条、努力措置）。

安全管理実務指針では、これを受けて、センシティブ情報について、安全管理実務指針Ⅰ～Ⅲに規定する措置に加えて、特別な上乗せ措置を講じるよう求めている（安全管理実務指針別添2、一部につき努力措置。なお、安全管理実務指針に関するパブリックコメント手続における金融庁回答（回答番号80）参照）。

また、センシティブ情報に該当する生体認証情報(機械による自動認証に用いられる身体的特徴のうち、非公知の情報)の取扱いについては、安全管理実務指針別添2に規定するすべての措置を実施することを求めている。

2 センシティブ情報に関する特別な上乗せ措置
(1) 安全管理実務指針の規制内容

　金融事業者は、安全管理実務指針1-2所定の安全管理取扱規程において、センシティブ情報の取扱いについて規定を整備するとともに、情報通信技術の状況などをふまえ、必要に応じて、当該規程の見直しを行うことが求められている(安全管理実務指針7-1、努力措置)。

　具体的には、個人データの管理段階(取得・入力段階、利用・加工段階、保管・保存段階、移送・送信段階、消去・廃棄段階)ごとに、各管理段階の安全管理取扱規程において、「本人同意が必要である場合における本人同意の取得及び本人への説明事項」や「必要最小限の者に限定したアクセス権限の設定及びアクセス制御の実施」などに関する定めを設けるよう求めている(安全管理実務指針7-1-1～7-1-5、努力措置)。「本人への説明事項」とは、金融庁GL6条1項7号に定める事業の適切な業務運営を確保する必要性から、本人の同意に基づき業務遂行上必要な範囲でセンシティブ情報の取得等を行うことについて説明することを意味し、これ以上の詳細な内容の説明は不要であると考えられる(安全管理実務指針に関するパブリックコメント手続における金融庁回答(回答番号75・79・81)参照)。

　また、金融事業者は、必要に応じて、センシティブ情報の取扱いについて外部監査を行うことが求められている(安全管理実務指針7-2後段、努力措置)。「外部監査」とは、当該個人情報取扱事業者から独立した者が実施主体となり、当該事業者において金融庁GL・安全管理実務指針に従った安全管理措置が実施されていることを確認するための監査を意味する(安全管理実務指針に関するパブリックコメント手続における金融庁回答(回答番号84))。

(2) 実務上の留意点

　センシティブ情報に関する規定は、管理段階ごとの安全管理取扱規程に定めてもよいし、別途「センシティブ情報の取扱いに関する規程」などを策定し、そこに一括して定めることも可能である（安全管理実務指針に関するパブリックコメント手続における金融庁回答（回答番号73））。

　なお、センシティブ情報を金融庁GL6条の所定以外の目的のために利用しないことを確保するための措置については、銀行法施行規則13条の6の7にも定めが置かれている。「センシティブ情報の取扱いに関する規程」を新設する場合には、銀行法施行規則13条の6の7にも対応できる内容になるよう留意する必要があると考えられる。

3　センシティブ情報に該当する生体認証情報の取扱い

(1) 安全管理実務指針の規制内容

　「センシティブ情報に該当する生体認証情報」（以下、単に「生体認証情報」という）とは、機械による自動認証に用いられる身体的特徴のうち、非公知の情報を意味する。

　生体認証情報については、取得・入力段階、利用・加工段階、保存段階および消去段階の安全管理取扱規程において、「なりすましによる登録の防止策」「生体認証情報の取得後、基となった生体情報の速やかな消去」「保存時における生体認証情報の暗号化」などの項目について、追加的に定めを置くことを求めている（安全管理実務指針7-1-1-1・7-1-2-1・7-1-3-1・7-1-5-1）。

　また、金融事業者は、安全管理実務指針2-5-2所定の監査の実施にあたり、生体認証情報の取扱いに関し、外部監査を行うことが求められている（安全管理実務指針7-2前段）。

(2) 実務上の留意点

　安全管理実務指針7-1-1-1・7-1-2-1・7-1-3-1（保存時の暗号化に係る部分）・7-1-5-1所定の生体認証情報に関する安全管理措置につ

いては、安全管理実務指針の文言上、義務的措置と規定されている点に注意を要する。

　これと同様に、生体認証情報の取扱いに関する外部監査は、義務規定と解されているようである（安全管理実務指針に関するパブリックコメント手続における金融庁回答（回答番号82）、西方・概要14頁）。

　したがって、生体認証情報を預金者の本人確認等に用いる場合には、これらの点に留意する必要があると考えられる。これに対し、従業員の入退室などに、指紋・静脈認証等の生体認証情報を利用する場合には、金融庁GL・安全管理実務指針の適用がないため、当該生体認証情報については、安全管理実務指針所定の外部監査を行う必要はないと考えられる（安全管理実務指針に関するパブリックコメント手続における金融庁回答（回答番号83））。後者の場合には、厚労省告示に沿った措置を講じる必要がある。

❗ワンポイントアドバイス

　　金融庁は、金融庁GLとは別に、個人データの安全管理措置、センシティブ情報の取扱いについて、安全管理実務指針を策定し、告示している。

　　金融機関は、個人データの安全管理措置などを講じるにあたり、個人情報保護法・金融庁GLに加え、安全管理実務指針もふまえた対応を行う必要がある。

第5章 全国銀行個人情報保護協議会等の個人情報保護指針等

チェックポイント

① 認定個人情報保護団体の位置づけを理解する（第1節・第2節）。
② 利用目的の特定例の内容を理解する（第3節）。
③ ダイレクト・マーケティングの中止に関する規制を理解する（第3節）。
④ 全国銀行個人情報保護協議会の個人情報保護指針の規定内容の特徴を理解する（第3節）。
⑤ 全国銀行個人情報保護協議会の個人情報保護指針があげている具体例を理解する（第3節）。

第1節　本章の位置づけ

　金融機関における個人情報の取扱いに関する規制として、個人情報保護法・施行令のほかに、金融庁GLと安全管理実務指針がある（第1編第3章・第4章）。また、これらとは規制目的を異にするが、個人顧客情報の取扱いに関する金融機関に対する規制として、①銀行法施行規則13条の6の5～13条の6の7などの業法上の規制、②監督指針における規制、④検査マニュアル上の規制がある（第1編第2章第3節・第4節）。
　銀行業界・信託（銀行）業界では、それぞれ全国銀行個人情報保護協議会、信託協会が、「個人情報保護指針」（法43条1項）を策定・公表してい

る。全国銀行個人情報保護協議会等の会員（対象事業者）である金融機関（個人情報取扱事業者）は、個人情報保護法や金融庁GLなどに加えて、同協議会等が策定した個人情報保護指針も遵守する必要がある。

本章では、全国銀行個人情報保護協議会の個人情報保護指針等について概説し、その実務上の留意点を述べる。

なお、著者は、全国銀行個人情報保護協議会の「個人情報保護指針」等の策定・改訂にあたり全国銀行協会・全国銀行個人情報保護協議会に対し、また、信託協会の「個人情報の保護と利用に関する指針」の策定にあたり信託協会に対し、個人情報保護法に関する金融実務上の問題点について助言を行ったが、本書の内容のうち意見にわたる部分は、著者の個人的見解である。

第2節　銀行業界の認定個人情報保護団体

1　認定個人情報保護団体の意義

個人情報取扱事業者の個人情報の適正な取扱いの確保を目的として、①業務の対象となる個人情報取扱事業者（以下「対象事業者」という）の個人情報の取扱いに関する個人情報保護法52条の規定による苦情の処理、②個人情報の適正な取扱いの確保に寄与する事項についての対象事業者に対する情報の提供、③これらの業務のほか、対象事業者の個人情報の適正な取扱いの確保に関し必要な業務を行おうとする法人（法人でない団体で代表者または管理人の定めのあるものを含む）は、主務大臣の認定を受けることができる（法47条1項）。

この認定を受けた者を、「認定個人情報保護団体」という。

銀行業界と信託（銀行）業界では、それぞれ全国銀行個人情報保護協議会、信託協会が、認定個人情報保護団体になっている。

これらの認定個人情報保護団体の会員（対象事業者）である金融機関（個人情報取扱事業者）は、認定個人情報保護団体が策定した個人情報保護指針

(法53条1項)も遵守する必要がある。

本章では、これらの認定個人情報保護団体が策定した個人情報保護指針のうち、全国銀行個人情報保護協議会による個人情報保護指針のポイントを概説し、実務上の留意点を述べる。

2　銀行業界の認定個人情報保護団体

銀行業界では、全国銀行個人情報保護協議会(以下「協議会」という)が、平成17年4月15日、主務大臣の認定を受け、認定個人情報保護団体になっている。

協議会の業務内容は、①個人情報保護指針の作成・公表、②上記個人情報保護指針を遵守させるために必要な会員に対する勧告・指導その他の措置に関する業務、③会員の個人情報の取扱いに関する苦情の受付・対応、④個人情報の適正な取扱いの確保に寄与する事項についての会員に対する情報の提供、⑤個人情報の適正な取扱いの確保のための会員に対する研修、および会員の個人情報の適正な取扱いの確保に関し必要な業務である(協議会規約4条)。

協議会は、①銀行(外国銀行支店を含む)、②長期信用銀行、③銀行持株会社、④全国各地の銀行協会、および⑤全国銀行協会を会員としている(協議会規約5条)。平成28年4月現在の会員数は、241会員である(協議会のウェブサイトによる)。

協議会の個人情報保護指針等は、平成27年10月、番号法対応のため改訂されており、協議会のウェブサイトで公表されている。

3　信託(銀行)業界の認定個人情報保護団体

信託協会は、平成17年4月15日、主務大臣の認定を受け、同協会の加盟会社を対象事業者とする認定個人情報保護団体になっている(信託協会のウェブサイト参照)。

信託協会は、平成17年4月、信託各社が個人情報の適切な保護と利用を図

ることを目的として「個人情報の保護と利用に関する指針」および「(個人情報の保護と利用に関する指針別冊)個人データの安全管理措置等に関する指針」を策定しており、平成27年10月、番号法対応のためこの改訂を行っている。

これらは、信託協会のウェブサイトで公表されている。

第3節　協議会の個人情報保護指針のポイント

1　個人情報保護指針の位置づけ等

協議会は、個人情報保護法53条・協議会規約4条1項1号に基づき、「個人情報保護指針」(以下「協議会保護指針」という)および「(個人情報保護指針別冊)個人データの安全管理措置等に関する指針」を策定し、これらを公表している。

協議会保護指針は、協議会の会員が、関連法令等を遵守しつつ、個人情報の適切な保護と利用を図ることを目的としている。「関連法令等」のなかには、①個人情報保護法、②施行令、③個人情報の保護に関する基本方針（閣議決定）、④金融庁GLおよび⑤安全管理実務指針が含まれる。

協議会保護指針は、「本文」と「運用上の考え方」から構成されている。「運用上の考え方」は、主に銀行会員を念頭に置いて、協議会保護指針を運用するうえでの考え方や実務の具体例を示したものである（協議会保護指針Ⅰ1の「運用上の考え方」）。これは、協議会保護指針本文が会員の遵守すべき義務などを抽象的に記述しているにすぎないため、その解釈にあたって会員間でばらつきが生じないよう配慮したものである（神門隆「全銀協『個人情報の保護と利用に関する自主ルール』の概要」金法1729号22頁）。

協議会の会員のうち個人情報取扱事業者に該当する者は、協議会保護指針を遵守しなければならず、個人情報取扱事業者に該当しない者は、協議会保護指針を遵守するよう努めなければならない（協議会保護指針Ⅰ1）。

前述したとおり、協議会保護指針は、個人情報保護法・施行令・金融庁GLなどをふまえて策定されたものであるため、これらと同内容を規定している項目も少なくない。本節では、第1編第3章・第4章における説明との重複を避けるという観点から、①協議会保護指針独自の項目や、②実務上特に重要と思われる項目を中心に、説明・検討することとする。協議会保護指針の規定内容のうち、金融庁GL・安全管理実務指針と同内容を規定している箇所に関する実務上の留意点などについては、第1編第3章・第4章の該当箇所を参照されたい。

参考までに、協議会保護指針と、個人情報保護法・施行令・金融庁GL・安全管理実務指針・銀行法施行規則の対応関係を整理すると、図表1-3のとおりである。

2　協議会保護指針の運用上の留意点

(1)　問題の所在

後述するとおり、協議会保護指針には、①金融庁GL・安全管理実務指針よりも広い範囲を規制対象としている条項、②金融庁GL・安全管理実務指針では努力措置とされている事項を、義務措置として規定している条項（以下、これらを総称して「協議会保護指針上乗せ条項」という）がある。

たとえば、協議会保護指針Ⅱ3の「ダイレクト・マーケティングの中止」は上記①の一例である。また、協議会保護指針Ⅱ2の「利用目的の通知・公表・明示」のうち与信事業における利用目的についての同意取得は、上記②の一例である。

協議会保護指針上乗せ条項所定の事項について、金融機関に違反行為があったとしても、それだけでは、金融庁から個人情報保護法に基づく勧告・命令を受ける可能性はないと考えられる。換言すれば、協議会保護指針違反の有無の問題（協議会規約4条1項2号に基づく勧告が発されるか否かの問題）だけが残ることになる。

したがって、協議会保護指針上乗せ条項に関する事項については、協議会

図表1-3　個人（顧客）情報の取扱いに関する規制一覧

項　目		個人情報保護法	施行令
総論・定義等	目的	1条（目的）	
	定義	2条（定義）	施行令1条（個人情報データベース等）、施行令2条（個人情報取扱事業者から除外される者）、施行令3条（保有個人データから除外されるもの）、施行令4条（保有個人データから除外されるものの消去までの期間）
	センシティブ情報		
	返済能力情報		
個人情報の取得・利用に関する規制	利用目的の特定	15条（利用目的の特定）	
	利用目的による制限	16条（利用目的による制限）	
	ダイレクト・マーケティングの中止		
	取得に際しての利用目的の通知等	18条（取得に際しての利用目的の通知等）	
	適正な取得	17条（適正な取得）	
個人データの正確性・安全管理に関する規制	データ内容の正確性の確保	19条（データ内容の正確性の確保）	
	安全管理措置	20条（安全管理措置）	
	漏えい事案等への対応		
	従業者の監督	21条（従業者の監督）	
	委託先の監督	22条（委託先の監督）	
個人データの第三者提供に関する規制	第三者提供の制限	23条（第三者提供の制限）	
保有個人データに関する事項の公表等に関する規制	保有個人データに関する事項の公表等	27条（保有個人データに関する事項の公表等）	施行令5条（保有個人データの適正な取扱いの確保に関し必要な事項）
	個人情報保護宣言		
開示等に関する規制	開示	28条（開示）	施行令6条（個人情報取扱事業者が保有個人データを開示する方法）
	訂正等	29条（訂正等）	
	利用停止等	30条（利用停止等）	
	理由の説明	31条（理由の説明）	
	開示等の求めに応じる手続	32条（開示等の求めに応じる手続）	施行令7条（開示等の求めを受け付ける方法）、施行令8条（開示等の求めをすることができる代理人）
	手数料	33条（手数料）	
苦情処理等に関する規制	苦情の処理	35条（個人情報取扱事業者による苦情の処理）	
	認定個人情報保護団体	47条～58条	施行令9条・10条

（注）　この表では、金融庁GLに掲記された個人情報保護法・施行令の該当条文、協議会指針に掲記

金融庁GL・安全管理実務指針	協議会保護指針	銀行法施行規則
金融庁GL1条（目的）	協議会保護指針Ⅰ1（目的）	
金融庁GL2条（定義等）	協議会保護指針Ⅰ2（定義）	
金融庁GL6条（センシティブ情報）、安全管理実務指針別添2	協議会保護指針Ⅱ5（センシティブ情報の取扱い）、個人データの安全管理措置等に関する指針Ⅲ	銀行法施行規則13条の6の7
金融庁GL13条3項		銀行法施行規則13条の6の6
金融庁GL3条（利用目的の特定）	協議会保護指針Ⅱ1（利用目的の特定）	
金融庁GL5条（利用目的による制限）、金融庁GL4条（同意の形式について）	協議会保護指針Ⅱ6（目的外利用の禁止）	
金融庁GL3条3項	協議会保護指針Ⅱ3（ダイレクト・マーケティングの中止）	
金融庁GL8条（取得に際しての利用目的の通知等）、金融庁GL3条3項、金融庁GL23条（個人情報保護宣言の策定）	協議会保護指針Ⅱ2（利用目的の通知・公表・明示）、協議会保護指針Ⅸ（個人情報保護宣言の制定）	
金融庁GL7条（適正な取得）	協議会保護指針Ⅱ4（適正な取得）	
金融庁GL9条（データ内容の正確性の確保）	協議会保護指針Ⅲ（データ内容の正確性の確保）	
金融庁GL10条（安全管理措置）、安全管理実務指針Ⅰ、同別添1	協議会保護指針Ⅳ（安全管理措置）、個人データの安全管理措置等に関する指針Ⅱ	銀行法施行規則13条の6の5
金融庁GL22条（漏えい事案等への対応）	協議会保護指針Ⅷ（漏えい事案への対応）	
金融庁GL11条（従業者の監督）、安全管理実務指針Ⅱ	協議会保護指針Ⅳ（安全管理措置）、個人データの安全管理措置等に関する指針Ⅱ	
金融庁GL12条（委託先の監督）、安全管理実務指針Ⅲ	協議会保護指針Ⅳ（安全管理措置）、個人データの安全管理措置等に関する指針Ⅱ	
金融庁GL13条（第三者提供の制限）、金融庁GL4条（同意の形式について）	協議会保護指針Ⅴ1（第三者提供）、Ⅴ2（委託）、Ⅴ3（共同利用）	
金融庁GL14条（保有個人データに関する事項の公表等）、金融庁GL23条（個人情報保護宣言の策定）	協議会保護指針Ⅵ1（保有個人データに関する事項の公表）、協議会保護指針Ⅸ（個人情報保護宣言の制定）	
金融庁GL23条（個人情報保護宣言の策定）	協議会保護指針Ⅸ（個人情報保護宣言の制定）	
金融庁GL15条（開示）	協議会保護指針Ⅵ2（開示の請求）	
金融庁GL16条（訂正等）	協議会保護指針Ⅵ3（訂正等の請求）	
金融庁GL17条（利用停止等）	協議会保護指針Ⅵ4（利用停止等）	
金融庁GL18条（理由の説明）	協議会保護指針Ⅵ（開示の手続）	
金融庁GL19条（開示等の求めに応じる手続）	協議会保護指針Ⅵ5（開示等の手続）	
金融庁GL20条（手数料）	協議会保護指針Ⅵ6（手数料）	
金融庁GL21条（個人情報取扱事業者による苦情の処理）	協議会保護指針Ⅶ（苦情処理体制の整備）	

された個人情報保護法・金融庁GLの該当条文を参考に、分類した。

保護指針をどのように運用（解釈・適用）していくかが重要になる。

(2) 検　　討

　協議会保護指針は、個人情報保護法53条1項に基づき制定されたものである[17]。

　すなわち、個人情報保護法は、認定個人情報保護団体に対して、「個人情報の適正な取扱いの確保に寄与する事項についての対象事業者に対する情報の提供」の1つとして、個人情報保護指針を作成し公表するよう努めることを求めている（法53条1項）。具体的には、認定個人情報保護団体は、対象事業者の個人情報の適正な取扱いの確保のために、①利用目的の特定、②安全管理のための措置、③本人の求めに応じる手続その他の事項に関し、個人情報保護法の規定の趣旨に沿った指針を作成し、公表するよう努めなければならない（同項）。また、認定個人情報保護団体が、個人情報保護法53条1項の規定により個人情報保護指針を公表したときは、対象事業者に対し、当該個人情報保護指針を遵守させるため必要な指導・勧告その他の措置をとらなければならない（同条4項）。

　個人情報保護法が認定個人情報保護団体に対し個人情報保護指針の作成・公表、これに基づく必要な指導・勧告などを行うよう求めた趣旨は、これらにより、対象事業者と本人等との間の争いの発生を未然に防ぐことが期待でき、また争いが生じた場合の苦情の処理にあたり、個人情報保護指針が、解決の拠り所となるなどの効果が期待できるからであると考えられる（園部『解説』235頁）。

　また、個人情報保護指針の根拠となる個人情報保護法の上記規定（法53条1項）は、努力義務とされているが、その趣旨は、①認定個人情報保護団体の業務のあり方は、当該団体の対象分野・体制によりさまざまな場合が想定

---

[17] なお、金融庁GL1条2項は、「金融分野における各認定個人情報保護団体及び個人情報取扱事業者等においては、本ガイドライン等を踏まえ、各事業の実態等に応じて個人情報の適正な取扱いを確保するための更なる措置を自主的なルールとして定め、対象とする事業者等に遵守させること、及び自らが遵守することが重要である」と定めている。

され、一律にこれを義務規定とすることは適切でないこと、および②認定個人情報保護団体という制度の趣旨は、民間団体による自主的な取組みを尊重しようとする点にあると考えられる（園部『解説』236頁）。

協議会保護指針の上乗せ条項の運用（解釈・適用）にあたっても、以上の諸点を十分ふまえる必要があると考えられる。

すなわち、個人情報保護指針（協議会保護指針）は、対象事業者と本人等との間の個人情報の取扱いに関する争いの発生を未然に防止することを1つの目的としている。したがって、このような争いが生じるおそれがある場合には、協議会がその権限を適切に行使し、金融機関に対し必要な指導・勧告などを行う必要があると考えられるが、このようなおそれがない場合については、いたずらに形式的な運用（解釈・適用）にならないよう配慮する必要があると考えられる。

また、協議会が本人と金融機関の間に生じた個人情報の取扱いに関する苦情の処理を行うにあたり協議会保護指針をその解決の拠り所とする場合には、本人と金融機関の間の個人情報の取扱いに関する争いについての個別性・具体性に十分配慮する必要がある。なぜならば、協議会保護指針の硬直的運用は、民間団体に個人情報の取扱いに関する苦情処理を第一次的に委ねた個人情報保護法の趣旨や「個人情報の適切な保護と利用の調和」という協議会保護指針の目的を没却するおそれがあるからである。

具体的な協議会上乗せ条項の解釈や同条項違反の有無の認定判断にあたっては、個別具体的事情をふまえたうえで、①金融機関による個人情報の取扱いの内容・態様、②本人の属性や苦情の内容、③従前の金融機関と本人の間の交渉状況などを総合考慮し、金融機関による個人情報の取扱いの適否を個別に判断することが望まれる。

3 定義規定（協議会保護指針Ⅰ2）

(1) 規定内容

協議会保護指針Ⅰ2では、個人情報・個人情報データベース等・個人デー

タ・保有個人データなどの概念について定義規定を置いている。

各概念の意義は、個人情報保護法2条・金融庁GL2条と同様である。

(2) 実務上の留意点

協議会保護指針の対象は、銀行取引に関連して取得する「個人情報」である（協議会保護指針Ⅰ2の「運用上の考え方」）。

「銀行取引に関連して取得する個人情報」には、顧客本人の情報のほか、代理人・連帯保証人・振込みの受取人・顧客家族に関する情報などが含まれる。これに対し、銀行の従業員、株主に関する情報など銀行取引に関連しない個人情報は、協議会保護指針の対象外とされている（協議会保護指針Ⅰ2の「運用上の考え方」）。また、銀行の従業員名簿や株主名簿など銀行取引に関連しない個人情報を含む個人情報データベース等についても、協議会保護指針は適用されないと考えられる。

以上のとおり、協議会保護指針の対象は「銀行取引に関連して取得する個人情報」などに限定されるが、協議会保護指針では「銀行取引」の内容を特に限定していない。したがって、銀行が行う取引である限り、当該取引が「業務」であるか「無償の（事実上の）サービス」であるかを問わず、当該取引に関連して取得した個人情報について、協議会保護指針が適用されると考えられる。

銀行は、銀行法上の業務範囲規制（銀行法10条）に反しない範囲で、事実上または無償で、さまざまな顧客サービスを行っており、この際、顧客などの個人情報を取得することもあるが、このように取得した個人に関する情報についても、「銀行取引に関連して取得する」といえる限り、協議会保護指針が適用されることになると考えられる。

4 利用目的の特定（協議会保護指針Ⅱ1）

(1) 規定内容

協議会保護指針Ⅱ1では、利用目的の特定における留意点などについて規定し、「運用上の考え方」では、業務内容の特定例・利用目的の記載例など

をあげている。

協議会保護指針Ⅱ1は、個人情報保護法15条・金融庁GL3条に対応する規定である。

(2) 利用目的の特定

協議会の会員は、法令により認められた業務の遂行のみを目的として個人情報を取り扱うことができる（協議会保護指針Ⅱ1）。また、協議会の会員は、個人情報を取り扱うにあたっては、個人情報がどのような事業の用に供され、どのような目的で利用されるかを本人が合理的に予想できるよう、できる限り特定しなければならない（協議会保護指針Ⅱ1）。

協議会保護指針Ⅱ1では、銀行が銀行法などの法令によってその業務範囲が規制されているという特殊性をふまえ、協議会の「会員は、法令により認められた業務の遂行のみを目的として個人情報を取り扱うことができる」と規定している。

また、協議会保護指針Ⅱ1の「運用上の考え方」では、個人情報保護法15条・金融庁GL3条などをふまえ、協議会の会員が個人情報の利用目的の特定をするにあたっての留意点として、①個人情報は、銀行が法令により認められたすべての業務（今後取扱いが認められる業務を含む）に関して利用されうることを明記すること、②すべての業務を明記する際には、定款の記載などを参考にすることをあげている。

さらに協議会保護指針Ⅱ1の「運用上の考え方」では、「本人に対する分かりやすい説明」（金融庁GL23条参照）という観点に配慮した「業務内容の特定例」「利用目的の特定例」をあげている（下線は著者による）。

> 弊行及び弊行の関連会社や提携会社の金融商品やサービスに関し、下記利用目的で利用致します。
> ① 各種金融商品の口座開設等、金融商品やサービスの申込の受付のため
> ② 犯罪収益移転防止法に基づくご本人さまの確認等や、金融商品やサービスをご利用いただく資格等の確認のため
> ③ 預金取引や融資取引等における期日管理等、継続的なお取引における管

理のため
④ 融資のお申込や継続的なご利用等に際しての判断のため
⑤ 適合性の原則等に照らした判断等、金融商品やサービスの提供にかかる妥当性の判断のため
⑥ 与信事業に際して個人情報を加盟する個人信用情報機関に提供する場合等、適切な業務の遂行に必要な範囲で第三者に提供するため
⑦ 他の事業者等から個人情報の処理の全部または一部について委託された場合等において、委託された当該業務を適切に遂行するため
⑧ お客さまとの契約や法律等に基づく権利の行使や義務の履行のため
⑨ 市場調査、ならびにデータ分析やアンケートの実施等による金融商品やサービスの研究や開発のため
⑩ ダイレクトメールの発送等、金融商品やサービスに関する各種ご提案のため
⑪ 提携会社等の商品やサービスの各種ご提案のため
⑫ 各種お取引の解約やお取引解約後の事後管理のため
⑬ その他、お客さまとのお取引を適切かつ円滑に履行するため

(3) 利用目的の特定例の内容

　　a　利用目的の特定例の位置づけ

　協議会保護指針Ⅱ1の「運用上の考え方」の利用目的の特定例は、一般的な金融機関の業務を念頭に置いて作成されたものであり、個別の金融機関における個人情報の利用の特殊性などは考慮していない。したがって、各金融機関においては、利用目的の特定例の記載内容や自社における個人情報の取扱いの状況をふまえたうえで、利用目的を特定する必要がある。

　また、協議会保護指針は、従業員に関する情報や株主に関する情報を対象外としているため（協議会保護指針Ⅰ2「運用上の考え方」）、これらの個人情報の利用目的については、別途、厚労省告示などを参考に、利用目的を特定する必要があると考えられる。

　さらに、協議会保護指針の利用目的の特定例は、金融機関が個人情報保護法の施行前から行ってきた個人情報の利用目的を明確化したものであり、特

段、新たな利用目的を付け加えたものではない。後述するとおり、営業店の実務において、本人とトラブルになった際、本人から利用目的の内容について説明を求められる場合もあると考えられるが、その際には、まず、この点を説明することが肝要である。

b 取引の過程に着目した類型化

利用目的の特定例の記述にあたっては、顧客との取引の過程を、(ア)商品の研究・開発（利用目的の特定例⑨）→(イ)各種ご提案（同⑩⑪）→(ウ)申込みの受付（同①）→(エ)資格などの確認（同②）→(オ)取引に関する金融機関の判断（同④⑤）→(カ)取引の管理（同③）→(キ)第三者に対する提供（同⑥）→(ク)契約や法律等に基づく権利行使や義務の履行（同⑧）→(ケ)取引解約・事後管理（同⑫）に分けたうえで、それぞれの段階ごとに、できる限りわかりやすい具体例をあげる形式を採用している。

たとえば、利用目的の特定例①では、金融機関が「申込の受付」のために個人情報を利用することを明らかにしたうえで、その一例として、「各種金融商品の口座開設」をあげている。また、利用目的の特定例③では、金融機関が「取引の管理」のために個人情報を利用することを明らかにしたうえで、そのわかりやすい具体例として、預金取引や融資取引などにおける期日管理を例示している。

それぞれの段階においてあげられた金融取引の例は、あくまで1つの具体例であり、個人情報の利用目的を当該取引に限定する趣旨ではない。たとえば、利用目的の特定例①では、「申込の受付」の具体例として、各種金融商品の口座開設をあげているが、これはあくまで1つの具体例にすぎない。利用目的の特定例①には、金融機関が、個人情報を金融商品・サービスの申込みの受付に利用することを広く含むと考えられ、預金口座の開設のほか、ローン取引の申込みの受付、投資信託の購入申込みの受付なども含む趣旨である。同様に、利用目的の特定例④では、「融資のお申込や継続的なご利用等に際しての判断のため」と記載し、融資取引を例示しているが、これは、個人情報の利用を融資申込みに際しての判断に限定する趣旨ではなく、顧客

による取引の申込み・その継続的な利用に対する判断を広く含むという趣旨であり、融資申込みのほかに、預金取引・貸金庫利用の申込みや、その継続的な利用に際しての判断も含まれると考えられる。

なお、金融庁GL3条4項では、金融機関が与信事業に際して、個人情報を個人信用情報機関に提供する場合にはその旨を利用目的に明示するよう求められているため、利用目的の特定例⑥では、これに配慮し、第三者提供の場合の具体例として、「与信事業に際して個人情報を加盟する個人信用情報機関に提供する場合」をあげている。

c 「各種ご提案のため」の個人情報の利用

協議会保護指針の利用目的の特定例では、「各種ご提案のため」という利用目的を、「ダイレクトメールの発送等、金融商品やサービスに関する各種ご提案のため」（利用目的の特定例⑩）と、「提携会社等の商品やサービスの各種ご提案のため」（同⑪）に分けて規定している。

利用目的の特定例⑩は、金融機関自身が、自社の金融商品・サービスに関する提案を行うために個人情報を利用することを明らかにする趣旨である。これに対し、利用目的の特定例⑪は、金融機関が、提携会社などの金融商品・サービスに関する宣伝広告物を、金融機関のダイレクトメールに同封することを明らかにする趣旨である（第3編第5章第2節2(1)参照）。

利用目的の特定例⑪は、金融機関が、第三者である提携会社などに対して、個人データを提供することを利用目的として記載したものではない。個人データの第三者提供については、利用目的の特定例⑥に規定されている。

d 受任業務について

協議会保護指針の利用目的の特定例では、「顧客との取引の過程」に着目した類型化とは別に、「他の事業者等から個人情報の処理の全部または一部について委託された場合等において、委託された当該業務を適切に遂行するため」（利用目的の特定例⑦）をあげている。

これは、「他の事業者等から個人情報の処理の一部について作業の委託を受けて個人情報を取り扱う個人情報取扱事業者にあっては、委託された当該

業務を遂行することがその利用目的になる」という見解が存在すること（園部『解説』117頁）をふまえて、代理貸付において、金融機関が受託業務の範囲内で個人情報を利用する場合などを念頭に置いて、規定されたものである。

　　e　利用目的の特定例⑬について
　協議会保護指針の利用目的の特定例⑬では、「その他、お客さまとのお取引を適切かつ円滑に履行するため」と記載している。これは、金融機関が顧客との取引を円滑かつ適切に履行するために個人情報を利用することを、包括的な形で明らかにしたものである。

　金融機関が個人情報の利用によって最終的に達成しようとする目的が、「お客さまとのお取引を適切かつ円滑に履行する」ことであれば、当該目的での個人情報の利用は、利用目的の特定例⑬に当たると考えられる。具体的には、金融機関におけるリスク管理目的での個人情報の利用なども、利用目的の特定例⑬に当たると考えられる。また、金融機関の合併・事業譲渡など企業再編における個人情報の利用も、当該組織再編の最終目的は「お客さまとのお取引を適切かつ円滑に履行する」ことにあると考えられるから、このような目的での利用も、利用目的の特定例⑬に含まれると考えられる。

(4)　利用目的が法令等に基づき限定されている場合
　協議会保護指針Ⅱ1の「運用上の考え方」では、特定の個人情報の利用目的が法令等に基づき限定されている場合の利用目的の特定例として、銀行法施行規則13条の6の6および同13条の6の7に基づく限定に関し、下記の具体例をあげている。
　これは、金融庁GL3条2項をふまえたものである。

> ○　銀行法施行規則第13条の6の6等により、個人信用情報機関から提供を受けた資金需要者の借入金返済能力に関する情報は、資金需要者の返済能力の調査以外の目的に利用・第三者提供いたしません。
> ○　銀行法施行規則第13条の6の7等により、人種、信条、門地、本籍地、保健医療または犯罪経歴についての情報等の特別の非公開情報は、適切な

> 業務運営その他の必要と認められる目的以外の目的に利用・第三者提供いたしません。

(5) 実務上の留意点

　前述したとおり、営業店の実務において、本人とトラブルになった際、本人から利用目的の内容について説明を求められる場合もあると考えられる。

　その際には、上記諸点をふまえたうえで、①金融機関所定の「個人情報の利用目的」は、金融機関が個人情報保護法施行前から行ってきた個人情報の利用目的を明確化したものであり、特段、新たな利用目的を付け加えたものではないこと、②金融機関所定の「個人情報の利用目的」は、金融機関が顧客と取引を行う過程で必要不可欠な利用（利用目的の特定例⑩⑪を除く）をわかりやすく記載するという観点から、預金取引や融資取引を具体例としてあげつつ記載したものであること、③これらの具体例はあくまで一例にすぎないこと、④金融機関所定の「個人情報の利用目的」は、金融機関における個人情報の利用の外延を示すものにすぎず、必ずしも顧客の個人情報をこれらの利用目的すべてにわたって利用するとは限らないこと（換言すれば、融資取引のない顧客については融資取引のために利用することはないこと）などを説明することになると考えられる。

5　利用目的の通知・公表・明示（協議会保護指針Ⅱ2）

(1) 規定内容

　協議会保護指針Ⅱ2では、協議会の会員が個人情報を取得した場合には、あらかじめ利用目的を公表している場合を除き、原則として利用目的を本人に通知・公表すること、②協議会の会員が、本人から直接書面に記載された当該本人の個人情報を取得する場合には、原則として、あらかじめ本人に対して利用目的を明示すること、③与信事業においては、原則として、利用目的について本人の同意を取得することなどを規定している。

　協議会保護指針Ⅱ2の規定は、個人情報保護法18条・金融庁GL8条をふ

まえた規定であり、その内容は、個人情報保護法などの規定内容と基本的に同様であるが、特に(2)で後述する2点については、留意する必要がある。

(2) 協議会保護指針Ⅱ2の特徴

協議会保護指針Ⅱ2のうち特に留意すべき点は、同指針が「与信事業においては、会員は利用目的について、本人の同意を得なければならない」と定め、与信事業における利用目的についての同意取得を義務規定としている点である。

また、協議会保護指針Ⅱ2では、①利用目的を本人に通知・公表することにより本人・第三者の生命・身体・財産その他の権利利益を害するおそれがある場合、②利用目的を本人に通知し、または公表することにより協議会の会員の権利または正当な利益を害するおそれがある場合、③国の機関・地方公共団体が法令の定める事務を遂行することに対して協力する必要がある場合であって、利用目的を本人に通知し、または公表することにより当該事務の遂行に支障を及ぼすおそれがあるとき、④取得の状況からみて利用目的が明らかであると認められる場合については、利用目的について同意を取得することを要しない旨を明記している点も特徴的である。

(3) 実務上の留意点

　　a　利用目的の同意が得られない場合の取扱い

営業店における与信業務において、金融機関側が合理的努力を尽くしているにもかかわらず、顧客から利用目的の同意が得られない場合もありうると予想される。

前述したとおり、協議会保護指針の利用目的の特定例は、金融機関が顧客との取引を行ううえで必要不可欠な利用目的を記載したものであり（利用目的の特定例⑩⑪を除く）、顧客がこれらの目的での個人情報の利用に同意しない場合には、事実上、金融機関が当該顧客と与信取引を行うことは不可能ないしはきわめて困難になると考えられる（利用目的の特定例⑩⑪に同意しない場合を除く）。

したがって、協議会保護指針Ⅱ2（ひいては金融庁GL8条2項）の形式的

遵守を強調すれば、金融機関は、金融機関による個人情報の利用目的に同意しない新規顧客については、事実上、与信取引を行うことを断念せざるをえないことになるように思われる。

個別事案においてこの結論が不当である場合には、①協議会保護指針Ⅱ2の義務規定を緩やかに運用（解釈・適用）するか、②上記のような場合については協議会保護指針Ⅱ2の同意取得の例外事由（特に「会員の権利・正当な利益を害するおそれがある場合」）に該当すると解釈し、協議会保護指針Ⅱ2上の同意取得義務がないと解するほかないように思われる。

なお、顧客が利用目的の特定例⑩⑪に同意することを拒んだ場合、金融機関が、そのことだけを理由に与信を拒否することは、協議会保護指針Ⅱ3（ダイレクト・マーケティングの中止）の趣旨に照らし、妥当ではないと考えられる。この場合には、たとえば、顧客に対して、協議会保護指針Ⅱ3に基づくダイレクト・マーケティングの中止の申出書の提出を促し、この提出を受けた後、ダイレクト・マーケティングの目的での個人情報の利用・提供を中止するなどの対応をとることになると考えられる。

　　b　利用目的についての同意取得の方法

協議会保護指針Ⅱ2の「運用上の考え方」では、同意を得る方法について、「同意文言を記載した書面上に、本人の署名（・捺印）を徴求する方法を原則とする」と述べている。

また、上記の原則的方法のほかに、インターネットによる取引などにおいては、画面上での同意の意思表示（了解ボタンをクリックしてもらうなど）や同意文言を記載した本人からの電子メールの受領などによる方法により、同意を得ることを認めている。

　　c　利用目的の明示方法に関する留意点

協議会保護指針Ⅱ2の「運用上の考え方」では、利用目的の明示方法として、①利用目的を記載した書面で明示する方法、②ポスターなどの掲示により明示する方法、③パンフレット・チラシの配付、④インターネットの画面などに明示する方法など多様な方法を許容しているが、「いずれの方法にお

いても明示したことの記録を残すことが望ましい」としている点には注意が必要である。

「明示」する対象は、取得した個人情報の利用目的である。「明示」する方法は、当該書面に記載された個人情報の利用目的のみを示す方法と、協議会保護指針Ⅱ1「利用目的の特定」により特定した包括的な利用目的の全部または一部を示す方法のいずれでもよいと考えられる（協議会保護指針Ⅱ2の「運用上の考え方」）。

また、本人に対して取引申込み時などに利用目的を明示している場合であって、当該取引に関して追加的に提出を受けた書面に記載された個人情報の利用目的が当初示した利用目的の範囲にあるときなど、書面に記載された個人情報の利用目的をあらかじめ本人に対し明示しているときには、当該個人情報を取得するつどあらためて利用目的の明示を行う必要はないと考えられる（協議会保護指針Ⅱ2の「運用上の考え方」）。

　　d　利用目的の通知等に関する例外事由

協議会保護指針Ⅱ2では、「国の機関または地方公共団体が法令の定める事務を遂行することに対して協力する必要がある場合であって、利用目的を本人に通知し、または公表することにより当該事務の遂行に支障を及ぼすおそれがあるとき」には、利用目的の通知・公表・明示・同意を要しないと定めている。

協議会保護指針Ⅱ2の「運用上の考え方」では、これに該当する例として、捜査機関から捜査への協力に必要な被疑者の個人情報を取得する場合をあげている。

6　ダイレクト・マーケティングの中止（協議会保護指針Ⅱ3）

(1)　規定内容

協議会の会員は、本人から、ダイレクト・マーケティング（協議会の会員または協議会の会員が個人情報を提供する先が、特定の商品またはサービスに適合する顧客を限定して行う、ダイレクトメールの送付やテレマーケティングその

他のセールス活動で、店舗等で直接面談して行うセールス活動を除くもの）の目的で個人情報を利用することの中止を求められた場合には、当該目的での個人情報の利用または提供を中止しなければならない（協議会保護指針Ⅱ3）。

(2) 金融庁GLとの関係での3つのポイント

協議会保護指針Ⅱ3の規定は、金融庁GL3条に対応する規定である。

金融庁GL3条3項では、「ダイレクトメール」を対象に同種の規制（努力措置）を設けているが、協議会保護指針では、「ダイレクトメール」だけでなく、より広く「ダイレクト・マーケティング」を対象とするルールを導入している点が特徴的である。

また、金融庁GL3条3項では、あくまで与信事業において取得した個人情報を、与信業務以外の金融商品のダイレクトメールに利用する場合を対象とした規制（努力措置）であるが、協議会保護指針では、このような限定を設けていない点が特徴的である。

さらに、金融庁GL3条3項は努力措置であるが、協議会保護指針では、協議会保護指針Ⅱ3のダイレクト・マーケティングの中止に係る規定を、義務規定として定めている点が特徴的である。

(3) 「ダイレクト・マーケティング」の定義

「ダイレクト・マーケティング」とは、協議会の会員または協議会の会員が個人情報を提供する先が、特定の商品またはサービスに適合する顧客を限定して行う、ダイレクトメールの送付やテレマーケティングその他のセールス活動で、店舗等で直接面談して行うセールス活動を除くものを意味する。

まず、「ダイレクト・マーケティング」に該当するためには、「特定の商品またはサービスに適合する顧客を限定して行」われているセールス活動であることが必要である。したがって、このような顧客の限定がなされないセールス活動は、「ダイレクト・マーケティング」に該当しないと考えられる。たとえば、金融機関のなかには、預金者に対して、定期的に預金残高を通知するサービスを行っている金融機関もあるが、この封書のなかに金融商品・サービスに関するパンフレットなどを同封したり、預金残高の通知書の余白

に金融商品等の案内を記載することは、顧客の預金残高などに応じて、パンフレット等の同封の有無・同封するパンフレット等の内容に区別を設けている場合などを除き、「ダイレクト・マーケティング」には当たらないと考えられる。

また、「ダイレクト・マーケティング」は、店舗等で直接面談して行うセールス活動を除外している点も、重要である。直接面談して行うセールス活動である限り、セールス活動の場所は問わないと考えられる（「店舗等」の「等」の文言解釈）。

「ダイレクト・マーケティング」の一例として、協議会保護指針Ⅱ3では、ダイレクトメールの送付やテレマーケティングをあげている。このほかにも、電子メールによるセールス活動も、ダイレクト・マーケティングに関する他の要件を満たす限り、「ダイレクト・マーケティング」に当たりうると考えられる。

(4) ダイレクト・マーケティングの中止の申出を受けた場合の対応

協議会保護指針Ⅱ3では、協議会の会員が、本人から、ダイレクト・マーケティングの目的で個人情報を利用することの中止を求められた場合には、当該目的での個人情報の利用または提供を中止しなければならないと定めている。

「当該目的での個人情報の利用」とは、具体的には、ダイレクト・マーケティングを行うことを中止することなどを意味すると考えられる。

また、「（当該目的での個人情報の）提供」とは、協議会の会員が、ダイレクト・マーケティングを目的とする個人情報の提供を行うことを中止することを意味すると考えられる。

(5) 実務上の留意点

　　a　利用目的・個人データの第三者提供の同意等との関係

前述したとおり、ダイレクト・マーケティングの中止の申出がなされた場合、協議会の会員である金融機関は、ダイレクト・マーケティングを目的とする個人情報の提供を中止しなければならない（協議会保護指針Ⅱ3）。

協議会の会員が、本人から、個人情報の利用目的について同意を得たうえで、ダイレクト・マーケティングを目的として個人情報を利用していた場合であったとしても、その後に、本人から、協議会保護指針Ⅱ3に基づく中止の申出がなされた場合には、この申出に沿った対応を行う必要があると考えられる（神門隆「全銀協『個人情報の保護と利用に関する自主ルール』の概要」金法1729号24頁）。

協議会の会員が、本人から、個人データの第三者提供について同意を得たうえで、ダイレクト・マーケティングを目的として個人情報・個人データを提供していた場合であったとしても、その後に、本人から、協議会保護指針Ⅱ3に基づく中止の申出がなされた場合には、この申出に沿った対応を行う必要があると考えられる。

協議会の会員が、オプト・アウト制度（法23条2項）や個人データの共同利用制度（同条5項3号）に基づいて、ダイレクト・マーケティングを目的として個人情報・個人データを提供していた場合であったとしても、同様であると考えられる。なぜならば、協議会保護指針Ⅱ3では単に「提供」とだけ規定し、提供の相手方を「第三者」に限定していないからである。

　　b　ダイレクト・マーケティング目的以外での利用

ダイレクト・マーケティングを目的とする個人情報の利用または提供を中止する場合にあっても、その他の利用目的の達成に必要な範囲で、当該個人情報を利用することは可能である（協議会保護指針Ⅱ3の「運用上の考え方」）。

7　適正な取得（協議会保護指針Ⅱ4）

(1)　規定内容

協議会の会員は、業務上必要な範囲内で、適正かつ適法な手段により、個人情報を取得しなければならない（協議会保護指針Ⅱ4）。

また、協議会の会員は、第三者からの個人情報の取得に際して、本人の利益を不当に侵害してはならない（協議会保護指針Ⅱ4）。ここで、「本人の利益の不当な侵害」には、たとえば、協議会の会員が、情報の不正取得等の不

当な行為を行っている第三者から、当該情報が漏えいされた情報であること等を知ったうえで個人情報を取得する場合が含まれる（協議会保護指針Ⅱ4の「運用上の考え方」）。

協議会保護指針Ⅱ4は、金融庁GL7条に対応する規定であり、協議会保護指針Ⅱ4の規定内容は、金融庁GL7条と同様である。

(2) 実務上の留意点

金融機関が、顧客の関係人から、顧客に関する個人情報・個人データを取得する場合も少なくないが、その際には、「適正な取得」に関する上記規定に抵触しないかに注意する必要があると考えられる。

8　センシティブ情報の取扱い（協議会保護指針Ⅱ5）

(1) 規定内容

協議会保護指針Ⅱ5では、①センシティブ情報については、8つの例外事由による場合を除き、これを取得・利用・第三者提供（以下「取得等」という）してはならないこと、②協議会の会員が、例外事由によりセンシティブ情報を取得等する場合には、例外事由を逸脱した取得等を行うことのないよう、特に慎重に取り扱わなければならないことを規定している。

(2) 金融庁GLとの関係

協議会保護指針Ⅱ5の規定内容は、金融庁GL6条と基本的に同じであるが、特に次の2点に留意する必要がある。

まず、協議会保護指針の別冊である「個人データの安全管理措置等に関する指針」では、協議会保護指針Ⅱ5を受けて、センシティブ情報の取扱い等について詳細な定めを置いている。実務にあたっては、この点に留意する必要がある。

また、金融庁GL6条は努力措置であるが、協議会保護指針Ⅱ5は義務規定として定められている点にも注意が必要である。

(3) 実務上の留意点

協議会保護指針Ⅱ5の「運営上の考え方」では、8つの例外事由につい

て、実務に即した具体例をあげている（下記に掲げる具体例以外の具体例については、第1編第3章第3節参照）。

まず、「法令等に基づく場合」に当たる例として、障害者等の少額貯蓄非課税制度の利用資格を確認する場合をあげている。

また、「人の生命、身体または財産の保護のために必要がある場合」に当たる例として、民事介入暴力に関与する者などについての情報を取得等する場合をあげている。

さらに、「源泉徴収事務等の遂行上必要な範囲において、政治・宗教等の団体若しくは労働組合への所属若しくは加盟に関する従業員等の機微（センシティブ）情報を取得、利用または第三者提供する場合」に当たる例として、①勤務先情報として、政治・宗教などの団体名を取得等する場合、②財形預金および提携ローン取引において、特定の団体への所属を確認するため政治・宗教などの団体名を取得等する場合、③収納代行のために、政治・宗教などの団体から構成員の情報が含まれるデータを取得等する場合をあげている。

最後に、「保険業その他金融分野の事業の適切な業務運営を確保する必要性から、本人の同意に基づき業務遂行上必要な範囲で機微（センシティブ）情報を取得、利用または第三者提供する場合」に当たる例として、振込依頼人が所属する政治・宗教などの団体名を振込依頼書の受取人情報として取得等する場合、団体信用生命保険の申込書上に記載されている保健医療情報を保険業務に必要な範囲で取得・利用・第三者提供する場合をあげている。

9　目的外利用の禁止（協議会保護指針Ⅱ6）

(1)　規定内容

協議会の会員は、原則として、協議会保護指針Ⅱ1により特定された利用目的の達成に必要な範囲を超えて、個人情報を取り扱ってはならない（協議会保護指針Ⅱ6）。また、協議会の会員は、合併その他の事由により他の個人情報取扱事業者から事業を承継することに伴って個人情報を取得した場合

は、承継前における当該個人情報の利用目的の達成に必要な範囲を超えて、当該個人情報を取り扱ってはならない（協議会保護指針Ⅱ6）。ただし、あらかじめ本人の同意を得た場合や、法令に基づく場合など一定の例外事由に該当する場合にはこの限りではない（協議会保護指針Ⅱ6）。

協議会保護指針Ⅱ6の規定内容は、個人情報保護法16条・金融庁GL4条・5条と同様である。

(2) 銀行法等の改正に伴う新業務

前述したとおり、協議会保護指針Ⅱ1では、利用目的の特定における留意点として、個人情報は銀行が法令により認められたすべての業務（今後取扱いが認められる業務を含む）に関して利用されうることを明記する点をあげている（協議会保護指針Ⅱ1の「運用上の考え方」）。

将来の法令の改正などにより、新たに取扱いが認められる業務に関して、既存の取引に際して取得した個人情報を利用する場合にあっては、利用目的に明記した「銀行が法令により認められた業務（今後取扱いが認められる業務を含む）」から外れない限り、特定された利用目的の達成に必要な範囲を超えないと考えられる（協議会保護指針Ⅱ6の「運用上の考え方」）。

もっとも、当該業務での個人情報の利用が、これまで銀行が法令により認められていた業務での利用目的からまったく想定できない場合には、個人情報保護法15条2項の趣旨に配慮し、新しく法令により認められた業務・利用目的に個人情報を利用する点について本人の同意を得ることが望ましいと考えられる（協議会保護指針Ⅱ6の「運用上の考え方」）。

(3) 実務上の留意点

　a 目的外利用についての同意取得方法

協議会保護指針Ⅱ6所定の「同意」（目的外利用についての本人の同意）を取得する方法は、同意文言を記載した書面上に、本人の署名（・捺印）を徴求する方法を原則とするが、インターネットによる取引などにおいては、画面上での同意の意思表示（了解ボタンをクリックしてもらうなど）や同意文言を記載した本人からの電子メールの受領などによる方法も可能である（協議

会保護指針Ⅱ6の「運用上の考え方」)。

　協議会の会員があらかじめ作成された同意書面を用いて上記同意を取得する場合には、文字の大きさおよび文章の表現を変えることなどにより、個人情報の取扱いに関する条項がほかと明確に区別され、本人に理解されるようにするか、または、同意書面に確認欄を設け本人がチェックを行うなど、本人の意思が明確に反映できる方法により確認を行うよう留意する必要がある（協議会保護指針Ⅱ6の「運用上の考え方」)。この「運用上の考え方」は、金融庁GL4条をふまえたものである。

　　b　目的外利用の原則禁止の例外

　協議会保護指針Ⅱ6の「運用上の考え方」では、個人情報の目的外利用が例外的に許される場合（法令に基づく場合など、協議会保護指針Ⅱ6所定の場合）について、実務に即した具体例をあげている。

　これをまとめると、下記のとおりである。

例外事由	具体例
「法令に基づく場合」	①　民訴法223条（文書提出命令） ②　刑訴法218条1項（令状による差押え・捜索・検証） ③　国税犯則取締法1条（質問・物件の検査・領置） ④　所得税法225条（支払調書および支払通知書） ⑤　国税通則法74条の2〜74条の6（質問検査権） ⑥　国税徴収法141条（質問および検査） ⑦　内国税の適正な課税の確保を図るための国外送金等に係る調書の提出等に関する法律4条（国外送金等調書の提出） ⑧　犯罪収益移転防止法8条（金融機関等による疑わしい取引の届出等）

	⑨ 銀行法24条（報告または資料の提出） ⑩ 割賦販売法40条（報告の徴収） ⑪ 会社法381条3項（親会社の監査役の子会社に対する調査への対応） ⑫ 日本銀行法44条（考査）
「人の生命、身体または財産の保護のために必要がある場合であって、本人の同意を得ることが困難である場合」	反社会的勢力等への対応
「国の機関もしくは地方公共団体またはその委託を受けた者が法令の定める事務を遂行することに対して協力する必要がある場合であって、本人の同意を得ることにより当該事務の遂行に支障を及ぼすおそれがある場合」	① 民訴法186条に基づく調査嘱託への回答 ② 民訴法226条に基づく文書送付嘱託への回答 ③ 刑訴法197条に基づく捜査関係事項照会書への回答 ④ 刑訴法507条に基づく検察官、裁判所、裁判官が裁判の執行に関して行う照会への回答 ⑤ 家事審判手続法62条に基づく家庭裁判所の行う調査嘱託への回答 ⑥ 防犯ビデオの提出等、捜査機関への協力 （注）「協力する必要がある」か否かは、つど判断する必要があることに留意する。

10 データ内容の正確性の確保・安全管理措置（協議会保護指針Ⅲ・Ⅳ）

　協議会保護指針Ⅲでは、データ内容の正確性の確保について、「会員は、利用目的の達成に必要な範囲内において個人データを正確かつ最新の内容に保つよう努めなければならない」ことなどを規定している。協議会保護指針Ⅲの規定内容は、基本的に金融庁GL9条と同様である。

　また、協議会保護指針Ⅳでは、個人データの安全管理措置について、「会員は、個人データの漏えい、滅失または毀損の防止その他の個人データの安

全管理のため、別途定める『個人データの安全管理措置等に関する指針』に掲げる措置を講じなければならない」と規定している。

協議会の「個人データの安全管理措置等に関する指針」では、安全管理実務指針をふまえて策定されたものであるが、相当数の具体例や実務上の留意点をあげており、その内容は安全管理措置を講じる際の参考になると考えられる。「個人データの安全管理措置等に関する指針」も、協議会のウェブサイトで公表されている。

11 第三者提供の制限（協議会保護指針Ⅴ）
(1) 第三者提供（協議会保護指針Ⅴ１）
a 規定内容

協議会保護指針Ⅴ１では、個人データの第三者提供について、「会員が、取得した個人データを第三者へ提供する場合は、（原則として）あらかじめ本人の同意を得なければならない」と規定し、例外的に本人の事前同意が不要な場合として、「法令に基づく場合」などをあげている。

協議会保護指針Ⅴ１の規定内容は、個人情報保護法23条１項、金融庁GL13条１項・２項・４項・６項と同様である。

b 実務上の留意点

協議会保護指針Ⅴ１の「運用上の考え方」では、銀行が営む業務に伴って生じる個人データの提供を例示したうえで、これらについて、「第三者提供（同意があるものとみられる場合を含む）」「委託」「共同利用」のいずれに該当するかに応じ必要な対応をとることとすると定めている。

具体的には、銀行の営む業務に伴って生じる個人データの提供として、①口座振替における収納企業への口座振替結果情報の提供（第３編第１章第９節参照）、②財形預金提携企業への残高情報などの提供、③振込受取人への振込依頼人情報の提供（第３編第４章第２節）、④ローン取引で、主債務者の委託を受けて保証人となっている信用保証会社・カード会社・消費者金融会社への情報提供（第３編第２章第３節参照）、⑤ローン取引での信用保証協会

への情報提供（第3編第2章第3節参照）、⑥ローン提携の不動産会社（住宅ローンなど）・企業（職域提携ローンなど）への情報提供（第3編第2章第4節参照）、⑦国・地方公共団体（利子補給ローンなど）への情報提供（第3編第2章第4節参照）、⑧引受保険会社（生命保険会社、損害保険会社）への保険契約申込情報などの提供（第3編第2章第9節参照）、⑨SPCやサービサーなどに債権譲渡する際の情報提供（第3編第3章第2節・第5節参照）、⑩債権譲渡の事前協議やデュー・ディリジェンスにおける相手先、格付機関、会計事務所などへの情報の提供（結果的に譲渡が行われなかった場合も含む）（第1編第3章第14節参照）、⑪連帯保証人への主債務者の債務残高などの情報の提供（第3編第3章第3節参照）、⑫投資信託、保険、債券、株式などの金融商品のプロバイダーへの購入申込情報の提供を例示している。

　これらの個人データの提供に関する解釈等については、それぞれの項目の後に掲記した箇所で検討しているので、これらを参照されたい。なお、本書における整理・検討は、あくまで一般的な例を念頭に置いたものであり、「第三者提供（同意があるものとみられる場合を含む）」と整理し検討している場合であっても、個別の事案における当事者間の法律関係などに照らし「委託」と整理することが可能である場合もありうる。また、「第三者提供（同意があるものとみられる場合を含む）」と整理し検討している場合であっても、金融庁GL等に別段の定めがない限り、個人データの共同利用等の方法によることも可能であることはいうまでもない。

(2)　委託（協議会保護指針Ⅴ2）

　　a　規定内容

　協議会保護指針Ⅴ2では、協議会の会員が、利用目的の達成に必要な範囲内において個人データの取扱いの全部または一部を委託する場合においては、委託を受けた者は第三者に該当しないものとする旨定めている。

　協議会保護指針Ⅴ2の規定内容は、個人情報保護法23条5項1号・金融庁GL13条6項と同様である。

b　実務上の留意点

　協議会保護指針Ⅴ2の「運用上の考え方」では、「委託」に該当する例として、①データ処理・加工の委託、②事務処理の委託、③個人データ保管・廃棄の委託をあげている。

　また、個人データの取扱いを委託する場合の留意点として、①委託先に対して、協議会保護指針Ⅳ（安全管理措置）に基づき、必要かつ適切な監督を行うこと、②協議会の会員は、利用目的の達成に必要な範囲内で、個人データの取扱いを委託することの2点をあげている。

(3)　個人データの共同利用（協議会保護指針Ⅴ3）

　　a　規定内容

　協議会保護指針Ⅴ3では、個人データの共同利用について、協議会の会員が個人データの共同利用の規定に基づき共同利用を行う場合、当該個人データの提供を受ける者は、第三者に該当しないことなどを規定している。

　協議会保護指針Ⅴ3の規定内容は、個人情報保護法23条5項3号・金融庁GL13条6項・7項と同様である。

　　b　実務上の留意点

　協議会保護指針Ⅴ3の「運用上の考え方」では、「共同利用」を利用する例として、①グループ会社などによる共同利用（総合的サービスの提供、リスク管理など）、②信用保証会社との共同利用をあげている。

　また、「（個人データを）共同して利用する者の範囲」の記載例として、①「当行および有価証券報告書等に記載されている、当行の子会社」、②「当行ならびに有価証券報告書等に記載されている、当行の連結対象会社および持分法適用会社」のほかに、③「当行ならびに当行の持株会社たる持株会社○○および有価証券報告書等に記載されている同社の関係会社」といった例をあげている（協議会保護指針Ⅴ3の「運用上の考え方」）。

　これらの記載方法を用いた場合においては、ホームページに事業者名を記載するなどにより、共同利用者の範囲をよりわかりやすく示すことが望ましい（協議会保護指針Ⅴ3の「運用上の考え方」）。

12　開示等の手続（協議会保護指針Ⅵ）

(1)　保有個人データに関する事項の公表等（協議会保護指針Ⅵ1）

　　a　規定内容

　協議会保護指針Ⅵ1では、保有個人データに関する事項の公表等について、①保有個人データに関し、一定の事項を適切な方法により本人の知りうる状態（本人の求めに応じて遅滞なく回答する場合を含む）に置かなければならないこと、②本人から、当該本人が識別される保有個人データの利用目的の通知を求められたときは、原則として、遅滞なくこれを通知すること、③協議会の会員が、本人から求められた保有個人データの利用目的を通知しない旨の決定をしたときは、本人に対し、遅滞なくその旨を通知し、その理由を説明するよう努めることなどを規定している。

　協議会保護指針Ⅵ1の規定内容は、個人情報保護法27条・31条・金融庁GL14条・18条と同様である。

　　b　実務上の留意点

　協議会保護指針Ⅵ1の「運用上の考え方」では、「本人の知り得る状態（本人の求めに応じて遅滞なく回答する場合を含む）」に置くことに該当する例として、①ホームページへの継続的な掲載、②店頭での継続的なポスターの掲示・書面の備付け、③パンフレットの継続的な配付、④本人の求めに応じた書面の交付・郵送・ファックスによる送付、⑤本人の求めに応じた口頭・電話・電子メールでの回答を例示している。

　また、協議会保護指針Ⅵ1における「通知」「説明」の手段として、書面、口頭、電子メール、電話（自動音声を含む）などが認められるとしている。後述するとおり、協議会保護指針Ⅵ2に基づく開示請求に対する回答（開示）では、書面の交付による方法（または開示請求を行った者が同意した方法）によることを要するのと異なる点に注意が必要である。

(2)　開示の請求（協議会保護指針Ⅵ2）

　　a　規定内容

　協議会保護指針Ⅵ2では、①本人から自己の保有個人データについて開示

を求められた場合は、原則として、書面の交付による方法（または開示の求めを行った者が同意した方法）により遅滞なく開示すること、②本人からの開示の求めの全部または一部に応じないこととした場合は、本人に対し、遅滞なくその旨を通知すること、③この場合、開示の求めに応じないこととした理由を説明するよう努めることなどを規定している。

協議会保護指針Ⅵ2の規定内容は、個人情報保護法28条・31条・金融庁GL15条・18条と同様である。

　　b　実務上の留意点

協議会保護指針Ⅵ2所定の「通知」「説明」の手段には、書面、口頭、電子メール、電話（自動音声を含む）などが認められるとしている。この点は、協議会保護指針Ⅵ1と同様である。

(3)　訂正等の請求（協議会保護指針Ⅵ3）

協議会保護指針Ⅵ3では、①本人から当該本人が識別される保有個人データの内容が事実でないという理由に基づき、当該保有個人データの内容の訂正等を求められた場合に、遅滞なく必要な調査を行い、その結果に基づき訂正等を行うこと、②訂正等の求めを受けて、保有個人データの訂正等を行った場合、または訂正等を行わないこととした場合は、本人に対し、遅滞なくその旨（訂正等を行った場合は、その内容を含む）を通知すること、③訂正等を行わない旨の通知をする場合、その理由を説明するよう努めることを規定している。

協議会保護指針Ⅵ3の規定内容は、個人情報保護法29条・31条・金融庁GL16条・18条と同様である。

(4)　利用停止等・第三者提供停止（協議会保護指針Ⅵ4）

協議会保護指針Ⅵ4では、①本人から、当該本人が識別される保有個人データが、協議会保護指針Ⅱ4またはⅡ6に違反しているという理由に基づき、当該保有個人データの利用停止等を求められた場合で、その求めに理由があることが判明したときは、原則として、違反を是正するために必要な限度で、遅滞なく、当該保有個人データの利用停止等を行うこと、②本人か

ら、当該本人が識別される保有個人データが、協議会保護指針Ⅴ1に違反しているという理由に基づき、当該保有個人データの第三者への提供の停止を求められた場合で、その求めに理由があることが判明したときは、原則として、遅滞なく、当該保有個人データの第三者への提供を停止すること、③協議会の会員が、求められた保有個人データの全部もしくは一部について利用停止等を行ったときもしくは利用停止等を行わない旨の決定をしたとき、または求められた保有個人データの全部もしくは一部について第三者への提供を停止したとき、もしくは第三者への提供を停止しない旨の決定をしたときは、本人に対し、遅滞なく、その旨を通知すること、④協議会の会員が、本人から求められた措置の全部または一部について、その措置をとらない旨を通知する場合、またはその措置と異なる措置をとる旨を通知する場合、その理由を説明するよう努めることなどを規定している。

　協議会保護指針Ⅵ4の規定内容は、個人情報保護法30条・31条・金融庁GL17条・18条と同様である。

(5)　開示等の手続（協議会保護指針Ⅵ5）

　　a　規定内容

　協議会保護指針Ⅵ5では、「会員は、（協議会保護指針）Ⅵ1、Ⅵ2、Ⅵ3またはⅥ4による求め（以下「開示等の求め」という。）に関し、その受付および回答の手続として、次に掲げる事項を定め、それを本人の知り得る状態（本人の求めに応じて遅滞なく回答する場合を含む。）に置かなければならない」と定め、定めるべき事項として、①開示等の求めの申出先、②開示等の求めに際して提出すべき書面（電子的方式・磁気的方式による記録を含む）の様式その他の開示等の求めの方式、③開示等の求めをする者（代理人を含む）の本人確認方法、④協議会保護指針Ⅵ6の手数料金額とその徴収方法（無料とする場合を含む）、⑤開示等の求めに対する回答の方法・時期等、⑥開示等の求めをする者が代理人である場合の代理権を確認する方法をあげている。

　また、協議会保護指針Ⅵ5では、上記規定に続けて、「会員は、開示等の求めに関する手続を定めるにあたっては、本人に過重な負担を課するものと

ならないよう配慮しなければならない」と規定している。

協議会保護指針Ⅵ5は、個人情報保護法32条・施行令7条・8条・金融庁GL19条に対応する規定である。

 b 協議会保護指針Ⅵ5の特徴

個人情報保護法や金融庁GLでは、開示等の求めを受け付ける方法（以下「開示請求手続等規則」という）を定めるか否かについて、各金融事業者の判断に委ねているが（法29条1項、金融庁GL19条1項）、協議会保護指針Ⅵ5では、この点を義務化している点が特徴的である。

また、協議会保護指針Ⅵ5では、開示請求手続等規則において、①開示の求めを受け付ける方法だけでなく、開示の求めに対する回答方法（開示等の求めに対する回答の方法・時期等）を定めること、②手数料を無料とする場合であっても、その旨を明記すること、③開示等の求めをする者が代理人である場合の代理権の確認方法を明記することを求めている点も特徴的である。

 c 開示請求手続等規則の内容

前述したとおり、協議会保護指針Ⅵ5では、開示請求手続等規則において定める事項として6点をあげているが、協議会保護指針Ⅵ5の「運用上の考え方」では、それぞれの項目について、その具体例をあげている。

まず、上記a①の「開示等の求めの申出先」としては、たとえば、営業店や集中センター等の部署名・住所・電話番号・電子メールアドレスなどを定めることが考えられる（協議会保護指針Ⅵ5の「運用上の考え方」）。

また、上記a②の「開示等の求めに際して提出すべき書面」の様式には、たとえば、取引支店名・口座番号・顧客番号・取引種類・取引日付など、開示等の求めの対象となる保有個人データの特定に必要な事項を記入する欄を設けることが考えられる（協議会保護指針Ⅵ5の「運用上の考え方」）。上記a②の「その他の開示等の求めの方式」には、たとえば、来店・郵送・電子的手段などの複数の手段が考えられる（協議会保護指針Ⅵ5の「運用上の考え方」）。開示等の求めの方式を定めるにあたっては、本人に過重な負担を課することがないよう複数の手段を用意することが望ましい（協議会保護指針Ⅵ

5の「運用上の考え方」)。

　さらに、上記 a ③の「開示等の求めをする者（代理人を含む）の本人確認方法」の一例として、犯罪収益移転防止法に基づく確認手続と同レベルの手続を定めることなどが考えられる（協議会保護指針Ⅵ5の「運用上の考え方」)。

　また、上記 a ⑤の「開示等の求めに対する回答の方法・時期等」としては、㋐郵送・電話・電子メールなどの回答の手段を定めること、㋑回答の対象となる情報によっては回答が後刻となること、㋒本人が委任した任意代理人による開示等の求めに対しては直接本人にのみ回答することがあることなどを定めることが考えられる（協議会保護指針Ⅵ5の「運用上の考え方」)。もっとも、開示の求めに対する回答の方法については、書面の交付による方法または開示請求を行った者が同意した方法によることが必要であるから（法25条1項、施行令6条、協議会保護指針Ⅵ2）、書面の交付以外の方法で回答する場合については、開示請求を行った者が同意していることが前提になる点に注意する必要がある。開示に際して、本人等から開示（回答）の方法について特に申出がなく、個人情報取扱事業者が提示した方法に対して本人等が異議を述べなかった場合は、当該方法について同意があったものと解することも可能である（「個人情報の保護に関する法律施行令（案）の概要に対する御意見の内容及び内閣府の考え方」参照）。

　上記 a ⑥の「開示等の求めをする者が代理人である場合の代理権を確認する方法」としては、たとえば、㋐協議会の会員所定の委任状以外は認めないこと、㋑委任状とは別に電話などで本人から代理権授与の意思確認ができるまで開示しないことなどを定めることが考えられる（協議会保護指針Ⅵ5の「運用上の考え方」)。

(6)　手数料（協議会保護指針Ⅵ6）

　協議会保護指針Ⅵ6では、①協議会保護指針Ⅵ1の利用目的の通知または同Ⅵ2の開示を求められたときは、当該措置の実施に関し、手数料を徴収することができること、②当該手数料を徴収する場合は、実費を勘案して合理的であると認められる範囲内において、その手数料の額を定めなければなら

ないことを規定している。

　協議会保護指針Ⅵ6の規定内容は、個人情報保護法33条・金融庁GL20条と同様である。

13　苦情処理体制の整備（協議会保護指針Ⅶ）

　協議会保護指針Ⅶでは、「会員は、個人情報の取扱いに関する苦情を受けたときは、その内容について調査し、合理的な期間内に、適切かつ迅速な処理に努めなければならない。また、会員は、そのために必要な体制の整備に努めなければならない」旨規定している。「必要な体制の整備」には、たとえば、①苦情処理手順の策定、②苦情受付窓口の設置、③苦情処理にあたる従業者への十分な教育・研修などが含まれる（協議会保護指針Ⅶの「運用上の考え方」）。

　協議会保護指針Ⅶの規定内容は、個人情報保護法35条・金融庁GL21条と同様である。

14　漏えい事案への対応（協議会保護指針Ⅷ）

　協議会保護指針Ⅷでは、「会員は、個人情報の漏えい事案等の事故があった場合に備え、危機対応のための体制の整備および手順の策定を行わなければならない。会員は、個人情報の漏えい事案等の事故があった場合は、以下の措置を講じる」と規定し、①監督当局および協議会に直ちに報告すること、②二次被害の防止、類似事案の発生回避等の観点から、漏えい等の事実関係および再発防止策などを早急に公表すること、③漏えい等の対象となった本人に速やかに漏えい等の事実関係などを通知することをあげている。

　協議会保護指針Ⅷの規定内容は、金融庁GL22条・安全管理実務指針と基本的に同様であるが、監督当局への報告に加え、協議会への報告を求めている点などが特徴的である。

15 個人情報保護宣言の制定（協議会保護指針Ⅸ）

協議会保護指針Ⅸでは、「会員は、関係法令等および本指針を踏まえて、個人情報の適切な保護と利用に関する考え方および方針に関する宣言（いわゆるプライバシーポリシー、プライバシーステートメント等。以下「個人情報保護宣言」という。）を策定し、公表するものとする」と規定している。

「個人情報保護宣言」には、たとえば、①(ｱ)関係法令等を遵守すること、(ｲ)個人情報を目的外に利用しないこと、(ｳ)個人データの安全管理措置を講じること、(ｴ)漏えい等の防止に努めること、(ｵ)苦情処理に適切に取り組むこと、(ｶ)継続的な改善に努めることなど個人情報の適切な保護と利用を図るための取組方針の宣言、②個人情報の利用目的の通知・公表等の手続その他個人情報の取得・利用・提供に関するわかりやすい説明、③開示等の手続など個人情報の取扱いに関するわかりやすい説明、④個人情報の取扱いに関する質問・苦情処理の窓口を記載することが考えられる（協議会保護指針Ⅸの「運用上の考え方」）。

以上のほか、本人の権利利益保護の観点から、⑤保有個人データについて本人から求めがあった場合にはダイレクトメールの発送停止など、自主的に利用停止等に応じること、⑥委託の有無、委託する事務の内容を明らかにする等、委託処理の透明化を進めること（委託する事務が多数になる場合には例示を示すことで足りる）、⑦事業分野に応じた利用目的を限定して示したり、本人の選択による利用目的の限定に自主的に取り組んだりするなど、本人にとって利用目的がより明確になるようにすること、⑧個人情報の取得元または取得方法（取得源の種類等）を可能な限り具体的に明記すること（取得元が多数になる場合には例示を示すことで足りる）を考慮した記述を盛り込むことが望ましい（協議会保護指針Ⅸの「運用上の考え方」）。

協議会保護指針Ⅸは、金融庁GL23条に対応する規定であるが、協議会保護指針Ⅸでは、個人情報保護宣言の内容に盛り込むべき事項を、金融庁GL23条よりも多く例示している点が特徴的である。

第4節 協議会における苦情処理

1 個人情報保護法上の位置づけ

　認定個人情報保護団体は、本人等から対象事業者の個人情報の取扱いに関する苦情について解決の申出があったときは、その相談に応じ、申出人に必要な助言をし、その苦情に係る事情を調査するとともに、当該対象事業者に対し、その苦情の内容を通知してその迅速な解決を求めなければならない（法52条1項）。また、認定個人情報保護団体は、個人情報保護法52条1項の申出に係る苦情の解決について必要があると認めるときは、当該対象事業者に対し、文書もしくは口頭による説明を求め、また資料の提出を求めることができる（同条2項）。

　対象事業者は、認定個人情報保護団体から個人情報保護法52条2項の規定による求めがあったときは、正当な理由なく、これを拒んではならない（同条3項）。

　協議会では、対象事業者（会員）の個人情報の取扱いに関する苦情の処理を行うため、「苦情受付・対応規則」を制定し、公表している。

2 協議会における苦情処理手続の概要

(1) 苦情処理体制

　協議会は、協議会事務局および協議会の特別会員である全国各地の銀行協会（以下「各地銀行協会」という）が設置・運営する銀行とりひき相談所（以下これらをあわせて「苦情対応機関」という）において苦情の受付・対応を行う（苦情処理・対応規則2条）。ここで、「苦情」とは、個人情報の取扱いに関して協議会の会員に対する不満足の表明であるものを意味する（同規則3条1号）。

(2) 苦情の受付

　苦情対応機関は、協議会の会員の個人情報の取扱いに関して苦情等の申出

があった場合には、これを誠実に受け付ける（苦情処理・対応規則7条1項）。

(3) 会員である金融機関との連携

　苦情対応機関は、受け付けた苦情等が、苦情に該当する場合には、当該会員に対して、受け付けた苦情の迅速な解決を求める（苦情処理・対応規則4条1項）。

　また、苦情対応機関は、苦情の受付・対応にあたり必要があると認めるときは、当該会員に対して、その解決に向けた取組みについて、文書または口頭による説明を求めるものとする（苦情処理・対応規則7条3項）。

(4) 苦情解決に向けた会員の対応

　協議会の会員は、苦情処理・対応規則7条3項に基づく苦情の迅速な解決の求めに対して、迅速かつ誠実に対応する必要がある（同規則8条1項）。

　また、協議会の会員は、解決を求められた苦情が、協議会のほかに個人情報保護法47条に基づく認定個人情報保護団体が存在する業務に関するものである場合には、当該認定個人情報保護団体の苦情対応と整合性のある対応を行う必要がある（苦情処理・対応規則8条2項）。

　さらに、協議会の会員は、苦情解決に関する対応の結果を、速やかに解決を求めた苦情対応機関に報告するものとする（苦情処理・対応規則8条3項）。

　協議会の会員は、苦情を真摯に受け止め、同種の苦情の再発防止に努める必要がある（苦情処理・対応規則8条4項）。

(5) 費　　用

　苦情対応機関は、苦情等の申出人に対する費用の請求は行わない（苦情処理・対応規則5条2項）。

❗ワンポイントアドバイス

　　協議会保護指針に関しては、認定個人情報保護団体の位置づけを理解することや、ダイレクト・マーケティングの中止に関する規制など、協議会保護指針固有の規制を理解することが重要である。

第 2 編

秘密保持義務

第1章　本編の位置づけ

　金融機関は、顧客に対して秘密保持義務を負っていると考えられている。個人顧客情報の取扱いに関する実務上の論点を検討するにあたっては、個人情報保護法のほか、秘密保持義務にも配慮する必要がある。

　そこで、本編では、主として銀行を念頭に置いて、秘密保持義務に関する諸問題を整理・概観する。

第2章　秘密保持義務

1　「規制」としての秘密保持義務

　金融機関は、顧客との取引を通じて、顧客の資産・負債・返済能力等に関する情報を数多く取得している。また、金融機関が顧客から取得する情報のなかには、身分関係（死亡など）や疾病、勤務先の退職など、私事にわたる事柄が含まれていることもある。

　金融機関と取引する顧客は、金融機関が正当な理由なくこれらの秘密情報を第三者に漏らさないという期待をもち、これを信頼して取引を行っていると考えられ、このような顧客の期待・信頼は、法的保護に値すると考えられる。

　このような見地から、金融機関には、法律上明文の規定はないものの、顧客に対し、秘密保持義務（顧客との間の取引およびこれに関連して知り得た情報を、正当な理由なく第三者に開示してはならないという義務）を負っていると考えられている[1]。

　下級審裁判例のなかにも、金融機関が秘密保持義務を負っていることを正面から認めるものがあり（図表2-1参照）、最高裁も金融機関が秘密保持義務を負う旨判示している（最判平成19年12月11日民集第61巻9号3364頁）。

　秘密保持義務は、金融機関が保有する顧客情報の第三者への提供を原則として禁止する効果をもつから、顧客情報の取扱いに関する一規制としての側面を有している。

　秘密保持義務の問題は、古くから、①金融機関間の信用照会や②公的機関

---

[1]　三上徹「金融機関の守秘義務」金法1600号28頁は、金融機関の守秘義務に関する従来の議論に疑問を呈しているが、その指摘は参考になる。

図表2-1　金融機関の秘密保持義務に関する主な裁判例

類型	裁判例	当事者	秘密保持義務の根拠	秘密保持義務違反の有無	事案の概要および認定判断の特徴
預金	①東京地判S56.11.9金法1015.45	ときわ相互銀行（被告）	顧客の信頼、または、不法行為規範上の注意義務と思われる	○（請求認容）	【事案】損害賠償請求（秘密保持義務違反を理由とする）。Xの取引先金融機関の支店長代理が、Xの上司に対し、預金取引の内容を漏えいしたことが秘密保持義務違反に当たるか否かが争われた事例。【認定・判断の特徴】本判決は、「銀行と預金契約を結んだ者は、いついかなる金額が預金されたか、支払を受けたか、また預金残高がいくらあるかは私事に属することとして濫りに第三者に知られないことについての利益を有し、同利益は法律上保護に価するものというべきであり、…銀行としても、当然に預金契約者の預金の内容等について秘密を守るべき義務があ」ると判示した。また、本判決は、秘密保持義務違反は情報提供自体によって成立し、情報提供を受けた者が当該情報を厳秘にすることが条件とされていた場合であっても、秘密保持義務違反の成否が左右されることはないと判示している点も特徴的である。
	②東京高判H1.7.19金法1229.64	富士銀行（被控訴人）	不明	×（控訴棄却）	【事案】預金返還請求事件。Xは、Y銀行との間でキャッシュカード取引をする旨の合意し、暗証番号としてXの西暦の生年と同じ4桁の数字を届け出ていたが、何者かが、Xの真正カードを自動現金支払機（CD）に入れ、暗証番号を入力し、Xの預金口座から金銭を引き出した。Xは、Y銀行に対し、上記引出し前の預金に相当する金額の預金返還請求を行ったところ、Y銀行は、キャッシュカード取引約款の免責規定により免責されると反論し、これを争った。【認定・判断の特徴】本判決は、「銀行は、暗証番号の守秘義務を負い、もし、故意・過失によってこれを漏洩したのであれば免責約款によって免責されるものでない」と判示している点が特徴的である。上告審（最判平成5

				年7月19日金法1369号6頁）も銀行による暗証番号管理が不十分であったなど特段の事情がない限り、銀行は免責約款により免責されると判示しているから、銀行が故意・過失により暗証番号を漏えいしていた場合には、銀行は免責約款による免責を受けることはできないと考えられる（林良平「CD取引の法的構造」金法739号9頁、早川淑男「CDカード規定試案の解説」金法804号8頁）。
	③横浜地判H1.9.25判時1353.100	農業協同組合（被告）	不明	×（請求棄却）	【事案】損害賠償請求（秘密保持義務違反を理由とする）。Xらの亡父AはG土地改良区の理事長であったところ、Y組合にG土地改良区A名義で普通預金口座を開設した。Y組合は、Aに地権者らの取りまとめを依頼し判子代として上記口座に600万円を入金した。G土地改良区の副理事長らが、Y組合の従業員に対し、上記口座の元帳のコピーを交付するよう求めたため、Y組合はこれに応じこれを副理事長らに渡した。副理事長がこれを精査したところ、AはY組合から受領した金銭の一部しか地権者に配分していなかったことが判明し、Xらと副理事長間で訴訟に発展した。Xらは、Y組合が秘密保持義務に違反し、預金元帳のコピーを開示したことにより精神的苦痛を被ったと主張し、損害賠償請求をした。【認定・判断の特徴】本判決は、Y組合の開示行為が秘密保持義務に違反すると認定しつつ、本件口座がA個人の口座か土地改良区の口座かが判然としなかったため、Y組合が土地改良区の副理事長らに本件口座の預金元帳を開示した点につき過失がないとして、Y組合の損害賠償責任を否定した点に特徴がある。
貸付業務	④東京地判S58.2.24金法1035.45	㈳東京銀行協会		×（請求棄却）	【事案】㈳東京銀行協会が、国からの照会に応じて、銀行取引停止処分の年月日、その理由などを回答したことが違法か否かが争われた事案。【認定・判断の特徴】結論として、㈳東京銀行協会の回答の違法性を否定したが、その根拠は必ずしも明快ではない（和田照男「公的

					調査と銀行の守秘義務」金法1515号9頁）。
信用照会	⑤東京地判S31.10.9金法121.3	第一銀行（被告）	商慣習	×（請求棄却）	【事案】損害賠償請求事件。Xが、訴外会社と売買契約を締結し、その代金支払のために、訴外会社振出しの小切手を受領する際、訴外会社の信用状態を調査するため、取引銀行を通じて、Y銀行に対し、訴外会社との当座取引の内容について信用照会したところ、Y銀行が、誤って、訴外会社を別の会社と勘違いし、真実は訴外会社は半年前から十分な資産がない状態であったにもかかわらず、「この程度の金額なら決済できる」旨回答をした。Xは、Y銀行の虚偽の回答により、不渡りとなった小切手相当額の損害を被ったと主張し、損害賠償請求をした。【認定・判断の特徴】Y銀行の主張に沿い、秘密保持義務の根拠を商慣習と判示した。
	⑥東京地判S39.4.21金法377.7	武蔵野銀行（被告）	商慣習	×（請求棄却）	【事案】損害賠償請求事件（民法709条）。Xが、約束手形についての振出人の支払能力を、Xの取引銀行を通じて、Y銀行に照会し、Y銀行の回答をふまえて約束手形を取得したところ、その後、これが不渡りになったとしてY銀行に損害賠償請求を行った。【認定・判断の特徴】判旨からは判然としないが、商慣習を根拠に秘密保持義務を導いているように思われる。
	⑦大阪地判H4.6.25金法1357.62	日本貯蓄信用組合（被告）	付随義務	×（請求棄却）	【事案】損害賠償請求事件（民法709条）。貸金業者Xが、銀行間信用照会制度を利用し、取引銀行を通じて、Yに小切手振出人の信用照会を行ったところ、Yが事実に反する回答をしたため損害を被ったと主張し、Yに損害賠償を求めた。【認定・判断の特徴】本判決は、秘密保持義務の根拠を顧客との間の取引契約に信義則上付随する義務ととらえ、その範囲を「預金又は貸金の有無、種類、残高その他取引上知り得た秘密情報」と判示した。そのうえで、「信用照会に対する回答ではあっても、その開示内容如何によっては、銀行が顧客に対して負っている守秘義務に反する場合がある」旨判示し、①本件で争点となった秘密情報が、不渡りを回避するため決済資金の調達に奔走

				しているという企業の存亡にかかわる最大の秘密情報であること、および、②Yの回答内容は照会銀行の取引先に開示される可能性が高かったことを考慮し、Yが照会銀行に上記秘密情報を開示することは秘密保持義務に違反すると判示した点が特徴的である。
	⑧東京地判H7.2.23金法1415.43	三和銀行（被告）	不明	○（請求認容）	【事案】損害賠償請求事件（民法709条）。Xが、Y銀行は債務超過の建設会社を経営上不安のない会社であると説明しXに紹介し請負契約を締結させ、Xが建設会社に支払った振込金をY銀行の貸付債務の返済に充てさせた後、同建設会社への支援を打ち切り同建設会社を倒産させたとして、Y銀行の一連の行為がXに対する不法行為に当たると主張し、損害賠償を求めた。これに対し、Y銀行は、建設会社に対する秘密保持義務等を根拠に、Y銀行はXに対し建設会社が債務超過の状態にあったことを告知すべき義務を負わないなどと反論した。 【認定・判断の特徴】本判決は、銀行の秘密保持義務を認め、「他の顧客から取引相手としての信用度について問い合わせがあった場合でも、相手方顧客の経済的信用を損なわない程度の情報を顧客サービスとして提供することはあっても、業務上知り得たその顧客の経営状態を正しく告知する義務がないのは勿論である。しかしながら、守秘義務があるということと真実を告げなくてもよいということは同列ではなく、誤った情報を提供したことにより、それを信じて取引を行った者が損害を被った場合には第三者の債権侵害として損害賠償を負うことはあり得る」と判示した。 なお、東京高判H7.12.26金法1445.49は上記東京地判を取り消し、Xの請求を棄却した。
貸金庫取引	⑨大阪高判H7.11.22金法1446.38	三和銀行（被控訴人）	不明	×（控訴棄却）	【事案】動産引渡請求控訴事件（最判H11.11.29金法1567.10の原審）。貸金庫取引先の債権者Xが、債務名義に基づき、貸金庫取引先のY銀行に対する動産引渡請求権を差し押さえ、取立訴訟を提起した。 【認定・判断の特徴】本判決は「銀行が利用者を無視して自己の判断のみにより貸金庫内の

					内容物を点検し、債権者等に提出することは、利用者との利用契約関係、特に内容物に対する守秘義務等に鑑み、一般的には否定されること当然ではあるが、他方、債務者（利用者）と債権者その他の関係人との利害の調整ないし相互の公平等を図るという観点から、法令の規定に基づく等正当な理由があるときは、これを拒否することができず、むしろ、銀行はこれを根拠として内容物の点検、取出等ができ得るものと解され」ると判示した。なお、大阪高判は、最判H11.11.29によって破棄されている。
信託業務	⑩東京地判H13.2.1金法1607.45	中央三井信託銀行（被告）	忠実義務（信託法20条）等を根拠に受託者の秘密保持義務を導いた	×（請求棄却）	【事案】信託事務書類開示等請求事件。受益者Xが信託法40条2項を根拠に他の受益者の受益権譲渡に関する書類の閲覧・説明を求めた事案。Y信託銀行は、信託法40条2項に関するXの主張を争うとともに、他の受益者に対する秘密保持義務を理由に、Xの閲覧・説明請求を争った。 【認定・判断の特徴】本判決は、受託者たる信託銀行の秘密保持義務を、①委託者と受託者の信頼関係および②受託者の忠実義務（信託法20条）を根拠に導いた。また、受益権の譲渡に関する情報が秘密保持義務の対象に含まれる旨判示した。
共同事業	⑪東京地判H3.3.28金法1295.68	東洋信託銀行（被告）	銀行制度およびその業務の性質	×（請求棄却）	【事案】損害賠償請求事件（債務不履行・不法行為）。X（個人）はY信託銀行と貸付信託取引を行っていたところ、Yハウス（不動産業者）の商号が表示された「アパート経営の勉強会」に関するダイレクトメール（DM）を受領した。同DMには、Y信託銀行とXの取引に関する顧客番号が表示されていたため、Y信託銀行がYハウスに対し顧客情報を漏えいしたものと考え、Yらを相手に損害賠償請求を行った。 【認定・判断の特徴】本判決は、「取引銀行は、銀行制度及びその業務の性質上、当然に預金者の預金の内容等の一定の私的な情報について秘密を守るべき義務を負う」と判示し、取引銀行が、共同事業の相手方に対し、正当な理由なく秘密情報を漏泄した場合に

| | | | | は、取引銀行は債務不履行・不法行為責任を負うと判示した。そのうえで、本件において、本件勉強会はYらの共同主催であったところ、DM対象顧客はYらがそれぞれ選定し、宛名ラベルを印刷・貼付したことを認定し、①Y信託銀行は、Yハウスに対し、顧客の宛名を張り付けた封筒の投函を依頼したにすぎず、②Yハウスも顧客の宛名に関心をまったく持っていなかったのであるから、「Y信託銀行がXの私的な情報を漏泄した」とは評価できないと判示し、Xの請求を棄却した。
　なお、本判決は、傍論で、XがY信託銀行と取引を行っているという情報は、秘密保持義務の対象である「一定の私的な情報」に含まれるか疑問であると判示している点も特徴的である。 |
| ⑫東京高判H4.2.3金法1347.27 | 東洋信託銀行（被控訴人） | 同上 | ×（控訴棄却） | 【事案】東京地判H3.3.28の控訴審。
【認定・判断の特徴】控訴審判決は、Y信託銀行によるYハウスへの個人情報の提供があったと評価することはできないと判示し、秘密保持義務違反の主張を排斥した。控訴審においても、秘密保持義務の根拠および範囲（預金者の預金の内容等の一定の私的な情報）に関する第1審判決の判示が是認されているが、控訴審は、XがY信託銀行と取引を行っているという情報が秘密保持義務の対象に含まれるか否かに関する第1審での争点に関する判断は行っていない点に注意が必要である。 |

（注）　秘密保持義務が問題となった裁判例ではないが、銀行以外の第三者が銀行に信用照会を行い、銀行がこれに回答した事案に関する裁判例として、大阪高判昭和48年1月31日金法678号22頁、東京地判昭和54年10月22日判時956号73頁がある。

からの照会に対する回答に関連し議論されていたが、最近では、③貸付債権の譲渡時における情報開示との関係や、④金融グループ内における顧客情報の共有といった新しい観点から議論されるようになっている。

2 秘密保持義務の根拠

秘密保持義務は、道義的義務ではなく法的義務であると考えられるため、金融機関がこれに違反した場合には顧客に対し債務不履行責任または不法行為責任を負うという結果をもたらすが、秘密保持義務自体、法律に明文の規定があるわけではないため、いかなる根拠から秘密保持義務を導くかにつき、議論がある。

(1) 判例・学説の状況

① 信義則説

秘密保持義務を、金融機関が社会共同生活の一員として負っている信義誠実の原則に基づく義務であるとする見解である（鈴木竹雄・河本一郎・西原寛一『証券取引法、金融法（法律学全集53）』76頁）。

② 商慣習説

秘密保持義務を、商慣習に基づく義務であると解する見解である（鈴木ほか前掲76頁以下、田中誠二『新版銀行取引法（4全訂版）』39頁以下）。

図表2-1の⑤⑥の裁判例が、この見解を採用している。また、前記の最高裁判決も商慣習を根拠の1つにあげている。

③ 契約説

金融機関と顧客は、銀行取引契約において、付随的に、明示または黙示に秘密保持の契約を結んでおり、秘密保持義務はこれに基づくものであると解する見解である（鈴木・竹内『金融取引法大系第1巻』164頁〔岩原紳作〕）。

図表2-1の⑦の裁判例が、この見解を採用している。また、前記の最高裁判決も契約を根拠の1つにあげている。

④ 法人情報と個人情報を区別する見解

「個人顧客に対する秘密保持義務」と「法人顧客に対する秘密保持義務」を区別し、前者は人格権（プライバシー権）等を根拠とするものであるのに対し、後者はプライバシー権を根拠とするものではないと解する見解である（全国銀行協会「貸出債権市場における情報開示に関する研究会報告書」4頁（平成16年4月）。なお吉田正之・関根良太「金融機関の顧客情報についての守秘義務

と貸付債権の譲渡」金法1626号43頁も同様に考える余地を認める）。

(2) 検　　討

　従来の下級審裁判例をみると、秘密保持義務の根拠を明示することなく、金融機関は顧客に対し秘密保持義務を負っていると判断している裁判例が目立つが、秘密保持義務の根拠を明示している裁判例のなかでは、契約説や商慣習を根拠とするものも少なくない。

　このように金融機関の秘密保持義務の根拠については諸説あり、必ずしも見解が定まっているとはいえないが、前記の最高裁判決の説示するとおり、契約または商慣習に基づく義務であると解するのが、民法に関する通説的理解と整合し、妥当であると考えられる（大阪地判平成4年6月25日金法1357号62頁参照、図表2－1の⑦）。

　なお、個人顧客との関係では、契約に付随する義務として「秘密保持義務」を導くほかに、人格権（プライバシー権）を根拠に秘密保持義務を導くことも可能であるから、秘密保持義務違反の有無を検討するにあたっては、この点にも留意した検討を行う必要がある。

3　秘密保持義務の対象

(1) 秘密保持義務の対象となる情報

　秘密保持義務の対象となる情報としては、学説上、①顧客と金融機関の取引内容に関する情報（預金額、貸付債権額など）、②金融機関が業務上知った顧客の資産・年収・売上げなど顧客の財産に関する情報、③金融機関が業務上知った顧客の私的事項に関する情報などがあるとされている（松本貞夫『銀行取引法概論』17頁）。また、前記の最高裁判決は、秘密保持義務の対象について、「顧客情報」と説示している。

　顧客と金融機関の取引の有無に関する情報そのものが、秘密保持義務の対象に含まれるかについては諸説あるが、顧客と金融機関と取引の有無自体に関する情報も、秘密保持義務の対象となると考えるべきである（含まれると解する下級審裁判例として大阪地判平成4年6月25日金法1357号64頁、含まれる

か疑問であるとする下級審裁判例として東京地判平成3年3月28日同1295号68頁がある)。

また、自己査定情報や債務者に対する与信審査に関する情報など評価情報も秘密保持義務の対象となると考えられる（加藤一郎・林良平・河本一郎編『銀行取引法講座上巻』28頁［河本一郎］）。

(2) 秘密保持義務の対象とならない情報

これに対し、公表されている事項は、秘密保持義務の対象とはならない。換言すれば、秘密保持義務の対象となる情報は、公表されていない秘密情報に限られる。公開情報の例としては、①商業登記制度により公示されている情報（代表者氏名・役員氏名・会社の目的など）、②新聞報道された情報、③会社法上公告義務が課されている情報（貸借対照表またはその要旨）、④有価証券報告書など金融商品取引法上の制度によって公表されている情報などがある。

また、特定の顧客を識別することができないような処理を施した「統計情報」についても、秘密保持義務の対象とはならない。

第三者から取得した顧客に関する情報（側面調査によって取得した情報など）が秘密保持義務の対象となるかについては見解が分かれているが、第三者から取得した情報が顧客との取引関係が縁由となって直接・間接に知った顧客の財産状態および取引状態に関する事項であれば、秘密保持義務の対象となると解する見解が有力である（河本一郎「銀行の秘密保持義務」金法744号5頁）。

(3) 個人情報保護法との関係

秘密保持義務の対象となる情報は、基本的に、個人情報保護法上の個人情報に含まれると考えられる。また、秘密保持義務の対象とならない情報のうち、統計情報は、同法上の「個人情報」に該当しないと考えられるが、それ以外の情報は、「個人情報」に含まれると考えられる。

個人情報保護法と秘密保持義務とは、別個独立した規制であるから、個人情報に関する問題点を検討する際には、個人情報保護法上の問題点と秘密保

持義務との関係での問題点を区別して、それぞれ検討する必要があると考えられる。

第3章 結　語

　以上検討してきたように、金融機関が個人顧客情報を取り扱うにあたっては、個人情報保護法のほか、業法などの金融規制法、監督指針・検査マニュアル、秘密保持義務などを遵守する必要がある。
　第3編において、個人情報保護法に関する金融実務上の問題点を取り上げ、上記の各観点から法的検討を行ったうえで、その実務上の留意点について述べることとする。

第 3 編

個人情報保護法と金融実務

第1章　預金業務上の留意点

> **チェックポイント**
> ① 預金業務において、金融機関が取得する個人情報には、どのようなものがあるかを確認する（第2節）。
> ② 預金業務において、金融機関が取得した情報が、「個人情報」「個人データ」に当たるかを確認する（第3節）。
> ③ 預金業務において、預金者の個人情報を書面で取得する場合の注意点を確認する（第4節）。
> ④ 預金者の個人データを第三者提供する場合についての注意点を確認する（第5節・第9節）。
> ⑤ 預金者等からの開示請求への対応について整理・確認する（第6節〜第8節）。
> ⑥ 営業店内の個人データの安全管理上の注意点を確認する（第10節）。

第1節　預金口座＝情報の集積場

　預金業務は、金融機関の固有業務であり（銀行法10条等）、金融機関は、多数の顧客から、広く預金を受け入れている。

　預金契約の法的性質は消費寄託契約であると考えられるが（民法666条、最判平成21年1月22日民集63巻1号228頁）、同契約に基づき開設された預金口座は、預金の預入れ・払戻しという消費寄託契約に由来する基礎的機能のみな

らず、振込金の受取り・口座振替等の為替・決済に関する機能を併有し、また、貸付金の入金・返済用口座として利用されている。

　また、取引件数ベースでみても、預金取引の顧客数は、貸付取引の顧客数を大きく上回っている。

　これらの点にかんがみれば、預金取引は、文字どおり、「銀行取引のかなめ」となる取引であるといえ、これを反映して、預金口座には顧客と金融機関の取引に関する種々の情報が集積している。

　したがって、預金業務に関する個人情報保護法上の問題点を検討することはきわめて重要である。

　本章では、預金業務における個人情報の取得・利用の実情を概観したうえで（第2節）、預金業務に関する個人情報保護法上の問題点として、①預金取引情報の「個人情報」該当性（第3節）、②利用目的との関係（第4節）、③第三者提供との関係（第5節）、④取引履歴等の開示請求への対応（第6節・第7節）、⑤犯罪収益移転防止法との関係（第8節）、⑥口座振替（第9節）および、⑦ATMコーナーに設置されたゴミ箱の管理（第10節）について、検討する。

　なお、本章では、銀行における預金業務を念頭に置いて検討するが、検討内容は、基本的に銀行以外の預金取扱金融機関においても妥当すると考えられる。

第2節　預金業務における個人情報の取得・利用の実情

1　個人情報の取得

(1)　口座開設依頼書による取得

　金融機関は、預金口座開設依頼書において、預金者の氏名・住所・電話番号などを取得している。預金口座開設依頼書に記載された上記情報は、その情報自体によって特定の個人を識別することができるから、預金者の「個人

情報」に当たると考えられる。

(2) 法令に基づく取得

　また、金融機関は、預金取引開始時に、法令に基づき、預金者の個人情報を取得している。

　具体的には、犯罪収益移転防止法および預金保険法に基づき、預金者の個人情報を取得している。

　　a　犯罪収益移転防止法に基づく取得

　金融機関は、犯罪収益移転防止法に基づく取引時確認のため、預金者の氏名・住居および生年月日（本人特定事項）などを取得している。

　犯罪収益移転防止法では、預金者から運転免許証・健康保険証・印鑑証明書などの本人確認書類の提示を受けることによって本人特定事項の確認を行うことになっているが、実務では、金融機関において本人確認書類の写しをとっている場合もあるから、本人確認書類に記載された本人特定事項以外の個人情報も、あわせて取得している（なお、メールオーダーやインターネット取引などの非対面取引では、運転免許証などの本人確認書類のコピーの送付を受け、これに記載された顧客の住所宛てに取引関係書類を書留郵便で送付する方法により取引時確認を行うことになっているが、この場合、金融機関は、本人確認書類のコピーを取引終了日から7年間保存することを義務づけられている）。

　金融機関は、取引時確認を行った後、確認記録を作成し（犯罪収益移転防止法6条1項）、預金口座を閉鎖した日等から7年間、確認記録を保存する必要がある（同条2項）。

　　b　預金保険法に基づく取得

　また、金融機関では、預金保険法55条の2に基づくデータベースを整備するため、預金者から、名寄せに必要な情報も取得している（これは、ペイオフ発生時に、円滑に預金保険金の支払ができるようにするために、名寄せに必要なデータをそろえておくためである）。

　犯罪収益移転防止法および預金保険法に基づく個人情報の取得は、法令上の要請に基づき、当該情報が正確であるという確認をより厳格に行うことを

求められている点が特徴的である。

　　c　税法上の要請に基づく取得

　さらに、顧客が税制上の優遇措置等を受けるために、金融機関に対し、顧客の個人情報を提出し、金融機関がこれを取得する場合がある。

　たとえば、障害者等の少額貯蓄非課税制度（マル優）の要件を充足する預金者が、同制度の利用を希望する場合、金融機関の窓口に、住民票の写し・身体障害者手帳等の確認書類を提出する必要があるから、金融機関は、これらの確認書類に記載されている預金者の個人情報を取得することになる。

(3)　センシティブ情報の取得

　前述したとおり、金融機関では、預金者から本人確認書類の提示を受け、その写しをとる方法によって、本人確認書類に記載されている個人情報を取得している。

　主な本人確認書類としては、①運転免許証、②旅券、③印鑑証明書、④健康保険証、⑤戸籍謄本、⑥住民票の写しがあるが、このうち、⑤には、本籍地などのセンシティブ情報が記載されている。

　犯罪収益移転防止法上は、原則として本人確認書類の提示を義務づけているだけであるが、前述したとおり、金融機関では本人確認書類のコピーを受領している場合があるから、これを金融庁GL6条1項との関係でどのように整理するかが問題となる。金融庁GL6条1項を遵守する観点から、たとえば、本籍地の記載を黒塗りして取得するなどの配慮を行うことになると考えられる。

(4)　家族情報の取得

　本人確認書類のうち健康保険証には、預金者本人の個人情報のほかに、被扶養者の氏名・性別・生年月日・本人との続柄などの情報が記載されている場合がある。また、第2章で後述するとおり、金融機関は、貸付時にも、ローン申込書などに記載された家族情報を取得している。

　預金者・債務者の家族は、金融機関と直接の取引関係はないが、家族情報は、預金者情報・債務者情報とともに、1つの書面に記載され、金融機関に

おいて保管・管理されているのである。

　家族情報の取扱いに関する問題点については、第2章第6節において詳述する。

2　預金取引情報の利用
(1)　預貸業務の一体性
　「銀行業」とは、預金の受入れと貸付をあわせ行うことを意味するところ（銀行法2条1項）、金融実務においても預貸業務は一体的に遂行され密接に関連している。

　①顧客に関する預金取引情報と貸付取引情報とが1つのCIF番号（Customer Information File番号）によって管理されていること（第8回金融審特別部会における全銀協委員の説明）、②貸付取引情報が預金取引のセールスに活用されたり、逆に預金取引情報が貸付取引のセールスに活用されたりしていること、③契約期限の到来したカードローンの継続審査において、カードローンの返済状況など預金口座に記録されている情報が活用されていること、④普通預金と定期預金・保護預りがセットにされ定期預金等を担保とする当座貸越が可能な「総合口座取引」が一般化していることなどは、預金業務と貸付業務の密接関連性を示す一例であると考えられる。

(2)　部署間の横断的利用
　金融機関の取引チャネルの多様化に伴い、店頭取引のほかに、テレホンバンキングやインターネットバンキングなどの非対面取引が登場して久しい。これらの非対面取引は、低コストで利便性の高い取引を可能とする点で、金融機関と利用者の双方の利益に資するものといえる。

　現在では、これらの非対面取引が、金融機関の取引の主流を占めるようになりつつあるが、金融機関では、顧客がどの取引チャネルで取引を行っても、当該顧客に関する最新の情報に基づいた最適のサービスを提供できるよう、取引チャネル間で顧客情報を共有・最新化する体制を構築している。

　すなわち、全取引チャネルの情報を一元化・共有化することによって、営

業店窓口で普通預金口座を開設した顧客が、後日、別の取引チャネル（たとえばインターネット）で定期預金を作成する場合に、あらためて本人確認資料の提示を行わなくても定期預金口座を開設できるようにしている。また、顧客が、コールセンターのオペレーターに話した内容を、営業店の窓口担当者に伝達することで、顧客が来店した際に最適な提案やスピーディーな対応が行えるよう努めている。

このように、金融機関内の各部署で横断的に顧客の個人情報が利用されることによって、顧客が多様な取引チャネルを便利に利用できるという効用が実現されているのである。

第3節　預金取引情報の「個人情報」該当性

1　法人取引における「個人情報」

個人顧客との取引に関する情報だけでなく、法人顧客との取引に関する情報のなかにも、「個人情報」が含まれている場合があり、注意が必要である。

(1)　法人の代表者・役員の情報

まず、①法人の代表者の氏名は、それ自体、あるいは、法人の商号・本店所在地などと相まって、特定の個人を識別することができるから、この情報は、「個人情報」に当たると考えられる。

オーナー社長が経営する中小企業との取引においては、オーナー社長やその配偶者との取引の深耕が、法人との融資取引の拡大・深耕につながる効果をもっているため、金融機関は、中小企業取引において、法人に対する営業と個人に対する営業を混然と展開しており、オーナー社長個人に関する情報を法人取引に活用する場合もあるし、逆に、法人取引の過程で得た情報をもとに、オーナー社長やその配偶者に対する営業を展開することも少なくない。このような場合について、個人情報保護法の規制に沿った対応を行う必要がある。

また、②役員の氏名も、法人の代表者の氏名と同じ理由から、当該役員の「個人情報」に当たると考えられ、個人情報保護法の適用があると考えられる。

(2) 法人の従業員の情報

　法人顧客と預金取引を開始する場合、法人顧客の取引時確認に加え、法人顧客の代表または代理として金融機関との間で現に取引の任にあたっている自然人（従業員）の本人特定事項の確認を行う必要がある（犯罪収益移転防止法4条4項）。

　また、人格のない社団や財団など経済的な実体はあるものの法人格をもたない組織と預金取引を開始する場合には、現に当該組織と金融機関との間の取引の任にあたっている自然人（従業員）の本人特定事項を確認する必要がある（犯罪収益移転防止法4条5項）。

　これらの本人特定事項の確認の過程で取得する「現に金融機関との取引の任にあたっている自然人（従業員）」の情報も、「個人情報」に当たると考えられる。

2　預金取引情報の「個人情報」該当性

(1) 預金口座に関する情報

　金融機関では、預金業務に関連し、顧客に関する多数の情報を取得している。このうち、金融機関が保有する個人顧客の預金取引情報、特に個人預金者の預金口座に関する情報（取引履歴に関する情報など）は、「個人情報」「個人データ」に当たり、個人情報保護法の適用を受けると考えられる。

　すなわち、まず、「個人情報」該当性について検討するに、個人預金者の預金口座に関する情報には、氏名・住所などが含まれており、それ自体で、あるいは、金融機関内の他の情報と照合することで、特定の個人（預金者）を識別することができるから、同情報は「個人情報」に当たると考えられる。

　次に、「個人データ」該当性について検討するに、個人預金者の預金口座

に関する情報は、その大半が、コンピュータで管理されており、預金者の氏名等を検索できるように体系的に構成されているのが通常であるし、コンピュータ管理されていない場合であっても、預金者の氏名等を容易に検索できるように体系的に構成され、検索を容易にするための工夫を施しているのが通常であるから、同情報は、「個人データ」に該当すると考えられる。

したがって、預金口座に関する情報は、個人情報・個人データに該当すると考えられる。

(2) 「届出印の印影」の個人情報等該当性

　　a　問題の所在

金融機関は、預金取引を開始する際、預金者に対し、印鑑届出書に取引印（届出印）を押印するよう求めるのが一般的である。預金者が預金の払戻しを受けるためには、預金通帳とともに、届出印を押印した払戻請求書を提出する必要があり、金融機関は、払戻請求書の印影と届出印の印影とを相当の注意をもって照合し、両者が相違ないと判断した場合に、預金の払戻しを行う。

金融機関は、預金払戻請求に対応するため、預金者の印鑑届出書（印鑑票）を整理・保管したり、届出印を電子データ化し全営業店から検索モニターによってこれを検索できる電子印鑑システムを導入したりしている（川田悦男「東京三菱銀行における電子印鑑システム」金法1572号13頁）。

これらの届出印の印影に関する情報は、「個人情報」に該当するか。「個人情報」には映像、音声による情報も含まれると考えられるが、届出印の印影といった図形的情報も「個人情報」「個人データ」に含まれるかが問題となる。

　　b　検　　討

まず、「個人情報」該当性について検討するに、印影には、「氏名」のうち「氏」しか表示されていないのが通常であるから、印影自体から特定の預金者を識別することはできないと解する余地があるが、届出印が押印された印鑑届出書（印鑑票）には、預金者の氏名・住所などが記載されており、これ

と届出印の印影を照合することによって容易に特定の預金者を識別することができる（法2条1項1号カッコ書）。

したがって、届出印の印影も「個人情報」に含まれると考えられる。

次に、「個人データ」該当性について検討するに、印鑑届出書（印鑑票）は、預金口座開設店舗等において預金者分をまとめて管理され、特定の預金者の情報を容易に検索できるように体系的に整理され、口座番号を付記するなど検索性をもたせる工夫が講じられているのが、通常である。

したがって、このような印鑑届出書（印鑑票）の束は、「個人情報データベース等」に該当すると考えられる。そして、届出印の印影は印鑑届出書（印鑑票）の束の一部を構成する個人情報であるから、届出印の印影は「個人データ」に該当すると考えられる。

届出印を電子データ化し全営業店から検索モニターによってこれを検索できる「電子印鑑システム」を導入している金融機関においては、届出印がデータ化された集合物は、「個人情報データベース等」に該当すると考えられるから、電子印鑑システムにおいても、届出印の印影に関する情報は「個人データ」に該当すると考えられる。

(3) 暗証番号の個人情報等該当性

　　a　問題の所在

CD（キャッシュ・ディスペンサー）やATM（オートマチック・テラーズ・マシーン）を利用した取引では、金融機関が預金者にキャッシュカードを発行し、預金者はキャッシュカードをCD機・ATM機に挿入し、暗証番号を入力することで、預金の払戻しを行う。

キャッシュカードを利用した取引の法的性質は、預金契約に付随してなされる支払の手続・方法についての付随的な契約であると考えられる（鈴木・竹内『金融取引法大系第2巻』285頁［林良平］）。

金融機関は、顧客の暗証番号について秘密保持義務を負っており（東京高判平成元年7月19日金法1229号64頁）、金融機関では、キャッシュカードの暗証番号は厳重に管理されており、預金者に対しても、預金者保護法との関係

で、暗証番号管理を徹底するよう注意喚起している。

　このような暗証番号は、個人情報保護法上の「個人情報」に該当し、同法との関係でも保護の対象となるのかが問題となる。

　　b　検　　討

　まず、「個人情報」該当性について検討するに、暗証番号は、それ自体からは特定の預金者を識別することはできないが、印鑑票等に預金者の暗証番号が記載されている場合には、印鑑票に記載されている預金者の氏名・住所などと照合することによって容易に特定の預金者を識別することができると考えられるから、暗証番号も、「個人情報」に含まれると考えられる（法2条1項1号カッコ書）。

　次に、「個人データ」該当性について検討するに、届出印の印影と同様の理由から、暗証番号も「個人データ」に該当すると考えられる。

　したがって、キャッシュカードの暗証番号も個人情報・個人データに該当すると考えられるから、金融機関は、これが漏えい・滅失・き損しないように安全管理する義務を負っていると考えられる（法20条）。

　　c　実務上の留意点

　テレホンバンキング・インターネットバンキング・モバイルバンキングなどの非対面取引においては、取引の相手方の本人確認のため、特別なIDやパスワードなどを割り当て、これらが正しく入力されない限り、取引を行えない仕組みになっている。

　これらのIDやパスワードも、顧客固有のものであり、他の情報と容易に照合することによって特定の個人を識別することができるから、金融機関にとって、「個人情報」「個人データ」に当たると考えられる。

(4)　生体認証情報を利用した本人確認

　金融機関のなかには、金融取引のセキュリティ向上を目的として、暗証番号のほかに生体認証技術を取り入れるものもある。

　生体認証技術は、手の静脈のパターン、指紋、虹彩、網膜、耳介などといった生体情報を使って本人確認をするという技術であるが、個人の生体認

証情報を体系化したデータファイルが漏えいした場合には、その悪影響は予測不可能なほどに甚大である。なぜならば、生体認証情報は、印章や暗証番号と異なり、変更できないうえ、生体認証情報には、本人が意識している以上に重大な内容の医学的情報が含まれている可能性があるからである。

　生体認証情報も通常、「個人情報」「個人データ」に含まれると考えられるから、金融機関としては、その取得、管理に特に注意を払うべきである（金融庁GL6条1項8号・2項、安全管理実務指針、法2条2項1号参照）。

【参考条文】

第2条（定義）

1　この法律において「個人情報」とは、生存する個人に関する情報であって、次の各号のいずれかに該当するものをいう。

一　当該情報に含まれる氏名、生年月日その他の記述等（文書、図画若しくは電磁的記録（電磁的方式（電子的方式、磁気的方式その他人の知覚によっては認識することができない方式をいう。次項第2号において同じ。）で作られる記録をいう。第18条第2項において同じ。）に記載され、若しくは記録され、又は音声、動作その他の方法を用いて表された一切の事項（個人識別符号を除く。）をいう。以下同じ。）により特定の個人を識別することができるもの（他の情報と容易に照合することができ、それにより特定の個人を識別することができることとなるものを含む。）

二　個人識別符号が含まれるもの

2　この法律において「個人識別符号」とは、次の各号のいずれかに該当する文字、番号、記号その他の符号のうち、政令で定めるものをいう。

一　特定の個人の身体の一部の特徴を電子計算機の用に供するために変換した文字、番号、記号その他の符号であって、当該特定の個人を識別することができるもの

二　個人に提供される役務の利用若しくは個人に販売される商品の購入に関し割り当てられ、又は個人に発行されるカードその他の書類に記載され、若しくは電磁的方式により記録された文字、番号、記号その他の符号であって、その利用者若しくは購入者又は発行を受ける者ごとに異なるものとなるように割り当てられ、又は記載され、若しくは記録されることにより、特定の利用者若しくは購入者又は発行を受ける者を識別することがで

きるもの
3 この法律において「要配慮個人情報」とは、本人の人種、信条、社会的身分、病歴、犯罪の経歴、犯罪により害を被った事実その他本人に対する不当な差別、偏見その他の不利益が生じないようにその取扱いに特に配慮を要するものとして政令で定める記述等が含まれる個人情報をいう。
4 この法律において「個人情報データベース等」とは、個人情報を含む情報の集合物であって、次に掲げるもの（利用方法からみて個人の権利利益を害するおそれが少ないものとして政令で定めるものを除く。）をいう。
　一　特定の個人情報を電子計算機を用いて検索することができるように体系的に構成したもの
　二　前号に掲げるもののほか、特定の個人情報を容易に検索することができるように体系的に構成したものとして政令で定めるもの
5 （略）
6 この法律において「個人データ」とは、個人情報データベース等を構成する個人情報をいう。
7 この法律において「保有個人データ」とは、個人情報取扱事業者が、開示、内容の訂正、追加又は削除、利用の停止、消去及び第三者への提供の停止を行うことのできる権限を有する個人データであって、その存否が明らかになることにより公益その他の利益が害されるものとして政令で定めるもの又は1年以内の政令で定める期間以内に消去することとなるもの以外のものをいう。
8 この法律において個人情報について「本人」とは、個人情報によって識別される特定の個人をいう。

第4節　利用目的との関係

1　問題の所在

　個人情報保護法は、利用目的に関し、主として①利用目的の特定（法15条）、②利用目的を超えた取扱いの制限（法16条）、③直接取得時の利用目的の明示（法18条2項）という3つの規制を設けている。

前述したとおり、金融機関は、預金取引情報を収集し、これを広く活用し金融業務を展開しているところ、こうした預金業務に関する個人情報の取得・利用に関し、上記3規制（特に③の規制）との関係をいかに整理するかが問題となる。①②の点については第1編第3章第4節（利用目的の特定等）・同第5節（利用目的による制限）で詳述したので、ここでは、③の規制との関係について説明する。

2　利用目的の明示について
(1)　個人情報保護法上の規制内容
　個人情報取扱事業者は、本人との間で契約を締結することに伴って契約書その他の書面（電磁的記録を含む）に記載された個人情報を取得する場合など、本人から直接、書面に記載された当該本人の個人情報を取得する場合には、原則として、あらかじめ、個人情報の利用目的を、本人に明示しなければならない（法18条2項本文）。

　利用目的の明示が不要なのは、①利用目的を明示することにより本人または第三者の生命・身体・財産その他の権利利益を害するおそれがある場合、②当該個人情報取扱事業者の権利または正当な利益を害するおそれがある場合、③取得の状況からみて利用目的が明らかであると認められる場合などに限られる（法18条4項）。

　ここで、「利用目的を明示する」とは、本人に対して利用目的を明確に示すことを意味し、明示の方法については、利用目的を本人が認識できるような合理的かつ適切な方法によらなければならないと考えられる。

　「本人から直接書面に記載された当該本人の個人情報を取得する場合」には、預金口座開設依頼書に記載された本人の個人情報を取得する場合のほかに、アンケート用紙や懸賞などの応募葉書に記載された本人の個人情報を取得する場合も含まれる。顧客からその個人番号を記載した書類を取得する場合も「本人から直接書面に記載された当該本人の個人情報を取得する場合」に含まれる。

(2) 利用目的の明示方法

　預金取引を含む金融取引（与信取引を除く）において、顧客に対し、利用目的を明示する方法として、どのような方法が許容されるのかという点は、実務上重要な問題点である。

　　a　口頭による明示

　まず、個人情報保護法18条2項との関係では、利用目的を具体的に記載したパンフレットを指し示し、顧客に対して利用目的を口頭で説明することも、「利用目的を明示する」に当たると考えられる。

　なぜならば、個人情報保護法では、利用目的の明示方法を書面に限定しておらず、口頭による明示であっても、本人に対して利用目的を明確に説明し、これによって本人が利用目的を理解できるから、「利用目的を明示する」に含めて不都合はないからである。

　これに対し、「当行のホームページに記載されている利用目的をご覧ください」とか「後日、ご自宅宛てに郵送するパンフレット・規定集をご覧ください」といった形で、利用目的を告げる方法は、個人情報保護法18条2項の要件を満たさないと考えられる。なぜならば、このような口頭説明では、顧客は、後刻、ホームページを閲覧したり、パンフレットをみたりすることによってはじめて、個人情報の利用目的を理解できるにすぎず、個人情報の取得に先立ち、あらかじめ利用目的を明示するよう求めた同法18条2項の要件を充足しないと考えられるからである。

　　b　書面による明示

　金融機関が、預金口座開設依頼書で取得した預金者の個人情報を、銀行業務全般に用いることを意図している場合、ホームページ等で公表している「すべての保有個人データの利用目的」（法27条1項2号）とまったく同じ内容を預金者に対し明示する必要があるのか、それとも、これを要約記載した書面を預金者に交付したり提示して利用目的を明示することも許されるのか。預金規定やパンフレットのスペースには限りがあるから、これらにホームページ等で公表している利用目的すべてを記載することは困難な場合もあ

るため、問題となる。

　個人情報保護法18条2項が利用目的の明示を求めた趣旨は、個人情報の利用目的を本人に効果的かつ確実に知らせることにより、個人情報取扱事業者における個人情報の取扱いについて透明性を確保する点にあると考えられる（園部『解説』129頁・130頁）。

　そうだとすれば、利用目的の明示にあたっては、利用目的を明確に示し、本人がその内容を理解できるような合理的かつ適切な方法を講ずる必要があり、かつこれで足りると考えられる。

　このような観点から、上記方法の適法性について検討するに、ホームページ上で公表している利用目的の記載内容の一部を要約したり（たとえば、長い単語をつづめたり（例：「投資信託商品その他金融商品の販売・勧誘」→「投信等の販売・勧誘」））、多数列挙されている項目のうち、2、3個を例示したうえで残りについて「等」などを用いて要約したとしても（例：「A、B、C、Dその他これに関連する商品の販売」→「A、B等の販売」）、要約された利用目的をみることで、本人が利用目的を明確に理解できるものである限り、利用目的の明示方法として、適法であると考えられる。

　ホームページ上の利用目的をすべて列挙するよりも、要約表記を行ったほうが、利用目的の理解に資する面があることは否定できないから、常にホームページ上で公表されているすべての利用目的を明示するよう求めることは合理的とは考えられない。

　　c　実務上の留意点

　利用目的の明示について、協議会保護指針では「利用目的を明示したことの記録を残すことが望ましい」とされている（協議会保護指針Ⅱ2の「運用上の考え方」参照）。

　協議会の会員である金融機関は、この点にも留意する必要がある。

┌─【参考条文】
│第15条（利用目的の特定）
│1　個人情報取扱事業者は、個人情報を取り扱うに当たっては、その利用の目

的（以下「利用目的」という。）をできる限り特定しなければならない。
第16条（利用目的による制限）
1 個人情報取扱事業者は、あらかじめ本人の同意を得ないで、前条の規定により特定された利用目的の達成に必要な範囲を超えて、個人情報を取り扱ってはならない。
第18条（取得に際しての利用目的の通知等）
1 個人情報取扱事業者は、個人情報を取得した場合は、あらかじめその利用目的を公表している場合を除き、速やかに、その利用目的を、本人に通知し、又は公表しなければならない。
2 個人情報取扱事業者は、前項の規定にかかわらず、本人との間で契約を締結することに伴って契約書その他の書面（電磁的記録を含む。以下この項において同じ。）に記載された当該本人の個人情報を取得する場合その他本人から直接書面に記載された当該本人の個人情報を取得する場合は、あらかじめ、本人に対し、その利用目的を明示しなければならない。ただし、人の生命、身体又は財産の保護のために緊急必要がある場合は、この限りでない。

第5節　預金業務と個人データの第三者提供

1　業務提携による金利優遇サービス

　金融機関のなかには、カード会社と業務提携し、カード会員向けに、金融機関が「ポイント還元付定期預金」を提供している例がある。カード会員が、金融機関に対し、「ポイント還元付定期預金」の申込みをすることによって、会員は定期預金の金利につき優遇的な金利の適用を受けることができ、また、口座開設時および初回預入れ時に、カード会社がカード会員に提供しているポイントサービスのポイント加算を受けることができるといった仕組みなどがその一例である。

　このような業務提携は、カード会社にとっては、カードの付加価値を向上させることになるし、金融機関側にとっては取引基盤の拡大につながるメ

リットがある。

　金融機関が他の事業者と協同して新たなサービスを提供する場合、他の事業者と金融機関の間で、当該新サービスを利用する顧客の個人データを授受する必要が出てくる場合がある。

　このような場合、金融機関は、顧客が記入する申込書等において、第三者に提供する個人データの内容・提供先および提供先における利用目的を特定して、個人データの第三者提供につき明示的な同意を取得することが望ましいと考えられる（金融庁GL13条1項）。金融機関があらかじめ作成した同意書面を用いる場合、文字の大きさおよび文章の表現を変えること等により、個人情報の取扱いに関する条項が他と明確に区別され、本人に理解されること等が望ましい（金融庁GL4条）。

　また、金融機関と他の事業者の間においても、個人データの授受の範囲を明定したうえで、個人データの取扱いについて契約書を取り交わし、①個人データの取扱手順、②個人データの受渡し時の安全管理措置、および、③個人データの授受に伴う個人情報保護法上の責任関係を明確化しておくほうが望ましいと考えられる。

2　アカウント・アグリゲーションサービス

　アカウント・アグリゲーションサービスとは、インターネット上で複数の金融機関等を利用している顧客の、各金融機関における口座情報等を1つの画面に統合して表示するサービスをいう（松浦潤「全銀協「アカウントアグリゲーションサービスに関する基本的な考え方」について」金法1629号52頁）。

　顧客は、アカウント・アグリゲーションサービスを提供するプロバイダーのウェブサイトにアクセスすることで、自己が保有する複数の口座情報等を一度に参照することが可能であり、それぞれの金融機関のウェブサイトにアクセスする手間を省けるといったメリットがある。

　金融機関自身あるいは金融機関の子会社などがアカウント・アグリゲーションサービスを行うことも可能であると考えられるが（松浦・前掲55頁お

よび56頁)、この場合、金融機関は、アカウント・アグリゲーションサービスの申込みを受ける際、申込者に対し、同サービスに基づいて取得する預金者等の金融取引情報(取引先金融機関名やその取引内容)について、その利用目的を明示する必要があると考えられる(法18条2項)。特に、金融機関が、この情報を活用して、預金者等に対し、他の金融商品等の勧誘を行う場合には、その旨も明示しておく必要があると考えられる(橋本昌司「アカウント・アグリゲーションサービスの動向とその法律問題」金法1631号78頁)。

また、アカウント・アグリゲーションサービスを提供する金融機関は、預金者等から取得する、他の金融機関のID・パスワード等の情報(通常は、個人データに該当すると考えられる)の安全管理を行う必要がある(法20条)。

【参考条文】

第23条(第三者提供の制限)
1 個人情報取扱事業者は、次に掲げる場合を除くほか、あらかじめ本人の同意を得ないで、個人データを第三者に提供してはならない。
 一 法令に基づく場合
 二 人の生命、身体又は財産の保護のために必要がある場合であって、本人の同意を得ることが困難であるとき。
 三 公衆衛生の向上又は児童の健全な育成の推進のために特に必要がある場合であって、本人の同意を得ることが困難であるとき。
 四 国の機関若しくは地方公共団体又はその委託を受けた者が法令の定める事務を遂行することに対して協力する必要がある場合であって、本人の同意を得ることにより当該事務の遂行に支障を及ぼすおそれがあるとき。

第6節 預金取引履歴に関する開示義務

1 問題の所在

近時、特定の法定相続人が、金融機関を被告として、被相続人名義の預金取引履歴を開示するよう求める訴訟を提起し、預金契約に基づく取引履歴開

示義務の有無が争われた裁判例が、複数、公刊されている。

　金融機関の取引履歴開示義務が否定された裁判例として、東京高判平成14年12月4日（金法1693号86頁）があり、同義務が肯定され金融機関が敗訴した裁判例として、①大阪高判平成15年9月18日（金法1693号86頁）と②東京地判平成15年8月29日（金法1697号52頁）があるが、最判平成21年1月22日は、「金融機関は、預金契約に基づき、預金者の求めに応じて預金口座の取引経過を開示すべき義務を負うと解するのが相当である」と判示し、金融機関の取引履歴の開示義務を肯定している[1]。

　個人情報保護法28条は保有個人データの開示義務を明定しているが、相続人が、金融機関に対し、同条に基づき同様の請求を行った場合、金融機関はこれに応ずる義務はあるか。開示義務が認められる保有個人データは「生存する個人に関する情報」に限られ（法2条）、故人である被相続人の預金取引情報は「生存する個人に関する情報」（個人情報の定義）に含まれないが、「死者に関する情報」が、同時に、遺族等の生存する個人に関する情報となることもあるため（金融庁GL2条1項）、問題となる。

2　検　　討

a　従来の議論の状況

上記論点に関する従来の議論の状況は、次のとおり整理できる。

①　開示義務肯定説（三宅弘・小町谷育子『個人情報保護法―逐条分析と展望』114頁）

　この見解は、相続預金の取引履歴に関する情報は、「生存する個人に関する情報」に含まれると考える。

　すなわち、一般に死者に関する情報であっても、同時に遺族に関する情報と評価できる場合には、当該情報は、遺族の個人情報として個人情報保護法の対象になるが、相続財産に関する情報は「死者の情報が同時に遺族等の情

---

[1] 東京地判平成15年8月29日では、原告によって、個人情報保護法25条に基づく開示義務に関連する主張が、信義則に関連づけて、なされている。

報である情報」に含まれる。したがって、同情報は、相続人の個人情報に当たる。

　この見解によれば、被相続人名義の預金口座に関する情報は、同時に法定相続人（遺族）の個人情報であると考えられるから、法定相続人は、個人情報保護法25条に基づき、金融機関に対して、被相続人の預金取引履歴の開示請求をできることになると考えられる。

　②　開示義務否定説その1（淺生重機「預金者の取引経過開示請求権の有無」金法1700号81頁）

　この見解は、個人情報保護法の目的は、個人情報の漏えいの防止や誤った情報の是正などであり、同法が念頭に置いている法律関係は、預金者と金融機関との間の取引履歴開示請求に関する法律関係とは異なると述べている。

　この見解の趣旨は必ずしも明らかではないが、預金取引履歴開示義務の関係について、個人情報保護法の適用場面ではなく、同法に基づく開示義務を否定する趣旨と思われる。

　③　開示義務否定説その2（園部『解説』48頁）

　死者に関する情報であっても、同時に遺族に関する情報と評価できる場合には、当該情報は、遺族の個人情報として個人情報保護法の対象になるが、相続財産に関する情報が「相続人に関する個人情報」として個人情報保護法の対象となるためには、当該情報に含まれる記述等によって当該相続人を識別できることが必要である（法2条1項）。

　したがって、相続財産に関する情報は、このなかに相続人の氏名等が含まれている場合等を除き、相続人の個人情報には当たらない。

　被相続人名義の預金口座の取引履歴には、通常、特定の相続人を識別できる情報は含まれていないから、上記見解によれば、特段の事情がない限り、上記取引履歴は「相続人の個人情報」とはいえず、相続人は、個人情報保護法上、被相続人名義の預金口座の取引履歴の開示請求権を有しないと考えられる。

b 私 見

②説は、預金取引への個人情報保護法の適用自体を否定する趣旨と考えられるが、預金取引履歴も「個人情報」に当たると考えられることは前述したとおりであるから、②説は妥当ではない。

また、①説は、被相続人の財産に関する情報すべてを「遺族の個人情報」と理解しているが、相続発生により、被相続人が行った過去の預金取引の内容すべてが、相続人の個人情報に変化すると即断するのは妥当ではない。被相続人が行った過去の取引内容は、あくまで被相続人に関する情報であり、法定相続人に関する情報ではないと考えるべきである。

③説の見解が、個人情報保護法の解釈および預金業務への適用において合理的であり妥当であると考えられるから、実務上は、この見解に沿って対応することが望ましいと考えられる。

3 実務上の留意点
(1) 預金契約に基づく開示と秘密保持義務

金融機関が特定の相続人による開示請求を拒絶する最大の理由は、他の相続人に対する秘密保持義務であると考えられる。

そこで、共同相続人の1人に対し、被相続人の預金口座の取引履歴を開示することが秘密保持義務に違反するかについて検討する。

この点、前記の最高裁判決は、「預金者が死亡した場合、その共同相続人の一人は、預金債権の一部を相続により取得するにとどまるが、これとは別に、共同相続人全員に帰属する預金契約上の地位に基づき、被相続人名義の預金口座についてその取引経過の開示を求める権利を単独で行使することができる（同法264条、252条ただし書）」「上告人は、共同相続人の一人に被相続人名義の預金口座の取引経過を開示することが預金者のプライバシーを侵害し、金融機関の守秘義務に違反すると主張するが、開示の相手方が共同相続人にとどまる限り、そのような問題が生ずる余地はないというべきである」と判示し、共同相続人の1人に対し、被相続人の預金口座の取引履歴を開示

することが秘密保持義務に違反しないと解している（真船秀郎「預金取引の開示請求への対応」金法1707号32頁も同旨）[2]。

　したがって、これらの見解に立脚すれば、金融機関が、預金契約に基づく取引履歴の開示請求に任意に応じたとしても、他の相続人との関係で、秘密保持義務違反と評価されることはないと考えられる。

(2)　個人情報保護法に基づく開示と秘密保持義務

　個人情報保護法に基づき個人データを開示した場合にも、金融機関の秘密保持義務違反の問題が生じるかについて議論がある（前田ほか「座談会」27頁）。

　この点、一般論としては、法令に基づき開示を強制される場合には、秘密保持義務違反となることはないと考えられる（東京高判平成14年１月16日判時1772号17頁参照）。そして、個人情報保護法28条１項本文も個人情報取扱事業者に開示を義務づけた法令であるから、金融機関が、同法28条１項本文の規定に基づき、開示義務の履行として、特定の相続人に対し、被相続人名義の預金口座の預金取引履歴を開示した場合には、原則として、他の相続人に対する関係で秘密保持義務違反となることはないと考えられる。

　もっとも、個人情報保護法28条２項但書１号（開示義務の例外事由）に該当する事由が存する場合には、個人情報取扱事業者は、開示義務はなく、むしろ開示請求を拒否する義務があると考えられているから（園部『解説』169頁）、開示によって損害を被った相続人から損害賠償請求を受け、裁判所において、当該開示請求について同項但書１号に該当する事由があったと認定判断された場合には、金融機関による開示行為は、「開示義務の履行としての開示」とは評価できないから、この点につき、金融機関に故意・過失がある限り、秘密保持義務違反に基づく損害賠償義務を負うことになると考えら

2　預金契約の地位の帰属……預金契約上の地位は、全相続人に不可分的に帰属するのか否かについては争いがある。東京高判平成14年12月４日金法1693号86頁は、預金者の預金契約上の地位は可分ではなく、遺産分割完了までは特定の相続人に承継されないと解しており、東京地判平成15年８月29日と別異の見解に立っている。最高裁の考え方は本文で述べたとおりである。

れる。

　開示請求への実務対応については、第4編第2章（開示請求への実務対応）で詳論するが、慎重な実務対応が望まれる。

(3)　開示義務の例外規定との関係

　金融機関においては、過去の取引記録の保存方法や保存期間に照らし、預金取引経過を調査し開示することにきわめて大きな手間がかかる場合が少なくない（澤重信「普通預金取引記録の開示請求」金法1714号5頁）。

　個人情報取扱事業者が保有個人データを開示することによって、「当該個人情報取扱事業者の業務の適正な実施に著しい支障を及ぼすおそれがある場合」には、個人情報取扱事業者は、開示義務を負わない（法28条2項但書2号）。

　上述した困難さや煩雑さを重視し、「当該個人情報取扱事業者の業務の適正な実施に著しい支障を及ぼすおそれがある場合」として、金融機関の開示義務を否定することができるかが問題となる。

　この点、預金取引経過の調査・開示がきわめて手間であるという理由だけから、直ちに「個人情報取扱事業者が保有個人データを開示することによって、当該個人情報取扱事業者の業務の適正な実施に著しい支障を及ぼすおそれがある場合」に当たると即断することは困難であると考えられる（金融庁GL15条）。

　したがって、これだけを理由に、金融機関の開示義務を否定することはできないと考えられる。

　もっとも、本人による開示請求について、その濫用的行使が許されないのは当然であるし（民法1条3項参照）、同内容の開示請求が不必要に多数回にわたって繰り返されるため金融機関の窓口業務が混乱・停滞した場合などには、個人情報保護法28条2項但書2号を根拠に、本人の開示請求を拒絶することも許されると考えられる（なお、大阪高判平成15年9月18日金法1693号86頁参照）。

(4) 自称預金者からの開示請求

　預金者から、個人情報保護法に基づき、預金者名義の預金取引履歴の開示請求を受けた場合、特別な事情がない限り、金融機関はこれを開示する義務を負う。

　では、本人確認法の施行前に開設された架空名義預金や借名預金について、預金者と自称する者から開示請求を受けた場合、開示義務があるか。

　自称預金者の預金であることが確認できれば、これに応じてもさしつかえないと考えられるが、「預金者の認定」ができない場合には、「本人からの開示請求ではない」とか「開示請求者に係る個人データではない」といった理由で、開示を拒否すべき場合もあるように思われる。

【参考条文】

第28条（開示）
1　本人は、個人情報取扱事業者に対し、当該本人が識別される保有個人データの開示を請求することができる。
2　個人情報取扱事業者は、前項の規定による請求を受けたときは、本人に対し、政令で定める方法により、遅滞なく、当該保有個人データを開示しなければならない。ただし、開示することにより次の各号のいずれかに該当する場合は、その全部又は一部を開示しないことができる。
　一　本人又は第三者の生命、身体、財産その他の権利利益を害するおそれがある場合
　二　当該個人情報取扱事業者の業務の適正な実施に著しい支障を及ぼすおそれがある場合
　三　他の法令に違反することとなる場合

第7節　伝票等の開示請求への対応

1　預金契約に基づく開示義務の有無

　預金契約に基づく金融機関の開示義務に関し、預金取引履歴だけではな

く、個々の出入金に関する伝票などについても、契約上の開示義務があるか否かが問題となっている（淺生重機「預金者の取引経過開示請求権の有無」金法1700号82頁）。

この点、預金契約は、消費寄託契約としての性質のみならず委任契約としての性質を併有しており、委任契約に基づく報告義務（民法645条）を根拠に金融機関の開示義務を導くことができるという解釈を前提に、金融機関による委任事務処理結果の報告義務は、業務処理基準にのっとって処理した結果を報告することを内容としており、預金契約に基づく報告義務は、預金通帳に通常記載される内容（取引年月日、金額、取引の種類、相手方）に限られ、これ以外の事項について、金融機関が報告義務を負うことはないと解する見解が有力である（淺生・前掲82頁）。

この見解を前提にすれば、金融機関は、伝票については、預金契約上の開示義務を負わないと考えられる。

2　個人情報保護法上の検討

(1)　問題の所在

それでは、預金者が、個人情報保護法28条に基づき、自分名義の預金口座に関する伝票の開示を求めてきた場合、金融機関はこれに応ずる義務があるか。金融機関と預金者との裁判外の紛争において、預金者が金融機関に対し伝票の開示を求める事例も少なくなく、実務上、上記論点が問題となる。

(2)　検　　討

　　a　保有個人データ該当性

預金者名義の伝票には、預金者の氏名、取引内容、取引金額など特定の預金者を識別することができる情報が記載されているから、この伝票は、「個人情報」に含まれると考えられる。

次に、伝票が、これに含まれる個人情報を一定の規則に従って整理することにより特定の個人情報を容易に検索することができるように体系的に構成され、目次、索引その他検索を容易にするためのものを有する状態で保管さ

れているときには、「個人データ」に該当すると考えられる（法2条6項）。

そして、金融機関は、この伝票を自己の所有物として管理しており、開示等の権限を有すると考えられるから、伝票は、金融機関の保有個人データに該当すると考えられる。

したがって、伝票が個人情報データベース等（法2条4項2号）の状態で保管されている限り、金融機関は、原則として、預金者に対し、個人情報保護法28条に基づき、預金者名義の伝票の開示義務を負うと考えられる。

  b 開示義務の例外規定該当性

個人情報取扱事業者が保有個人データを開示することによって、「当該個人情報取扱事業者の業務の適正な実施に著しい支障を及ぼすおそれがある場合」には、個人情報取扱事業者は、開示義務を負わない（法28条2項但書2号）。

ここで、「当該個人情報取扱事業者の業務の適正な実施に著しい支障を及ぼすおそれがある場合」には、本人と個人情報取扱事業者が利益相反関係にあり（訴訟の相手方となっている場合などを含む）、開示するほうが不当に不利になるおそれがある場合なども含まれる可能性があると考えられる（園部『解説』171頁参照）。

したがって、この見解に立脚すれば、金融機関と預金者との間で、銀行取引をめぐって紛争が生じている場合、預金者が、金融機関に対し、個人情報保護法28条を根拠に、当該紛争で問題となっている預金取引に係る伝票の開示を求めてきたとしても、金融機関としては、これに応ずる義務はないと考えられる。

もっとも、金融機関が法令違反など不当な取扱いを行ったことを隠蔽する目的で、特定の保有個人データの開示を拒絶する場合については、「当該個人情報取扱事業者の業務の適正な実施に著しい支障を及ぼすおそれがある場合」の「適正な」の要件を充足せず、開示義務の例外規定の適用対象にはならないと考えられる。このような開示拒絶は、場合によっては、顧客に対する不法行為を構成するおそれもあるから慎重な対応が必要である（東京高判

平成14年3月26日金判1148号16頁。なお、銀行法務21・611号78頁参照)。

3 実務上の留意点

個人情報保護法28条に基づき、預金者以外の第三者(開示請求者)から、預金者が金融機関に提出した伝票の開示請求を受けた場合、金融機関は、通常、これに応ずる義務はないと考えられる。なぜならば、通常、当該伝票には、開示請求者を識別する情報は含まれておらず、開示請求者の個人情報・個人データには該当しないと考えられるからである。

仮に、当該伝票の記載のなかに、開示請求者を識別する情報が含まれていたとしても、当該伝票を開示することによって預金者の財産その他の権利利益を害するおそれがある場合には、開示請求者による伝票等の開示請求を拒絶するべきであると考えられる(法28条2項但書1号、園部『解説』169頁参照)。

【参考条文】

第28条(開示)
1 本人は、個人情報取扱事業者に対し、当該本人が識別される保有個人データの開示を請求することができる。
2 個人情報取扱事業者は、前項の規定による請求を受けたときは、本人に対し、政令で定める方法により、遅滞なく、当該保有個人データを開示しなければならない。ただし、開示することにより次の各号のいずれかに該当する場合は、その全部又は一部を開示しないことができる。
　一 本人又は第三者の生命、身体、財産その他の権利利益を害するおそれがある場合
　二 当該個人情報取扱事業者の業務の適正な実施に著しい支障を及ぼすおそれがある場合
　三 他の法令に違反することとなる場合

第8節　犯罪収益移転防止法との関係

1　問題の所在

　個人顧客から、犯罪収益移転防止法8条1項に基づく届出（疑わしい取引の届出）を行った際に提供した個人データの開示を求められた場合、金融機関は、どのように対応すべきか。

　個人情報保護法31条・金融庁GL15条では、努力措置として、金融機関が開示拒絶を行った場合、その根拠とした条文および判断の基準となる事実を示して説明を行うことを求めている。上記開示請求を受けた金融機関が、開示請求を行った個人顧客に対して、開示拒否を行った判断の根拠およびその根拠となる事実を詳細に説明した場合、かえって、犯罪収益移転防止法8条1項に基づく届出を行った事実そのものが露見してしまうおそれがあるが、これは、同条2項（金融機関が同条1項に基づく届出を行ったことを関係者等に漏らすことを禁止している）に明らかに違反・抵触するものである。

　そこで、金融機関が、個人顧客から、①犯罪収益移転防止法8条1項に基づく届出を行ったか否か、②行ったのであればその際に提供した個人情報の内容について、開示請求を受けた場合、金融機関としてどのように対応すべきかが、実務上問題となる。

2　検　討

　前述したとおり、犯罪収益移転防止法8条1項に基づく届出を行おうとすること、または、その届出を行ったことは、同条2項によって、その開示が禁止されている。

　このような規定が設けられた趣旨は、「疑わしい取引の届出制度」の実効性を担保する点にある（森本和明「組織的な犯罪の処罰及び犯罪収益の規制等に関する法律の概要」金法1557号12頁）。

　疑わしい取引の届出制度が設けられた趣旨は、①犯罪収益等の仮装・隠匿

等のマネー・ローンダリング行為が、金融機関等における仮名・借名口座を利用したり、資金移動のために金融機関等における送金手続を利用して行われることが多いことにかんがみ、金融機関等から犯罪収益に係る疑わしい取引に関する情報を集約して、犯罪収益等の隠匿等の罪およびその前提犯罪の捜査に役立てること、および②犯罪者によって金融機関等が提供するサービスが利用されることを防止し、金融機関および金融システムに対する信頼を確保しようとする点にある（森本・前掲10頁）。

犯罪収益移転防止法8条2項は、このような趣旨で新設された疑わしい取引の届出制度の実効性を確保するため、金融機関に対し、同条1項に基づく届出を行ったことなどを、取引の相手方等に開示することを禁止しているのである。

このような犯罪収益移転防止法8条2項の趣旨に照らせば、立法者は、金融機関が特定の個人に関し同法8条1項に基づく届出を行ったか否かという事実が明らかになることによって、疑わしい取引の届出制度の創設によって達成しようとした上記立法目的（犯罪捜査等）が達成できなくなると考えていることは明白である。

このような点を重視すれば、犯罪収益移転防止法8条1項に基づく届出を行ったか否かおよびその内容に関する個人データは「当該個人データの存否が明らかになることにより、犯罪の予防、鎮圧又は捜査その他の公共の安全と秩序の維持に支障が及ぶおそれがあるもの」（同条4号）に当たると考えられる（金融庁GL2条6項も同旨）。

以上のような理解を前提にすれば、「犯罪収益移転防止法8条1項に基づく届出の有無・内容に関する個人データ」は、金融機関の「保有個人データ」に含まれず、そもそも開示請求の対象とならないと考えることが可能になる。そして、このような解釈を前提とすれば、個人顧客から、上記のような開示請求を受けた場合には、一律、「開示請求に係る保有個人データは、存在しない」と回答すれば足りることになる（岡村『保護法』98頁）。

このような回答であれば、回答内容およびその理由の説明等を通じて、事

実上、届出を行ったことが露見するといった事態を回避することができ、犯罪収益移転防止法8条2項違反の問題を避けることができると考えられる。

──【参考条文】──

第28条（開示）
1 本人は、個人情報取扱事業者に対し、当該本人が識別される保有個人データの開示を請求することができる。
2 個人情報取扱事業者は、前項の規定による請求を受けたときは、本人に対し、政令で定める方法により、遅滞なく、当該保有個人データを開示しなければならない。ただし、開示することにより次の各号のいずれかに該当する場合は、その全部又は一部を開示しないことができる。
　一　本人又は第三者の生命、身体、財産その他の権利利益を害するおそれがある場合
　二　当該個人情報取扱事業者の業務の適正な実施に著しい支障を及ぼすおそれがある場合
　三　他の法令に違反することとなる場合

施行令3条（保有個人データから除外されるもの）（※条文は平成29年改正前のもの）
　法第2条第5項の政令で定めるものは、次に掲げるものとする。
　一　当該個人データの存否が明らかになることにより、本人又は第三者の生命、身体又は財産に危害が及ぶおそれがあるもの
　二　当該個人データの存否が明らかになることにより、違法又は不当な行為を助長し、又は誘発するおそれがあるもの
　三　当該個人データの存否が明らかになることにより、国の安全が害されるおそれ、他国若しくは国際機関との信頼関係が損なわれるおそれ又は他国若しくは国際機関との交渉上不利益を被るおそれがあるもの
　四　当該個人データの存否が明らかになることにより、犯罪の予防、鎮圧又は捜査その他の公共の安全と秩序の維持に支障が及ぶおそれがあるもの

第31条（理由の説明）
　個人情報取扱事業者は、第27条第3項、第28条第3項、第29条第3項又は前条第5項の規定により、本人から求められ、又は請求された措置の全部又は一部について、その措置をとらない旨を通知する場合又はその措置と異なる措置をとる旨を通知する場合は、本人に対し、その理由を説明するよう努めなけれ

> ばならない。

第9節 口座振替

1 口座振替の法律関係

　口座振替とは、金融機関が納入義務者の預金口座から収納企業等の預金口座へ一定額を移すことによって、納入義務者が収納企業等に対して負担していた債務につき弁済の効果を生ぜしめるという、金融機関、納入義務者および収納企業等間の法律関係をいう（水田耕一「法律的にみた口座振替の仕組みと問題点」金法536号4頁）。

　口座振替に関する法律関係は、①収納企業等と預金者（債務者）の間の料金等の支払を口座振替によって行う旨の契約（債務の履行方法に関する合意）、②預金者と金融機関の間の料金等の支払を委託する契約、③収納企業等と金融機関の間の料金等の収納事務を委託する旨の契約によって、構成されている。

(1) 収納企業等と預金者の間の契約関係

　預金者が、口座振替によって料金等を支払うことを希望する場合、収納企業等に対し、「私は、本件料金について、口座振替の方法により支払うこととしたので、請求書は上記金融機関に送付してください」旨の申込みを行い、収納企業等がこれを承諾することによって、上記①の合意が成立する（本多正樹「口座振替の法律関係(上)」金法1648号17頁）。

(2) 預金者と金融機関の間の契約関係

　預金者は、収納企業等への申込みと同時に、自らの預金口座がある金融機関に対し、口座振替依頼書によって、口座振替の申込みを行う。

　預金者が、金融機関に対して、預金者が支払うべき一定の債務を預金者の預金口座から口座振替により支払うという取扱いを依頼する場合、金融機関

は、預金者に対して、金融機関所定の口座振替依頼書により申込みを行うことを求めている。口座振替依頼書には、「私が支払うべき料金を収納企業が指定する日に私名義の預金口座から口座振替の方法により支払うこととしたので、約定を確約の上依頼します」と記載されている（本多・前掲17頁）。

金融機関が、預金者の口座振替依頼書による申込みを承諾した場合、金融機関と預金者の間には、特定の債権者（収納企業等）から支払請求があれば、当該金額を自己の預金口座から引き落としてその者に支払うこと等口座振替依頼書の記載を内容とする支払委託契約が成立する。

預金者は、金融機関に対して、預金者の預金口座からの払戻しおよび収納企業等への支払を依頼しているから、この支払委託契約の法的性質は準委任契約であると考えられる（後藤紀一『振込・振替の法理と支払取引』288頁、高木多喜男「口座振替と便宜払い」金法981号16頁等）。

(3) 収納企業等と金融機関の間の契約関係

金融機関と収納企業等は「預金口座振替に関する契約」を締結して、収納企業等が、金融機関に対して当該料金の収納事務を委託していることが多いが、同契約の法的性質は、準委任契約であると考えられる。

収納企業等と金融機関の間の契約では、収納企業等から金融機関に対し、「本件料金の収納事務の取扱いを委託する」あるいは「本件料金の口座振替の取扱いを委託する」旨が定められているとともに、委託内容として、①振替日（引落日）、②請求データ・引落データの授受方法、③引落資金の収納企業等への入金方法、④引落不能があった場合の取扱いなど口座振替の事務処理方法が具体的に定められている。また、口座振替の取扱いに関し、収納企業等から金融機関に手数料を支払うこと、領収書は金融機関からの引落結果データに基づき収納企業等から債務者（預金者）に送付することなどが定められることが多い。

2 個人情報保護法上の問題点の検討

(1) 問題の所在

個人情報保護法は、個人情報取扱事業者に対し、個人データを第三者提供する場合には、あらかじめ本人の同意を得るよう義務づけている（法23条1項）。

口座振替では、収納企業等から金融機関に対し、請求データが交付されるが、この請求データには、債務者（預金者）の氏名、収納企業の債務者（預金者）に対する債権の内容等が記載されているから、当該データは預金者の「個人データ」であると考えられる。

そこで、収納企業等による金融機関への上記個人データの提供が、個人情報保護法23条に違反しないかが問題となる（なお、収納企業等は「金融事業者」でないため、金融庁GLの適用は受けない）。

(2) 個人情報保護法上の検討

民法上の法律関係と個人情報保護法上の第三者提供／委託の区別とは、論理必然の関係はなく、「委託」と構成できる法律関係に基づく個人データの提供であっても、本人の同意を得た第三者提供と整理することも可能であると考えられる。なぜならば、同法では、原則として、異なる法人間で個人データを授受する場合には、本人の同意を得ることを求めているから（法23条1項）、「委託」と構成できる法律関係であっても、個人データの取扱いの明確化の観点から、原則どおり本人の同意を得た第三者提供と構成することを禁じていないと考えられるからである。

口座振替取引における収納企業から金融機関への個人データの提供を「第三者提供」と整理すると、当該個人データの提供につき、あらかじめ本人（預金者・債務者）の同意を得ておくことが必要になるが、本人（預金者・債務者）は、収納企業等に対し、自ら、「私は、本件料金について、口座振替の方法により支払うこととしたので、請求書は上記金融機関に送付してください」旨の申込みを行っているから、収納企業等が金融機関に対し、本人（預金者・債務者）の個人データを提供することに同意していると考えられる。

したがって、上記個人データの提供は、個人情報保護法23条1項に違反しないと考えられる。

(3) 改正個人情報保護法対応（記録作成・保存義務等）

以上述べたとおり、収納企業による金融機関に対する個人データの提供は「第三者提供」に当たると考えられるから、金融機関は、請求データを受領する際、個人情報保護委員会規則で定めるところにより、その取得の経緯等について確認を行わなければならない（法26条1項）。また、金融機関は、この確認を行ったときは、個人情報保護委員会規則で定めるところにより、当該個人データの提供を受けた年月日、当該確認に係る事項その他の個人情報保護委員会規則で定める事項に関する記録を作成し（法26条3項）、この記録を、当該記録を作成した日から個人情報保護委員会規則で定める期間保存しなければならない（法26条4項）。

【参考条文】

第23条（第三者提供の制限）
1 個人情報取扱事業者は、次に掲げる場合を除くほか、あらかじめ本人の同意を得ないで、個人データを第三者に提供してはならない。

第10節　ATMコーナーに設置されたゴミ箱の管理

1　問題の所在

金融機関のATMコーナーにはゴミ箱が置かれており、そのなかに、ATMを利用した預金者が「利用明細書」を捨てることが、多々見受けられる。

利用明細書には、預金口座の口座番号、取引年月日、取引金額、預金残高が記載されているが、預金者名が記載されているわけではないから、利用明細書の記述自体で特定の個人を識別することはそれほど容易なことではないが、金融機関が、金融機関内のデータベースと照合すれば、容易に特定の個人（預金者）を識別することができる。したがって、利用明細書に記載され

ている情報は、金融機関にとっては、「個人情報」に該当すると考えられる。

　また、利用明細書に記載されている個人情報は、金融機関内のデータベースをもとに作成・印刷された情報であるから、金融機関にとっては、「個人データ」に該当すると考えられる。

　それでは、金融機関は、ATMコーナーに捨てられた利用明細書について、漏えい、滅失が生じないよう、安全に管理する義務（法20条）を負うか。ATMコーナーに金融機関が設置し管理しているゴミ箱内に、預金者が捨てた利用明細書が「金融機関の取り扱う個人データ」（同条）に該当するのかが問題となる。

2　検　　討

　この論点について、個人情報保護法との関係で検討した文献等は見当たらないが、次のような2つの考え方が成り立ちうると思われる。

(1)　否定説

　利用明細書は、ATM機によって預金者に一度交付されており、その時点で、「金融機関の取り扱う個人データ」ではなくなり、「預金者が取り扱う個人データ」になった。その後の利用明細書の管理については、金融機関はいっさい安全管理責任を負わず、預金者自身がその責任を負うべきである。

(2)　肯定説

　一度、預金者に交付されたとしても、その後、金融機関が設置・管理するATMコーナー内のゴミ箱に捨てられた時点で、再度、利用明細書は、預金者の手を離れ、金融機関の管理・支配下に入ったと評価できる。金融機関が設置・管理するゴミ箱内の個人データは、「金融機関の取り扱う個人データ」という側面をもっている。

(3)　実務上の対応

　以上のように、ATMコーナーに設置されたゴミ箱内の利用明細書は、金融機関が取り扱う個人データなのかという点については、肯定説・否定説とも成り立ちうると考えられるが、実務上は、安全をみて、金融機関が設置・

管理するゴミ箱内の個人データについては金融機関が安全管理責任を負うことを前提に、①ATMコーナーのゴミ箱内の利用明細書を定期的に顧客が出入りできない店内のゴミ箱に移し替える、②ゴミ箱内を物色する不審者がいないかを監視する、③預金者に対し、ATMコーナー内のゴミ箱に利用明細書を捨てる際には、利用明細書の内容が判読できない程度に細かく破って捨てるように注意喚起するなどの対策を講ずることが望ましいと考えられる。

❗ワンポイントアドバイス

　預金取引は、「銀行取引のかなめ」となる取引である。したがって、預金業務に関する個人情報保護法上の問題点（個人情報該当性、個人データ該当性、利用目的の明示、第三者提供、開示請求への対応、安全管理措置など）を検討することはきわめて重要である。

第2章 貸付・審査業務上の留意点

チェックポイント

① 貸付・審査業務において、金融機関が取得する個人情報には、どのようなものがあるかを確認する（第1節）。
② 貸付・審査業務において、ローン申込者の個人情報を書面で取得する場合の注意点を確認する（第2節）。
③ 複数の金融機関が関与する融資取引の問題点を把握する（第3節・第4節）。
④ 融資拒絶時の説明を求められた場合の対応について整理する（第5節）。
⑤ 家族情報の取扱いに関する個人情報保護法上の問題について問題の所在を理解する（第6節）。
⑥ 手形割引業務に関する問題点を把握する（第7節）。
⑦ 個人信用情報機関について、金融庁GLでは詳細な定めが置かれているので、それを整理し理解する（第8節）。

第1節 貸付・審査業務における情報取得・利用の実情

1 貸付・審査業務における個人情報の取得

金融機関と個人顧客との間の貸付取引は、資金使途によって、事業資金貸付と非事業資金貸付（消費資金貸付）に分類される。

非事業資金貸付のなかには、住宅ローン・オートローン・教育ローンなど資金使途が決まっているものや、カードローンのように資金使途が決まっていないものもある。

(1) 審査情報と契約履行情報

　個人顧客との取引によって金融機関が取得する貸付取引情報は、大きく2つに分けられる。

　1つは、申込者から与信審査のために取得する「審査情報」である。

　審査情報の主なものは、①借入申込書・契約書に記載されている書面情報、②申込み時の個人顧客の口頭の説明に基づき取得する口頭情報、③本人確認資料によって取得する属性情報、④不動産登記事項証明書など第三者から取得する客観情報である。

　もう1つは、貸出実行後の管理・回収の過程で生じた「契約履行情報」である。

　契約履行情報には、返済・延滞情報・保証会社による代位弁済情報などがある。前述したとおり、貸付金の返済は債務者名義の預金口座を通じて行われるから、契約履行情報は、主として、債務者の預金口座に蓄積されることになる。

(2) 取得方法による分類

　　a　申込者からの直接書面取得

　住宅ローンの申込みを受ける際、金融機関は、申込者から、①申込者の属性情報（住所・氏名・生年月日・年齢・電話番号など）、②現在の住居に関する情報（住居区分（持家・賃貸住宅の区別等）・居住年数など）、③同居家族に関する情報（氏名・続柄・生年月日）、④勤務先に関する情報（会社名・事業内容・所属部課・役職・勤続年数・資本金・従業員数など）、⑤収入・資産に関する情報（年収・保有不動産・預金残高・保有有価証券など）、⑥他の借入れの状況、⑦資金使途（購入物件の明細）、⑧資金計画（自己資金内訳・住宅金融支援機構等からの借入れ予定）などの情報を取得している（第8回金融審特別部会における全銀協委員説明参照）。

また、カードローンの申込みを受け付ける際にも、金融機関は、①～⑥などの情報を取得している。カードローンでは、保証会社や提携金融機関の保証がついていることが多く、この場合、保証会社または提携金融機関がこれらの情報を利用して与信審査を行うことになる。

　住宅ローンやカードローンの申込者から取得する上記情報は、その内容自体によって特定の個人（申込者またはその家族）を識別することができるから、申込者またはその家族の「個人情報」に該当すると考えられる。

　さらに、金融機関は、個人事業主に対し、事業資金を融資したり、アパート経営を希望する個人に対し、不動産取得資金や改修資金・敷金返還資金などを融資している。事業性融資では、融資金額も巨額になるうえ、借主の属性・資金使途も定型的でないため、貸付審査時に取得する個人情報は、多種多様になり、これらを活用した審査も複雑化する。

　以上のような融資申込みに伴う情報取得のほかに、金融機関では、担保・保証取引に伴って個人情報を取得している。

　すなわち、金融機関が、申込者本人または第三者（物上保証人）所有の不動産に抵当権の設定を受ける場合、当該不動産の登記事項証明書、登記識別情報、物上保証人の印鑑証明書などの書類を徴求し、これらに記載された個人情報を取得している。

　また、金融機関が、保証人との間で保証契約を締結する場合には、保証人の信用力を判断するため、保証人の所得に関する資料などを徴求し、これらに記載された個人情報を取得している。

　前述したとおり、担保・保証取引も「与信事業」に含まれると考えられる（金融庁GL3条3項・8条2項）。

　　b　契約書とともに提出される書面による取得

　個人顧客向け貸付取引では、申込者の本人確認のため、①申込者の住民票の写しや②印鑑証明書などを取得することがある。

　住民票の写しを取得することによって、住民票の写しに記載されている本人の氏名、性別、生年月日、世帯主、住民となった年月日、本籍地等の個人

情報を取得することとなる（住民基本台帳法7条参照）。

　また、申込者の返済能力を確認するため、③申込者の資産・収入に関する資料（確定申告書控え、源泉徴収票など）を取得し、④事業計画書や取得予定の不動産に係る売買契約書写し、建築確認通知書などの提出を受け、申込者が行おうとしている事業の実在を確認している。

　　c　信用調査による取得

　金融機関が個人事業主に融資を行う場合、融資の可否・融資条件を判断する目的で、信用調査を行うことがある。

　信用調査は、金融機関自身が行う場合もあるし、いわゆる調査会社に依頼する場合もある。信用調査の方法は、財務資料の分析にとどまらず、面談・電話等による聞き取りなども行われ、聞き取りは、同業団体・同業他社、取引先に及ぶ場合もある（鈴木・竹内『金融取引法大系第4巻』64頁［三菱銀行］）。

　このような場合、金融機関は、適正な取得に関する規制に注意する必要がある。

　すなわち、個人情報取扱事業者は、偽りその他不正な手段によって、個人情報を取得してはならない（法17条）。

　ここで、「偽りその他不正な手段」とは、不適法な手段または不適正な手段を意味し、具体的には社会通念を基準に判断される（園部『解説』127頁）。

　個人情報取扱事業者自身が不正な手段を講じて個人情報を取得した場合は、当然に、個人情報保護法17条に違反するが、個人情報取扱事業者自身が不正な手段を講じたわけではなく、第三者がそのような手段を講じて取得した情報を、そのことを知りながら（金融庁GL7条）、または、重大な過失によってこれを知らずに、当該第三者から取得した場合も、「偽りその他不正な手段による取得」に含まれると考えられる。

　したがって、金融機関の従業員が偽りその他不正な手段によって個人情報を取得することがないよう配慮することはもちろんであるが、金融機関が第三者から取得する情報のなかに「偽りその他不正な手段によって取得された」個人情報が混在しているおそれは否定できないから、特に、調査会社な

どから個人情報を取得する場合については注意が必要である。

　実務上は、調査会社との間の委託契約書に、調査会社の法令遵守義務を定めたうえで、調査会社の調査報告書の内容に照らし偽りその他不正の手段による取得が行われたのではないかという疑いを抱くべき特別な事情がある場合には、調査会社に対し、情報の入手方法に不正がなかったかを問いただしたうえで、これがないことを確認し、個人データを取得するといった手順を踏むことになると考えられる。

　これと同じ問題は、債権回収時の情報収集についても当てはまる。債権回収に関する個人情報の収集の際、個人情報保護法の適正取得（法17条）を意識したうえで、最大限、情報収集・分析に尽力することになる。

　　d　個人信用情報機関への照会

　貸付時の審査において、信用調査と並ぶ審査ツールとして、個人信用情報機関（全国銀行個人信用情報センター）への照会がある。

　消費者向けローンは、消費者の信用を担保として信用を供与するものであるから、消費者向けローンの健全・円滑な発展のためには、個人信用情報機関の整備が必要である。銀行業界では、昭和63年10月、各地の銀行協会が運営していた個人信用情報センターを統合し、「全国銀行個人信用情報センター」が設置された。現在は、全国銀行協会が、同センターを運営している。

　同センターの会員である金融機関は、個人顧客から借入申込みを受けた際、個人信用情報機関に照会を行い、その結果を与信判断に役立てている（保証会社の保証付ローン契約の場合には保証会社が照会を行い金融機関は保証会社から保証諾否の回答だけを受領している）。金融機関が、個人信用情報センターに照会をした場合、その情報が個人信用情報センターに蓄積され、他の金融機関に対しても提供されるが、金融機関および保証会社は、個人信用情報センターに照会するに先立ち、申込者から、申込書において、個人信用情報機関への照会および照会記録情報の登録につき同意を得ている。

　また、会員である金融機関は、個人顧客と貸付契約を締結した場合、個人

信用情報機関に、借入日・借入額などの契約内容を登録している。貸付契約成立後、延滞・保証会社による代位弁済・担保権実行などの事由が発生した場合には、その旨を登録するが、これらについても、貸付契約書において契約者から同意を得ている（早川淑男「個人信用情報機関の運用状況」ジュリスト1144号45頁参照）。

個人信用情報機関が金融機関に対し登録情報を提供すること、および、金融機関等が個人信用情報センターに対し契約内容を登録することは、それぞれ「個人データを第三者に提供」すること（法23条）に該当すると考えられるが、個人信用情報機関による提供および金融機関による提供に先立ち、貸付申込書・貸付契約書において本人の同意を得ているから、これらの個人データの授受は、個人情報保護法23条1項柱書に違反しないと考えられる（なお、個人信用情報センターによる提供については、情報提供を受ける側である金融機関等が本人から同意を取得しているが、このような同意取得も同条1項所定の同意取得に含まれると考えられる）。

個人信用情報機関については、金融庁GLに詳細な定めが置かれているが、この点については、第8節で後述する。

　　e　その他の経路による個人情報の取得

以上のように、①申込者本人からの個人情報の取得、②信用調査による個人情報の取得、③個人信用情報センターへの照会のほかに、金融機関は、公開情報（住宅地図、電話帳情報、商業登記事項証明書、不動産登記事項証明書）などを取得し、審査に利用している。

2　貸付取引情報の利用

(1)　預金業務等への活用

第3編第1章で述べたとおり、金融機関は預貸業務を一体的に遂行しており、同じCIF番号のもとで預金取引情報と貸付取引情報を管理している。

特定のCIF番号のファイルを閲覧すれば、預貸取引の残高や最近の取引状況などを含めたすべての取引情報を閲覧・利用することができ、貸付取引情

報は、預金等の金融商品のセールスにも利用されている。

たとえば、住宅ローンの申込みをした顧客は、新生活を始めるに際して電気・ガス・電話などの公共料金の自動引落しの需要があると予想されるから、住宅ローン契約成立後に、預金口座から公共料金の自動引落しができることを案内し、自動引落サービスの利用を勧めている。

また、住宅ローンを完済した顧客は、それまで月々の返済に充てていた分だけ金銭的ゆとりがあると予想されるから、目的を決めた積立預金の営業などを行っている。

これらの営業の大半は、当該金融商品のダイレクトメールの送付という形で行われている（第8回金融審特別部会における全銀協委員説明参照）。

(2) 管理・回収業務への活用

貸付・審査時に取得した貸付取引情報は、審査業務だけでなく、管理・回収業務にも活用されている。

たとえば、借入申込書・契約書の記載内容から、債務者が保有する財産を調査し、担保権の設定がない財産や担保余力のある財産を発見できた場合には、その担保差入れを求めたりしている。

また、金融機関の従業員が、債務者を往訪し面談する過程で、他の金融機関との預金取引の状況を知ることもあるが、それらの資産情報は仮差押可能財産の発見の端緒などに活用されている。

(3) マーケティング分析への活用

このほかに、貸付取引情報はマーケティング分析などにも活用されている。

第2節　利用目的規制との関係

1　利用目的の明示・同意

個人情報保護法は、利用目的に関し、①利用目的の特定（法15条）、②利

用目的を超えた取扱いの制限（法16条）、③直接取得時の利用目的の明示（法18条２項）という３つの規制を設けており、金融庁GLにも与信業務に関する規定（金融庁GL３条３項・８条２項）が設けられている。

　すなわち、個人情報保護法では、本人との間で、契約を締結することに伴って契約書その他の書面に記載された当該本人の個人情報を取得する場合、個人情報取扱事業者が、本人に対し利用目的を明示するよう求めている（法18条２項）。

　金融庁GLでは、努力措置として、与信事業においては利用目的を明示する書面に確認欄を設けること等により、利用目的について本人の同意を得ることが望ましいとしている（金融庁GL８条２項）。

　この努力措置を講ずる場合には、ローン申込書に個人情報の利用目的を記載し、あわせて確認欄を設ける等して本人同意を得ることになると考えられるが、この場合、利用目的は、他の契約条項等と明確に分離して記載することが望ましい（金融庁GL３条３項）。「明確な分離」の要件を満たすものとしては、①赤字で表示する、②フォントを大きくする、③枠で囲むなどの方法によることが考えられる。

　また、金融庁GLは、金融事業者に対し、利用目的につき本人から同意を得る場合、取引上の優越的な地位を不当に利用し、与信の条件として、与信事業において取得した個人情報を与信業務以外の金融商品のダイレクトメールの発送に利用することを同意させる等の行為を行わないよう求めているから（金融庁GL３条３項、努力措置）、この努力措置を講ずるとすれば、ダイレクトメールの発送に個人情報を利用する点については、他の利用目的に対する同意と区別して、同意を得るなどの工夫を講ずることになると考えられる。

　なお、与信業務において、申込み時に利用目的について本人の同意を得る場合、当該申込み時に利用目的の同意を得た個人情報については、個人情報保護法18条１項に基づく通知・公表を要しないが、それ以降に取得する情報については、あらかじめ利用目的を公表していない限り、利用目的の公表ま

たは通知が必要である（金融庁GL8条2項）。

2　利用目的の明示方法

利用目的の明示方法に関しては、第3編第1章で検討した論点と同様な点が問題となりうるが、金融庁GLでは、与信事業について、努力措置として、利用目的を明示する書面に確認欄を設けること等により、利用目的について同意を取得するよう求めている点に注意する必要がある（金融庁GL8条2項）。

3　代理人との間の取引

(1)　問題の所在

与信取引には、借入申込者と面談して取引する場合が多いが、やむをえない理由で借入申込者本人と面談できない場合、代理人を介して与信取引に係る契約を締結する場合がある。

個人情報保護法18条2項の「本人との間で契約を締結することに伴って契約書その他の書面に記載された当該本人の個人情報を取得する場合」には、代理人を介して、本人が記入した書面に記載された当該本人の個人情報を取得する場合も含まれると考えられるが、この場合、同項に基づく利用目的の明示および金融庁GL8条2項の利用目的の同意は、本人または代理人のいずれとの間で行う必要があるのかが、問題となる。

(2)　検　　討

契約締結の代理権を授与された代理人は、通常は、契約書の授受に伴う個人情報の授受やこれに伴う個人情報保護法上の手続（利用目的の明示を受けることや利用目的に同意をすること）を行う権限も与えられていると考えられるから、利用目的の明示を行ったり、利用目的について同意を取得したりするのは、代理人でもさしつかえないと考えられる。

もっとも、金融庁GLの努力措置を講ずる場合には、ローン契約書に利用目的を記載し、利用目的同意欄を設け、これに本人にチェックをさせること

で利用目的の同意を取得することになるが（金融庁GL8条2項）、この場合、金融機関は、本人に対して、利用目的の明示を行い、本人から直接、利用目的の同意を取得しているといえるから、あらためて代理人に対し利用目的を明示したり、代理人から利用目的に関する同意を取得する必要はないと考えられる（代理人の個人情報を取得する場合を除く）。

【参考条文】

第18条（取得に際しての利用目的の通知等）
1 個人情報取扱事業者は、個人情報を取得した場合は、あらかじめその利用目的を公表している場合を除き、速やかに、その利用目的を、本人に通知し、又は公表しなければならない。
2 個人情報取扱事業者は、前項の規定にかかわらず、本人との間で契約を締結することに伴って契約書その他の書面（電磁的記録を含む。以下この項において同じ。）に記載された当該本人の個人情報を取得する場合その他本人から直接書面に記載された当該本人の個人情報を取得する場合は、あらかじめ、本人に対し、その利用目的を明示しなければならない。ただし、人の生命、身体又は財産の保護のために緊急に必要がある場合は、この限りでない。

第3節　保証人と金融機関の間の情報授受

1　保証会社との間の情報の授受

(1)　問題の所在

　金融機関と顧客との間の貸付取引には、金融機関と顧客の2者だけで完結するのではなく、他の金融機関や金融機関以外の当事者が、関係する場合がある。その典型例が、保証会社の保証付きのローン契約である。

　保証会社の保証付ローン契約の場合、金融機関が保証会社に対し借入申込者（兼保証委託申込者）に対する与信の可否に関する金融機関の判断を提供する場合もあるし、逆に、保証会社が金融機関に対し保証委託申込者（借入

申込者)に対する保証の可否に関する保証会社の判断を提供する場合もある。

評価情報も個人情報・個人データに含まれると考えられるから（園部『解説』46頁)、これらの与信判断の提供も「個人データの第三者提供」に該当すると考えられるため、この個人データの授受と個人情報保護法23条・金融庁GL4条・13条1項に反しないかが問題となる。以下、上記評価情報が個人データであることを前提に検討する。

(2) 保証会社の保証付ローン契約の取引の流れ

保証会社の保証付ローン契約の契約締結までの流れは、金融機関ごとに異なるが、おおむね次のような手順でローンが実行されていると思われる。

まず、申込者は、金融機関の従業員から保証委託申込書を受け取り、これに本人、保証人および家族の個人情報を記入し、金融機関を通じて、保証会社に提出する。この際、保証会社所定の必要書類（収入・所得に関する資料・印鑑証明書などを含む）をあわせて提出する。

金融機関は保証会社に保証委託申込書を交付する際、申込者に対する保証の可否についての金融機関の一応の判断を記載する場合もある。

保証会社において、申込者の保証委託申込みを承諾することができるか否かを審査した後、承諾できると判断した場合には、その旨を金融機関に通知する。

金融機関は、保証会社の審査が通った旨を申込者に伝え、申込者に対し、ローン契約書を交付する。申込者は、これに本人および保証人の個人情報などを記入し、金融機関に提出する。

(3) 検　討

　　a　個人情報保護法上の検討

保証会社との間の個人データの授受については、保証委託申込書やローン申込書において明示的な同意を得ている金融機関も多いと考えられるが、このような同意を得ていない場合であっても、①保証委託申込書の授受は金融機関を通じて行われており、申込者もこのことを了解して、金融機関に対し保証委託申込書を交付していること、②保証会社との間で保証委託契約が成

立した後にローン申込書の作成・授受がなされるのが一般的であり、申込者もこのことを了解したうえ、それぞれの申込書類に自署・捺印していること、③保証会社の保証付きのローンの場合、金融機関によるローン実行は保証会社による保証委託承諾が前提とされており、金融機関の従業員による説明によって、申込者もこれらを了解していると考えられることなどの客観的状況にかんがみれば、申込者は、保証会社と金融機関間の上記個人データの授受について、実質的に同意していると評価できると考えられる。

したがって、保証会社と金融機関間の個人データの授受は、個人情報保護法23条1項柱書に違反しないと考えられる。

　b　金融庁GL上の努力措置

金融庁GL4条・13条1項では、金融事業者に対し、努力措置として、個人情報保護法23条1項の同意は原則として書面によることを求め、当該書面による記載を通じて、①個人データを提供する第三者、②提供を受けた第三者における利用目的、③第三者に提供される情報の内容を本人に認識させることを求めている。

この努力措置に沿った措置を講ずる場合には、保証委託申込書またはローン申込書等のなかに、①申込書に記載された情報が授受されるのは、金融機関と保証会社の間であること、②提供を受けた金融機関および保証会社は、ローン申込みに係る審査のために当該データを利用すること、③金融機関および保証会社の間で授受される情報は、申込書記載の情報およびそれに基づく審査結果であることを明記することになると考える。

2　信用保証協会による保証の場合

これと同様の問題は、信用保証協会による保証を得た融資取引（いわゆるマル保融資）などにおいても問題となる。

(1)　いわゆるマル保融資の手続

信用保証協会は、中小企業者等に対する金融の円滑化を図ることを目的に設立された法人であり（信用保証協会法1条・2条）、中小企業の金融上の質

的・量的な不利性・不安定性を解決するため、中小企業者等の委託に基づき保証人となっている、いわば「公共的な保証人」である[3]。

　中小企業者等とは、（信用保証）協会の主たる事務所の所在地の属する都道府県の区域を越えない区域内において商業、工業、鉱業、運送業、サービス業その他の事業を行う中小規模の事業者、協会の区域内に住所もしくは居所を有する者などを意味する（信用保証協会法20条4項）。

　中小企業者が信用保証協会の保証を利用し金融機関から融資を受ける場合、中小企業者の取引先である金融機関（以下「取引金融機関」という）経由で、保証委託申込書が、信用保証協会に提出される場合がある。これを「金融機関斡旋保証」という。

　これに対し、中小企業者が、信用保証協会に対して、直接、保証委託申込書を提出することもある。信用保証協会がこの申込みを承諾すると、中小企業者等と信用保証協会の間で保証委託契約が成立する。取引金融機関経由ではなく信用保証協会に直接、保証委託申込みを行った中小企業者等については、信用保証協会において、借入希望先金融機関に融資を斡旋する（協会斡旋保証）。

　信用保証協会は、金融機関との間で、あらかじめ信用保証取引約定書（基本契約）を締結している。信用保証協会は、個別案件に関しては、金融機関に対し、担保・保証人等の保証条件などが記載された信用保証書を発行する。この信用保証書の交付によって、信用保証協会と金融機関の間で、個別的な保証契約が成立する（信用保証取引約定書1条）。

(2)　問題の所在

　金融機関斡旋保証においても、協会斡旋保証においても、中小企業者等に関する個人データが、信用保証協会と金融機関との間で授受される。

---

[3]　六信勝司「マル保融資と管理回収実務　第1回信用保証制度の仕組み」金法1640号53頁。信用保証協会の保証付融資に関する説明は、東京信用保証協会のホームページのほか、①六信氏の連載、②全国信用保証協会連合会「営業店のための信用保証協会信用保証取引約定書の解説(1)〜(4)」金法1480号48頁〜1484号37頁、③関沢正彦「信用保証協会の信用保証をめぐる法律的諸問題(1)〜(5)」金法890号4頁〜894号12頁による。

具体的には、金融機関斡旋保証の場合には、取引金融機関が、中小企業者等から、中小企業者等の氏名・住所・連絡先、取扱商品・サービス内容・取引先など中小企業者等の経営内容に関する情報、決算・税務申告に関する情報などに含まれる個人情報・個人データを取得し、これを信用保証協会に提供している。信用保証協会は、当該個人情報・個人データを、信用保証制度を利用できるか否かの確認・判断のために利用している。

また、協会斡旋保証の場合には、信用保証協会が、中小企業者等の氏名・住所・連絡先、決算・税務申告に関する情報、他協会利用状況などに含まれる個人情報・個人データを取得し、これを借入希望先金融機関に提供している。借入希望先金融機関は、当該個人情報・個人データを、当該中小企業者に対する与信判断等のために利用している。

これらの個人データの授受についても、本節1で検討した問題と同様の点が問題となる。

(3) 検　　討

信用保証協会における実務では、金融機関斡旋保証や協会斡旋保証の場合における上記個人データの授受を「第三者提供」と整理し、金融機関または信用保証協会において、個人情報保護法23条1項・金融庁GL13条1項に沿って、中小企業者等から、個人データの第三者提供に関する同意書を取得しているところが多いと考えられる。

なお、金融機関が中小企業者等から当該中小企業者等の個人情報を直接書面取得する場合（金融機関斡旋保証の場合）や、信用保証協会が中小企業者等から当該中小企業者等の個人情報を直接書面取得する場合（協会斡旋保証の場合）、金融機関または信用保証協会が「与信事業に際して」（金融庁GL8条2項）中小企業者等から個人情報を取得していることになるから、金融機関または信用保証協会は、金融庁GL8条2項・3条3項に沿って、中小企業者等から、個人情報の利用目的について同意を取得している。

【参考条文】
第23条（第三者提供の制限）

> 1 個人情報取扱事業者は、次に掲げる場合を除くほか、あらかじめ本人の同意を得ないで、個人データを第三者に提供してはならない。

第4節 複数の金融機関が関係する融資取引

貸付取引に複数の当事者が関係する場合としては、保証会社・信用保証協会の保証付ローン契約のほかに、①代理貸付、②提携ローン、③団体信用生命保険付きのローン契約などがある。このうち、③の団体信用生命保険付きのローン契約については、第9節で後述する。

1 代理貸付
(1) 代理貸付の意義

代理貸付とは、金融機関が他の機関の資金を業務委託契約に基づいて代理して貸し付けることをいう。

日本政策金融公庫、福祉医療機構、中小企業基盤整備機構などを委託金融機関として、代理貸付が行われている（日本政策金融公庫法14条1項、独立行政法人福祉医療機構法14条1項、独立行政法人中小企業基盤整備機構法17条1項等）。

代理貸付の委託機関と代理機関との間で締結される業務委託契約では、貸付業務の委託およびこれに付随した事項が合意されている。具体的には、委託機関の義務として、①委託手数料支払義務、②貸付資金その他の費用前払義務、③立替費用償還義務を定め、代理機関の義務として、①事務処理義務、②善管注意義務、③報告義務、④回収金引渡義務、⑤保証またはこれに準ずる義務、回収金按分充当義務などを定めている[4]。

---

[4] 上野隆司『代理貸付の法律と実務』19頁～27頁。

(2) 代理貸付の手続等

代理貸付では、代理機関に貸付に関する広範な権限が与えられている。代理機関は、借入申込みを受け付けて審査し、資金を貸し付け、貸付債権の管理・回収業務を行うが、その具体的な流れはおおむね次のとおりである[5]。

代理機関は、申込者から借入れの申込みを受けたときには、申込者の借入意思を確認し、申込みを受け付ける。代理機関は、審査を行ったうえで、貸付を行う旨決定した場合には、申込者にその旨を通知するとともに、委託機関に対し、貸付決定報告および送金依頼書によって、貸付枠の範囲内で貸付資金の送金依頼をする。

委託機関は、当該貸付が委託機関所定の貸付条件に違反しないことを確認し、代理機関に送金する。代理機関は、送金を受領した後、貸付を実行する。

借主との間の金銭消費貸借契約の当事者は、委託機関であり、代理機関は委託機関の代理人にすぎない。

(3) 個人情報保護法上の問題点の検討

　　a　個人データの帰属の問題

まず、代理貸付による金銭消費貸借契約書に基づき借主の個人情報を直接取得しているのは、委託機関か、それとも代理機関かが問題となる。

この点、委託機関が直接取得していると解するのが素直であると考えられる。

なぜならば、代理貸付における金銭消費貸借契約書（借入申込書）には、貸主として委託機関の名称が表示されており、金銭消費貸借契約は、委託機関と借主の間で成立しているので、特別な事情がない限り、委託機関が借主から当該契約書（借入申込書）に記載された個人データを直接取得していると考えるのが自然だからである。

---

[5] 以下の説明は、上野・前掲66頁以下による。

b　委託機関と代理機関の関係

　委託機関のなかには、「個人情報取扱事業者」ではなく、「独立行政法人等」（法2条3項3号）に当たるため、独立行政法人等の保有する個人情報の保護に関する法律が適用されることになる団体がある。この場合、具体的には、同法7条2項（安全確保の措置）、9条（利用及び提供の制限）が問題となる。

　2　提携ローンについて

　いわゆる提携ローンにおいて、提携先に対して、債務者の借入残高等の個人データを提供する場合がある。

　そこで、このような個人データの提供を個人情報保護法23条、金融庁GL4条・13条との関係で、どのように整理するかが問題となる。

　この点、一口に提携ローンといってもその種類は多様であるから、個別の提携ローンごとに、①提供する個人データの内容、②個人データ提供の必要性、③提供先での利用目的を検討し、当該個人データの提供を個人情報保護法上、どのように整理するかを検討する必要があると考えられる。

　個人データの提供を第三者提供と構成する場合には、まず、本人が金融機関や提携先に提出する借入申込書等の記載のなかに、金融機関と提携先の間の個人データの授受に同意する旨の明示の文言を設けることになると考えられる。

　なお、このような記載がない場合には、①契約書の記載内容から、本人が第三者に個人データが提供されることを明確に認識しながら、これに同意して署名・捺印しているといえないか、②契約書類の授受など契約締結手続の流れ・提携ローン全体の仕組み・契約時の説明内容などから、本人は個人データが第三者に提供されることを明確に認識しつつ、これに同意して契約書に署名・捺印したといえる場合（黙示の同意）もあると考える。

3　実務上の留意点

　貸付取引に複数の当事者が関与する場合、当該取引に関連し取引関係者が取得・授受する個人情報の取扱いにつき、第三者提供（同意取得）／委託／共同利用のいずれとして整理するのかを検討・整理したうえで、取引関係者間の協定書等において、開示等の権限の所在や当事者間の責任分担などについて取り決めておくほうが望ましいと考えられる。

　この作業の際の実務上の留意点については、第4編第1章において詳述する。

【参考条文】

第22条（委託先の監督）
　個人情報取扱事業者は、個人データの取扱いの全部又は一部を委託する場合は、その取扱いを委託された個人データの安全管理が図られるよう、委託を受けた者に対する必要かつ適切な監督を行わなければならない。

第23条（第三者提供の制限）
1　個人情報取扱事業者は、次に掲げる場合を除くほか、あらかじめ本人の同意を得ないで、個人データを第三者に提供してはならない。

第5節　融資拒絶時の理由開示の要否

1　銀行法・銀行監督指針上の取扱い

　銀行法12条の2第2項および同法施行規則13条の7は、銀行に対し、業務の内容および方法に応じ、顧客の知識、経験、財産の状況および取引を行う目的をふまえた重要な事項の顧客に対する説明、その業務に関して取得した顧客に関する情報の適正な取扱い、その業務を第三者に委託する場合における当該業務の的確な遂行その他の健全かつ適切な業務の運営を確保するための措置（書面の交付その他の適切な方法による商品または取引の内容およびリスクの説明ならびに犯罪防止措置を含む）に関する社内規則等を定めるととも

に、従業員に対する研修その他の当該社内規則等に基づいて業務が運営されるための十分な体制を整備するよう求めている。

また、金融庁は、金融機関に対し、与信取引（貸付契約およびこれに伴う担保・保証契約）に関する説明態勢、および、それを補完する相談苦情処理機能の充実・強化を求めている（主要行監督指針Ⅲ-3-3-1、中小・地域金融機関監督指針Ⅱ-3-2-1）。

すなわち、銀行監督指針では、「取引関係の見直し等の場合の説明」と題して、主として中小企業向け取引等を念頭に置いて、①契約締結後の金利の見直し、返済条件の変更、担保追加設定・解除等の場合、②顧客の要望を謝絶し貸付契約に至らない場合、③延滞債権の回収等の場合において、可能な範囲で、貸付契約を謝絶する理由などについて、適切な説明を行える態勢を整備するよう金融機関に求めている（主要行監督指針Ⅲ-3-3-1-2(6)、中小・地域金融機関監督指針Ⅱ-3-2-1-2(6)）。

2 個人情報保護法上の問題点

(1) 問題の所在

金融実務では、金融機関が融資申込みを謝絶すると、申込者が金融機関に対して、融資申込謝絶の理由を説明するように求めてくる事例が少なくない（前田ほか「座談会」23頁［三上発言］）。

申込者が、法28条に基づいて、金融機関に対し、融資申込謝絶の理由の開示を求めてきた場合、金融機関は、これに応ずる義務があるか。評価情報も「個人データ」に含まれると考えられるため、問題となる。

(2) 検　討

a 開示義務肯定説

この点、融資を拒絶した申込者から、融資拒絶に関する保有個人データの開示を求められた場合、個人情報保護法28条2項但書各号の除外事由に該当しないから、金融機関は、開示請求に応じなければならないと解する見解がある（香月裕爾『金融機関における個人情報保護Q&A』44頁）。

b　開示義務否定説

　しかしながら、融資を拒絶された申込者から融資拒絶に関する保有個人データの開示を求められた場合、金融機関が常に開示義務を負うと即断するのは妥当ではない。

　個人顧客に対する貸付取引は、その評価がきわめて困難な個人の信用を評価して、これを引当てに行う与信取引である。個人顧客に対する貸付取引では、一定比率の貸倒債権が発生することが不可避であるから、このリスクを織り込んだうえで金利・貸付上限額などを設定し、貸付取引の可否を判断することになる。

　個人顧客に対する貸付取引のなかには、法人顧客との取引以上に貸付審査の迅速性が要求されるものも登場してきているが、限られた時間のなかで、金融機関が、①申込者が提出した書面情報、②個人信用情報機関に登録されている個人信用情報のほかに、いかなる情報を、どの程度考慮して融資の可否を審査し、どのような内容の貸付申込みであれば応諾し、あるいは拒絶するかといった審査過程・審査基準に関する情報は、金融機関にとって最も重要なノウハウであり、これらは対外厳秘とされている。

　審査過程はある程度定型化されているが、この審査過程における審査に大きな見込違い・誤りがあった場合、金融機関の貸付債権の貸倒率の上昇に直結するといっても過言ではない[6]。

　このような意味において、審査過程での判断に関する情報は、金融機関にとって死活的重要性を有する情報であるから、この開示を強いられた場合、金融機関の個人顧客向け貸付業務の適正な実施に著しい支障を及ぼすおそれが高いと考えられる。

　したがって、審査過程での判断に関する評価情報について、申込者が開示

6　与信審査の手法……第8回金融審特別部会における全銀協委員の説明によれば、従来の審査では、顧客の収入から予想される返済余力と、月々の返済額との比率をみて妥当性を判断する方法をとっていたが、現在では統計的な手法（過去の融資実績から、さまざまな属性情報等を用いてグループ分けをし、そのグループごとの延滞発生率を算出しておき、申込みをした顧客のデータと比較する手法）を用いているようである。

を求めた保有個人データの内容・範囲などを総合的に考慮し、具体的に「当該保有個人データを開示することによって、金融機関の業務の適正な実施に著しい支障を及ぼすおそれがあるか否か」を検討した場合には、このおそれを肯定できる場合が多いと考えられる。金融庁GL15条でも、「与信審査内容等の個人情報取扱事業者が付加した情報の開示請求を受けた場合」は、「当該保有個人データを開示することによって、金融機関の業務の適正な実施に著しい支障を及ぼすおそれがある」場合に該当するとしている。

したがって、申込者から融資申込拒絶の理由に関する保有個人データの開示を求められた場合であっても、以上の要件を満たす限り、金融機関は、個人情報保護法28条2項但書2号に該当することを理由に、開示請求を拒むことができると考えられる。

【参考条文】

第28条（開示）
1 本人は、個人情報取扱事業者に対し、当該本人が識別される保有個人データの開示を請求することができる。
2 個人情報取扱事業者は、前項の規定による請求を受けたときは、本人に対し、政令で定める方法により、遅滞なく、当該保有個人データを開示しなければならない。ただし、開示することにより次の各号のいずれかに該当する場合は、その全部又は一部を開示しないことができる。
  一 本人又は第三者の生命、身体、財産その他の権利利益を害するおそれがある場合
  二 当該個人情報取扱事業者の業務の適正な実施に著しい支障を及ぼすおそれがある場合
  三 他の法令に違反することとなる場合
3 個人情報取扱事業者は、第1項の規定による請求に係る保有個人データの全部又は一部について開示しない旨の決定をしたとき又は当該保有個人データが存在しないときは、本人に対し、遅滞なく、その旨を通知しなければならない。
4 他の法令の規定により、本人に対し第2項本文に規定する方法に相当する方法により当該本人が識別される保有個人データの全部又は一部を開示することとされている場合には、当該全部又は一部の保有個人データについて

> は、第1項及び第2項の規定は、適用しない。

第6節　家族情報の取得と取扱いに関する問題点

1　利用目的に関する問題点

(1)　問題の所在

　第3編第1章で前述したとおり、金融機関が本人確認書類の提示を受け、その写しを保存する場合、本人確認書類に記載された当該本人の個人情報だけではなく、当該本人の家族の個人情報（氏名、生年月日、続柄など）も取得することがある。

　また、本章第1節で述べたとおり、住宅ローンの申込みの際にも、金融機関は、申込者の家族に関する個人情報（氏名、生年月日、続柄）を取得している。

　このように、金融機関が、申込者から、申込者の家族に関する個人情報を取得する場合、申込者の家族に対して、個人情報の利用目的を明示する必要があるか、個人情報保護法18条2項との関係で問題となる（以下、本節では、家族が保証人等でない場合を前提に検討する）。

(2)　検　　討

　個人情報保護法18条2項は、個人情報取扱事業者に対し、本人との間で契約を締結することに伴って契約書その他の書面に記載された当該本人の個人情報を取得する場合、その他本人から直接書面に記載された当該本人の個人情報を取得する場合は、あらかじめ、本人に対し、その利用目的を明示することを義務づけている。

　金融機関が、申込者と貸付契約を締結することに伴って、貸付申込書に記載されている申込者の家族に関する個人情報を取得する場合は、「本人との間で契約を締結することに伴って契約書その他の書面に記載された当該本人

の個人情報を取得する場合その他本人から直接書面に記載された当該本人の個人情報を取得する場合」という要件に当たらないから、個人情報保護法18条2項の適用はないと考えられる。

したがって、金融機関が、申込者から、申込者の家族に関する個人情報を取得する場合、金融機関は、当該家族に対して、個人情報の利用目的を明示する必要はなく、個人情報保護法18条1項に基づく通知・公表で足りると考えられる（金融庁GLに関するパブリックコメント手続における金融庁回答（回答番号76）参照）。

2 偽りその他不正の手段による取得との関係

(1) 問題の所在

個人情報保護法17条は、個人情報取扱事業者に対し、偽りその他不正の手段による個人情報の取得を禁止している。

第三者から、特定の個人に関する個人情報を取得する場合、当該第三者が偽りその他不正の手段によって個人情報を取得していないかに注意する必要があるが、金融機関が、申込者から、申込者の家族に関する個人情報を取得する場合、この規制との関係で特に留意すべき点は何かが問題となる。

(2) 検 討

申込者とその家族は、身分上・経済上・社会生活上、きわめて密接な関係にあるのが通常であり、法律上も、扶養義務を負う関係にある（配偶者につき民法752条、直系血族につき同法877条参照）。

このような申込者とその家族の関係にかんがみれば、申込者が、その家族から、当該家族に関する個人情報を不正に取得した可能性は、類型的に低いと考えられる。

したがって、特別な事情がない限り、金融機関による申込者からの家族情報の取得が、「偽りその他不正の手段による取得」に当たることは稀であると考えられる。

3 第三者提供との関係

(1) 問題の所在

　個人情報保護法23条1項は、個人情報取扱事業者に対し、個人データを第三者に提供する際、あらかじめ本人の同意を得るよう求めている。

　前述したとおり、金融機関では、住宅ローン申込書などにおいて、債務者本人の個人情報だけではなく、債務者の同居の家族の個人情報（氏名・生年月日・続柄など）を取得しているが、金融機関が住宅ローン債権を第三者に譲渡する場合、債権証書の引渡しに伴い、債務者の個人情報だけではなく、同居の家族の個人情報も譲受人に提供されることになるが、これを個人情報保護法23条1項との関係で、どのように整理するかが問題となる。

(2) 検　討

　この問題は、きわめて困難な問題であるが、債務者の家族の個人情報を第三者に提供することを肯定するためには、次の3つのような考え方をとるほかないように思われる。

　　a　債務者に関する情報といえないか

　金融機関は、債務者からの借入申込みに基づき、債務者の返済能力を審査するため、債務者に関する個人情報を取得している。その際、債務者の同居の家族の氏名、生年月日、債務者との続柄を取得するが、この情報は債務者の返済能力の審査のために用いられ、債務者に関する情報の一部として、これと一体的に管理されている。

　このような金融機関における個人情報の取扱いの実情にかんがみれば、債務者の同居の家族の氏名、生年月日、続柄程度の内容であれば、当該情報は、「債務者に関する情報」であり、「家族に関する情報」ではないと評価することができる場合もあると考えられる。

　　b　家族情報の個人データ該当性

　上記のような整理がむずかしい場合には、次に、家族情報が「個人データ」に当たらないといえないかが問題となる。すなわち、住宅ローン契約書のなかには、債務者の個人情報のほかに、債務者の家族の個人情報も記載さ

れている。債務者本人の個人情報はコンピュータ管理をされているのが通常であると思われるし、住宅ローン契約書も債務者名に着目して整理され、検索できるように工夫されて保管されていると考えられるから、住宅ローン契約に係る債務者本人の個人情報や住宅ローン契約書に記載されている債務者の個人情報は、「個人データ」に該当することが多いと考えられる。

　これに対し、債務者の家族の個人情報について、コンピュータに登録・管理しておらず、また、住宅ローン契約書の保管・管理の状態によっては、債務者の家族名で検索できるような工夫を凝らしておらず、膨大な住宅ローン契約書から特定の家族名を検索することが困難である場合も少なくないと考えられる。

　このような場合には、住宅ローン契約書に記載されている債務者の家族の個人情報は、「個人情報データベース等」を構成する個人情報とはいえず、個人データに該当しないと考えられる（法2条4項)[7]。

　以上のように、債務者の家族の個人情報が「個人データ」に該当しないような状態で保管・管理されている場合には、住宅ローン契約に基づく債権譲渡によって債権証書が譲受人に引き渡されたとしても、債務者の家族の個人データが譲受人に提供されていることにはならず、個人情報保護法23条1項の適用はないと考えられる（債務者の家族の同意を得る必要はないと考えられる）。

c　第三者提供規制との関係

　これに対し、たとえば、住宅ローン契約書の保管・管理に工夫を凝らしており、膨大な住宅ローン契約書のなかから債務者の家族の個人情報を容易に検索できるようになっている場合には、当該個人情報は「個人データ」に該

---

[7]　経済産業分野のうち信用分野における個人情報保護ガイドラインでは、「個人情報の記載されたクレジットカードの申込用紙その他の個人情報データベース等を構成する前の入力帳票についても、個人データに相当する扱いとすること」と定めている。この記述は、申込書類の記載内容は、個人情報保護法上の「個人情報データベース等」に該当しないという解釈を前提としていると考えられる。このような解釈に照らせば、住宅ローン申込書に記載されている家族情報は個人データでないと解釈できる場合もあるように思われる。金融機関における個人情報保護に関するQ&A問Ⅱ-7①も参照。

当するため、個人情報保護法23条1項の適用があることになる。

このような状態の住宅ローン契約書をそのまま譲受人に引き渡すと、債務者の家族の個人データを譲受人に提供したことになるが、これを個人情報保護法23条1項との関係で、どのように整理するかは、きわめて困難な問題である。

これを可能とする考え方としては、①債務者の配偶者や債務者と同居する両親は、自己が居住する建物について、債務者が住宅ローン契約に基づき金融機関から借入れを行っていることを承知していると考えられること、②債務者と配偶者、債務者とその同居の両親とは、それぞれ、法律上、身分上、経済上および社会生活上、きわめて密接な関係を有しており、自らが同居する不動産に係る住宅ローン契約を締結するために必要とされている行為について、協力しない意思を有しているとは考えにくく、むしろ、協力を惜しまないと考えていると解するほうが自然であること、③住宅ローン契約書は債務者自身が記入するが、債務者は配偶者や両親の了解のもと家族情報を記入していると解するのが自然であること、④住宅ローン申込書は、入手を希望すれば比較的簡単に入手できるところ、申込書をみれば配偶者や同居の親族の個人情報（氏名・生年月日・続柄）を記入する欄があることは一目瞭然であることなどにかんがみれば、配偶者および同居の両親は、自らも居住する住宅の購入資金につき、債務者が住宅ローンの申込みをする際、購入対象不動産の同居人である自己の氏名や生年月日などの個人特定情報や、債務者との続柄関係といった基礎的情報を提供すること、および、金融機関が、その業務に関しこれを利用すること（債権譲渡もこれに含まれると考えられる）について、実質的に同意していると考えるほかないように思われる[8]。

8　未成年者の個人データの提供……個人情報保護法23条1項では、提供される個人データに係る本人の同意を得ることを求めているが、同条項の「本人」には、本人にかわってその権利利益を保護すべき未成年者の法定代理人も含まれると考えられる（基本法制研究会『Q&A（第2版）』92頁）。したがって、金融機関が、債務者の子の個人データを取得する際、子自身の同意を得ていない場合であっても、子の両親（父母双方）の同意を得てさえいれば、個人情報保護法23条1項には違反しないことになると考えられる。

このような考え方をとりえない場合には、家族名の検索が容易な状態の住宅ローン契約書をそのまま譲受人に引き渡すことは、債務者の家族の同意を得ず、個人データを譲受人に提供したことになり、個人情報保護法23条1項に違反することになるから、住宅ローン契約書から「家族名の検索が容易な状態」を除去するなどの工夫を講じ、完全に非個人データ化したうえで、譲受人に提供するほかないように思われる。

(3) 実務上の留意点

債権譲渡と同様に、サービサーへの管理・回収業務の委託も頻繁に行われている。

個人情報保護法23条5項1号は、個人情報取扱事業者に対し、個人データの取扱いを委託する場合、本人の同意を得る必要はない旨定めている。

金融機関が、サービサーに債権の管理・回収業務を委託する場合、金融機関はサービサーに対して、契約書その他の債権証書を引き渡すが、これに伴い、債務者の個人データだけではなく、家族の情報を提供することになる。これを、個人情報保護法23条との関係で、どのように整理すべきかも問題となる。

第3編第3章第5節で後述するとおり、サービサーへの管理・回収業務の委託に伴う個人データの提供は、通常、「利用目的の達成のため必要な範囲内において個人データの取扱いの全部又は一部を委託する」(法23条5項1号) に当たると考えられる。

したがって、債務者の個人データをサービサーに提供する場合も、家族の個人データを債務者に提供する場合も、ともに「委託」と整理することが可能であり、個人情報保護法23条1項に基づく家族本人の同意は不要であると考えられる。

【参考条文】

第17条（適正な取得）
1 個人情報取扱事業者は、偽りその他不正の手段により個人情報を取得してはならない。

2 個人情報取扱事業者は、次に掲げる場合を除くほか、あらかじめ本人の同意を得ないで、要配慮個人情報を取得してはならない。
　一　法令に基づく場合
　二　人の生命、身体又は財産の保護のために必要がある場合であって、本人の同意を得ることが困難であるとき。
　三　公衆衛生の向上又は児童の健全な育成の推進のために特に必要がある場合であって、本人の同意を得ることが困難であるとき。
　四　国の機関若しくは地方公共団体又はその委託を受けた者が法令の定める事務を遂行することに対して協力する必要がある場合であって、本人の同意を得ることにより当該事務の遂行に支障を及ぼすおそれがあるとき。
　五　当該要配慮個人情報が、本人、国の機関、地方公共団体、第76条第1項各号に掲げる者その他個人情報保護委員会規則で定める者により公開されている場合
　六　その他前各号に掲げる場合に準ずるものとして政令で定める場合
第18条（取得に際しての利用目的の通知等）
1 個人情報取扱事業者は、個人情報を取得した場合は、あらかじめその利用目的を公表している場合を除き、速やかに、その利用目的を、本人に通知し、又は公表しなければならない。
2 個人情報取扱事業者は、前項の規定にかかわらず、本人との間で契約を締結することに伴って契約書その他の書面（電子的方式、磁気的方式その他人の知覚によっては認識することができない方式で作られる記録を含む。以下この項において同じ。）に記載された当該本人の個人情報を取得する場合その他本人から直接書面に記載された当該本人の個人情報を取得する場合は、あらかじめ、本人に対し、その利用目的を明示しなければならない。ただし、人の生命、身体又は財産の保護のために緊急に必要がある場合は、この限りでない。
3 個人情報取扱事業者は、利用目的を変更した場合は、変更された利用目的について、本人に通知し、又は公表しなければならない。
4 前3項の規定は、次に掲げる場合については、適用しない。
　一　利用目的を本人に通知し、又は公表することにより本人又は第三者の生命、身体、財産その他の権利利益を害するおそれがある場合
　二　利用目的を本人に通知し、又は公表することにより当該個人情報取扱事業者の権利又は正当な利益を害するおそれがある場合

三　国の機関又は地方公共団体が法令の定める事務を遂行することに対して協力する必要がある場合であって、利用目的を本人に通知し、又は公表することにより当該事務の遂行に支障を及ぼすおそれがあるとき。
　四　取得の状況からみて利用目的が明らかであると認められる場合
第23条（第三者提供の制限）
1　個人情報取扱事業者は、次に掲げる場合を除くほか、あらかじめ本人の同意を得ないで、個人データを第三者に提供してはならない。

第7節　手形割引業務上の留意点

1　手形割引に伴う個人情報の取得・提供

(1)　手形割引取引の特質

　手形割引は、証書貸付・手形貸付・当座貸越などと並ぶ与信取引の1つである。

　手形割引は、約束手形（商業手形）を満期前に、手形金額から満期までの利息を差し引いて取得する行為であり、手形所持人が金融機関に対して当該手形を裏書譲渡する方法によって行われている。

　手形割引の法的性質については諸説あるが、手形の売買であると解するのが判例・通説である（大阪高判昭和37年2月28日金法302号3頁）。銀行取引約定書旧ひな型も、売買説に立脚して構成されている。

　金融機関は、割引手形を満期に手形交換所を通じて支払銀行に呈示し、手形金の支払を受けることになるが、支払銀行が資金不足等の理由によって手形金の支払を行わない場合には、銀行取引約定書に基づいて、割引依頼人に対し、割引手形の買戻請求を行うこととなる。

(2)　個人情報保護法上の問題点

　　a　問題の所在

　金融機関は、割引依頼人（取引先。以下、取引先が個人情報保護法上の個人

情報取扱事業者に該当することを前提とする）から約束手形を割り引くことによって、割引手形に記載されている振出人（法人の場合はその代表者）の氏名・住所、裏書人（法人の場合はその代表者）の氏名・住所などの情報を取得する。

　これらの情報は、その内容自体によって特定の個人を識別することができるから、「個人情報」に該当すると考えられる。そして、割引依頼人および金融機関では、特定の割引手形を迅速に検索できるよう、振出人名・割引依頼人名（裏書人名）などに着目し割引手形を体系的に整理し容易に検索できるような工夫を行っているのが一般的であると考えられるから、割引手形に記載された個人情報は、割引依頼人および金融機関の「個人データ」であると考えられる[9]。

　したがって、金融機関は、手形割引取引に伴い、割引依頼人から個人データの提供を受けていることになるが、これを個人情報保護法23条1項との関係で、どのように整理するかが問題となる（論点1。なお、個人データの提供者は金融事業者でないため、金融庁GL13条1項は問題とならない）。

　また、金融機関は、割引手形を満期に手形交換所を通じて支払銀行に呈示することで、上記個人データを、手形交換所および支払銀行に提供している。この個人データの提供について、個人情報保護法23条・金融庁GL4条・13条1項との関係をどのように整理するかが問題となる（論点2）。

　b　個人情報保護法上の検討

　約束手形は、手形法によって、その流通が保証・予定された有価証券であり（手形法75条5号・77条・11条）、満期に手形交換所において呈示されることが予定されている（手形法77条・38条2項）。振出人・裏書人はこれらを熟知し、約束手形を流通させることを意図して約束手形を振り出しこれに裏書を行う。

　また、ほとんどの手形取引では統一手形用紙が用いられているが、統一手

---

[9] 手形情報に関する行内管理の状況につき、鈴木・竹内編『金融取引法大系第4巻』158頁～160頁［三菱銀行］参照。

形用紙では、表面に「上記金額をあなたまたはあなたの指図人へこの約束手形と引き換えにお支払いたします」と明記され、振出人が記名・捺印する欄が設けられているし、裏面には、裏書人欄が設けられ、各裏書人欄には、「表記金額を下記被裏書人またはその指図人へお支払いください」と記載され、受取人などが記名・捺印する欄が設けられている。また、ほとんどの手形が、支払場所として金融機関を指定している。

これらの諸点にかんがみれば、手形割引に伴う取引先から金融機関への個人データの提供および手形交換所を通じた支払銀行への呈示に伴う個人データの提供について、振出人および裏書人は、当然に同意していると考えられる。

したがって、上記個人データの提供は個人情報保護法23条1項に違反しないと考えられる。

  c 金融庁GL上の努力措置

そこでさらに進んで、金融庁GL4条および、13条1項なお書の3要件との関係を検討するに、振出人・裏書人は、統一手形用紙という書面を通じて、①手形券面上に記載されている自己の個人データが、手形行為者の取引先および金融機関に提供されること、②提供された第三者は手形法上の権利行使のために手形券面上の個人データを利用することがあること、③提供される個人データは、手形券面上に記載されている個人データであることを認識したうえで、この提供を容認し、手形面上に記名・捺印していると考えられる。

金融庁GLの努力措置をすべて充足しようとすれば、このような点に着目して、上記個人データの提供は金融庁GL4条・13条1項の努力措置の要請にも合致していると解することになると考えられる。

【参考条文】

第23条（第三者提供の制限）
1 個人情報取扱事業者は、次に掲げる場合を除くほか、あらかじめ本人の同意を得ないで、個人データを第三者に提供してはならない。

〔参考文献〕
　本文中で引用した文献のほかに、下記文献を参照した。
・河本一郎「銀行の秘密保持義務」金法744号4頁
・大西武士「銀行の守秘義務と信用照会」金法1357号4頁
　信用照会制度に関連する裁判例として、東京地判昭和31年10月9日金法121号3頁、東京地判昭和39年4月21日金法377号7頁、東京地判昭和55年1月31日金判597号37頁、大阪地判平成4年6月25日金法1357号62頁などがある。

第8節　個人信用情報機関について

　金融庁GL・安全管理実務指針では、個人信用情報機関に関する定めを、複数置いている。

　個人顧客に対する貸付・審査業務を行う場合、個人信用情報機関を利用することが少なくないから、個人信用情報機関に関する金融庁GL・安全管理実務指針の規制の概要を理解しておくことは重要であると考えられる。

　なお、個人信用情報機関に関する定めは、金融庁GL・安全管理実務指針だけでなく、銀行法施行規則13条の6の6にも規定されている点に留意する必要がある（第1編第2章第3節3参照）。

1　定義（金融庁GL2条6項）

　「個人信用情報機関」とは、個人の返済能力に関する情報の収集および与信事業を行う個人情報取扱事業者に対する当該情報の提供を業とするものをいう（金融庁GL2条6項）。個人信用情報機関が、法2条3項・施行令2条所定の「個人情報取扱事業者」や金融庁GL1条1項の「金融分野における個人情報取扱事業者」に該当する場合には、当該個人信用情報機関には、個人情報保護法・金融庁GLが適用されると考えられる。

　また、「個人信用情報」（安全管理実務指針別添3）とは、信用情報機関に登録される資金需要者の返済能力に関する情報を意味する（安全管理実務指

針別添3）。

2　利用目的への記載（金融庁GL3条4項）

　金融庁GLは、金融機関が、与信事業に際して、個人情報を個人信用情報機関に提供する場合には、その旨を利用目的に明示することおよび明示した利用目的について本人の同意を得るよう求めている（金融庁GL3条4項、後段につき努力措置）。

　金融機関では、金融機関における個人情報の利用目的として、「与信事業に際して個人情報を加盟する個人信用情報機関に提供する場合等、適切な業務の遂行に必要な範囲で第三者に提供する」ことを掲げ、与信事業においてはこの利用目的について本人から同意を得ることにより、金融庁GL3条4項に沿った対応を行っている。

3　本人からの同意取得（金融庁GL13条3項）

　金融庁GL13条3項では、個人信用情報機関に対する個人データの提供について、①同意取得の方法および②利用目的の制限に関する規定を設けている（詳細については、第1編第3章第14節参照）。

　前述したとおり、全国銀行個人信用情報センターの会員である金融機関は、個人顧客からローンの申込みを受けた際、個人信用情報機関に照会を行い、その結果を与信判断に役立てている。金融機関が個人信用情報センターに照会をした場合、その情報が個人信用情報センターに蓄積され、他の金融機関に対しても提供されるが、金融機関は、個人信用情報センターに照会するに先立ち、ローン申込者から、ローン申込書において、個人信用情報機関への照会および照会記録情報の登録につき同意を得ている。また、全国銀行個人信用情報センターの会員である金融機関は、個人顧客と貸付契約を締結した場合、個人信用情報機関に、借入日・借入額などの契約内容を登録する。そして、貸付契約成立後、延滞・保証会社による代位弁済・担保権実行などの事由が発生した場合にも、金融機関が、全国銀行個人信用情報セン

ターにその旨を登録するが、これらについても、貸付契約書において契約者から同意を得ている。

　金融機関では、個人情報保護法・金融庁GLの全面施行時、従来のローン申込書・貸付契約書等の同意文言を改訂し、または、別途同意書面を作成しこれにより本人から同意を得ることで、金融庁GL13条3項に沿った取扱いを行っている。

4　経過措置との関係（金融庁GL13条8項）

　個人情報保護法施行前に同法23条1項の規定による本人からの同意に相当するものがあれば、同法施行後においても引き続き第三者への提供を行うことができる（法附則3条）。

　金融庁GL13条8項では、金融機関が個人情報保護法施行前に締結した貸付契約に際して、個人信用情報機関への提供の同意を本人から得ている場合、加入資格に関する当該機関の規約等および会員企業名の公表は個人情報保護法の施行（平成17年4月1日）前に実施されることが適当であると定めている。この公表は、個人信用情報機関が実施すれば足り、個別金融機関においては、本人がこれを知りうる状態にすれば、各別に実施しなくてもよいと考えられる（金融庁GLに関するパブリックコメント手続における金融庁回答（回答番号299））。

5　オプト・アウト制度の利用の排除（金融庁GL13条5項）

　返済能力に不安のある個人が個人信用情報機関への個人データの提供の停止を求めた場合には多重債務問題への適切な対応が困難となるおそれがある。

　そのため、金融機関は、与信事業に係る個人の返済能力に関する情報の個人信用情報機関への提供にあたっては、個人情報保護法23条2項を用いないこととされている（金融庁GL13条5項、努力措置）。

6　安全管理実務指針における規制

　安全管理実務指針では、別添3において、個人信用情報機関における会員管理について定めを設けている。

　別添3の内容は、個人信用情報機関を名宛人とした規制であるが、金融機関に影響を与える事項も含んでいるから、その概要を理解しておくことが必要である。

(1)　安全管理実務指針の内容

　個人信用情報機関は、その会員が適正に個人信用情報を登録・照会し、個人信用情報を返済能力の調査以外の目的のために使用しないことを確保するため、安全管理実務指針Ⅰ(2)に規定する措置に加え、①資格審査に関する措置、②モニタリングに関する措置、③不適正使用に対する処分等、および④外部監査に関する措置を講ずることを求められている（安全管理実務指針8-1～8-4、努力措置）。

　すなわち、個人信用情報機関は、入会申込み時に、適正な事業者のみが会員となるよう、あらかじめ定めた入会基準に基づき、厳正に入会審査を行うことが必要である（安全管理実務指針8-1、努力措置）。ここで、「あらかじめ定めた入会基準」は、①安全管理実務指針5-1「個人データ保護に関する委託先選定の基準」を満たすこと、②会員となろうとする個人情報取扱事業者が個人信用情報を返済能力の調査以外の目的のために使用しないこと、およびその確認のための個人信用情報取扱機関によるモニタリングに書面等により同意することを含んでいることが必要であると考えられる（安全管理実務指針に関するパブリックコメント手続における金融庁回答（回答番号85））。

　また、個人信用情報機関は、会員の入会後、会員が入会基準を逸脱し、また返済能力の調査以外の目的のために個人信用情報を使用しないよう、会員による個人信用情報へのアクセスに対する適切かつ継続的なモニタリングを行う必要がある（安全管理実務指針8-2、努力措置）。「モニタリング」とは、会員である個人情報取扱事業者が個人信用情報を返済能力の調査以外の目的のために使用していないことを確認するため、会員による個人信用情報への

アクセス状況を分析すること等を意味すると考えられる（安全管理実務指針に関するパブリックコメント手続における金融庁回答（回答番号87））。

さらに、個人信用情報機関は、個人信用情報の不適正な使用があった場合、あらかじめ定めた会員管理に関する規程に基づき、利用停止、退会その他の処分を実施するとともに再発防止策を講じる必要がある（安全管理実務指針8-3、努力措置）。

最後に、個人信用情報機関は、個人信用情報機関における金融庁GLおよび安全管理実務指針に従った安全管理措置が実施されていることを確認するため、外部監査を受ける必要がある（安全管理実務指針8-4、努力措置）。

(2) 実務上の留意点

個人信用情報機関の会員である金融機関が、返済能力情報（信用情報機関から提供を受けた情報であって個人である資金需要者の借入金返済能力に関するもの）を、返済能力の調査以外の目的のために使用した場合には、金融庁GL・安全管理実務指針上の努力措置に反する結果となるだけでなく、①個人信用情報機関により、会員管理規程に基づく利用停止等の処分がなされる可能性があること、②金融庁によって銀行法施行規則13条の6の6に違反すると認定判断された場合には、銀行法上の業務改善命令等が発出される可能性があることに留意する必要がある。

7 「全国銀行個人信用情報センターにおける個人情報保護指針」等

全国銀行個人情報保護協議会は、①「全国銀行個人信用情報センターにおける個人情報保護指針（全国銀行個人信用情報センターにおける個人信用情報の保護と利用に関する自主ルール）」、および②「全国銀行個人信用情報センターの会員における安全管理措置等に関する指針」を策定している。

①は、全国銀行個人情報保護協議会の会員のうち全銀協を対象とする個人情報保護指針として、全銀協が個人信用情報の取扱いに関して、その設置・運営する全国銀行個人信用情報センターおよび同センターの会員に遵守させるべき基本事項を定めるものである（上記①の指針1条）。

また、②は、上記①の18条の規定に基づき、同センターの会員が取り扱う個人信用情報の安全管理、委託先の監督および目的外利用防止等の措置に関する具体的な指針を定めたものである（上記②の指針Ⅰ(1)）。
　上記①および②は、全国銀行個人情報保護協議会のウェブサイトにおいて公表されている。全国銀行個人信用情報センターの会員である金融機関は、個人情報保護法・金融庁GL・安全管理実務指針に加え、上記①②の指針も遵守する必要がある。

第9節　団体信用生命保険について

1　団体信用生命保険の意義

　団体信用生命保険とは、金融機関または業界団体を保険契約者、住宅ローンの申込者（債務者）等を被保険者、保険契約者（金融機関）を保険金受取人とする団体保険である。住宅ローンの債務者が、住宅ローン債務の返済期間中に死亡・高度障害になった場合、保険金により住宅ローン債務が完済される仕組みになっている。
　団体信用生命保険の加入手続は、通常、住宅ローン申込み時に、住宅ローンの申込者（債務者）が、申込書兼告知書に健康状態などを記入して、これを金融機関に提出し、金融機関または業界団体が、保険契約者として、これを生命保険会社に提出し、生命保険会社において審査を行ったうえで、団体保険への加入が認められる。

2　センシティブ情報・要配慮個人情報の取得等の禁止との関係

(1)　問題の所在

　団体信用生命保険の加入申込手続において、金融機関は、住宅ローンの申込者から、申込書兼告知書を受領している。申込書兼告知書のなかには、住宅ローン申込者の「病歴」「保健医療に関する情報」が含まれている場合が

あり、これは、「要配慮個人情報」（法17条2項）・「センシティブ情報」（金融庁GL6条1項）に該当すると考えられるため、この取得・利用・第三者提供（生命保険会社への提供）を、個人情報保護法17条2項・金融庁GL6条1項との関係でどのように整理するかが問題となる。

(2) 検　　討

　この点、団体信用生命保険において、保険契約者である金融機関または業界団体が、被保険者（債務者）の保健医療に関する情報を、契約事務手続の範囲内で取り扱うことは、金融庁GL6条1項7号所定の必要性・適切性の要件を充足すると考えられる（金融庁GLに関するパブリックコメント手続における金融庁回答（回答番号173））。

　実務では、平成17年4月1日以降、この解釈を前提に、申込書兼告知書等に保健医療情報の取得・利用・第三者提供についての同意条項を新設し、この点について被保険者（債務者）から同意を得ている。

　以上を前提とする限り、法17条2項との関係でも、特段問題ないと考えられる。

3　個人データの第三者提供（法23条1項・金融庁GL13条）との関係

　団体信用生命保険付きの住宅ローンでは、団体信用生命保険の加入申込み・加入審査、審査結果の通知、住宅ローンの実行、住宅ローンの期中管理、団体信用生命保険の保険金支払時などの場面で、金融機関と生命保険会社との間で、保険契約の内容やローンの実行に関する債務者の個人データが授受される。

　実務では、この個人データの授受を「第三者提供」と整理し、平成17年4月1日以降、個人情報保護法23条1項・金融庁GL13条1項に沿って、団体信用生命保険の加入申込み時に、金融機関から生命保険会社に提供される個人データの内容、保険会社における利用目的、保険会社から金融機関に提供される個人データの内容および金融機関における利用目的を申込書兼告知書に記載するなどして、住宅ローンの申込者（債務者）の同意を得ているとこ

ろが多いと考えられる。

❗ ワンポイントアドバイス

　貸付取引は、金融業務の中核を担う取引である。

　金融庁GLでは、与信業務に着目した特別な規制が設けられているため、個人情報保護法とともに、金融庁GLの内容も理解しておくことが必要である（第1編第3章参照）。

第3章　管理・回収業務上の留意点

> **チェックポイント**
> ① 管理・回収業務において、金融機関が取得する個人情報には、どのようなものがあるかを確認する（第1節）。
> ② 債権譲渡・サービサーへの回収委託に伴う個人データの提供について問題の所在を把握する（第2節・第5節）。
> ③ 保証人に対する情報開示について、個人情報保護法上の問題点を整理する（第3節・第4節）。

第1節　管理・回収業務時の個人情報の取得と利用の実情

　前述したとおり、貸付取引情報は、1つのCIFのもと、預金取引情報と一体的に管理されている。貸付金の返済は、預金口座を通じて行われるから、貸付債権の管理・回収業務に関する情報は、預金口座に集積することになる。

　債務者の返済が遅れた場合、金融機関は、預金口座の異動をみて入金状況を確認のうえで、返済督促を行う。

　また、債務者が所在不明になった場合には、戸籍・住民票・戸籍の附票を取得し、債務者の居所を追跡するが、その過程で、金融機関は、戸籍・住民票・戸籍の附票に記載されている個人情報を取得することになる。

　さらに、債務者に相続が発生した場合、金融機関は、戸籍謄本を取得して

相続人調査を行い、債務を承継した相続人に対し、貸金返還請求を行うことになるが、この場合も、金融機関は、戸籍謄本に記載された本籍地、氏名、生年月日、戸籍に入った原因、実父母の氏名・続柄、配偶者、子供の有無などに関する個人情報を取得することになる（戸籍法13条、戸籍法施行規則30条）（井上大文「サービサーと個人情報保護」NBL791号8頁参照）。

戸籍謄本のなかには「センシティブ情報」が含まれているが、上記のうち、債務者死亡による相続人調査については、「相続手続による権利義務の移転等の遂行に必要な限りにおいて、センシティブ情報を取得」する場合（金融庁GL6条1項6号）に該当すると考えられるから、金融機関が戸籍謄本を取得しこれに記載されている本籍情報を取得することは、金融庁GL6条に反しないと考えられる。

第2節　債権譲渡と個人情報保護法23条

1　問題の所在

不良債権の最終処理・資産の健全化を目的として、債権譲渡が広く活用されてきた。

また、ROE・ROAなどの経営効率性を重視する観点から住宅ローンをはじめとする正常貸出債権の流動化が行われており、その法的環境整備も整っている。

個人向け貸付債権を譲渡する場合、①譲渡債権の特定のため、および、②信用リスクの評価のため、譲渡債権の債務者に関する情報を、譲受人（その候補者を含む）に開示することが必要不可欠である。

金融機関は、個人向け貸付債権を譲渡する際、譲受人（候補者）に対し、譲渡債権の債務者のデータを提供しているが、その大半は、「個人データ」に該当すると考えられるから、譲渡金融機関による個人データの提供を、個人情報保護法23条・金融庁GL4条・13条1項との関係でどのように整理す

るかが問題となる。

2　秘密保持義務に関する議論の状況

債権譲渡に伴う秘密情報の開示について、秘密保持義務との関係でどのように考えるべきかについて議論がある。

従来の議論では、①黙示の同意があると考え秘密保持義務違反はないと解する見解、②業務上正当行為と考え秘密保持義務違反はないと解する見解（佐粧朋子「資産の証券化・流動化における資産の原保有者による資産内容に関する情報提供行為と秘密保持義務」資産流動化研究vol.Ⅱ）、③法人と個人とを分け、法人については、開示の目的・開示情報の内容などを総合考慮し秘密保持義務違反を判断すべきとする見解（全国銀行協会「貸出債権市場における情報開示に関する研究会報告書」（平成16年4月））などが主張されていた。

3　個人情報保護法上の検討

それでは、上記論点につき、個人情報保護法上は、どのように整理されるのであろうか。個人情報保護法23条では、個人データの第三者提供につき本人の事前同意を求めているため、問題となる。

(1)　学説等の状況

①　明示的同意必要説

譲渡金融機関が、譲受人（候補者）に対し、債務者の同意を得ずに個人データを提供することは、形式的には個人情報保護法23条1項に違反するおそれがあるから、個人データを提供する際には、債務者の明示的な同意を取得することが望ましいが、債権譲渡に伴う一定の情報提供が民事上正当な理由のある適法行為であると評価できる場合には、「個人の権利利益を保護するため必要があると認めるとき」（法42条1項）に当たらず、勧告・命令（同条1項・2項）が発されることはないと解する見解である（吉田正之・関根良太「金融機関の顧客情報についての守秘義務と貸付債権の譲渡」金法1626号42頁、芦田勝「個人情報保護に関する金融機関の取組みと法制化に向けた課題」銀行法

務21・591号23頁も明示的同意を要求する趣旨と考えられる）。

② 個人情報保護法23条1項2号適用説

債権譲渡の際、譲渡金融機関が、譲受人（候補者）に対し、債務者の個人データを提供することは、個人情報保護法23条1項2号の「財産の保護のために必要がある場合であって、本人の同意を得ることが困難であるとき」に該当するから、個人顧客の同意を得ずに、譲受人候補者に個人データを提供することは、個人情報保護法23条1項に違反しないと考える見解である（前田ほか「座談会」20頁［三上発言］）。

③ 前田説

債権譲渡・手形取引など法制度として認められている取引に必然的に付随する個人データの第三者提供については、個人情報保護法23条1項各号の適用除外事由に当たらない場合であっても、当然に、個人情報保護法の例外として、同意を得ずに行えると解する見解である（前田ほか「座談会」20頁［前田発言］）。

④ 同意の推定説（黙示の同意説）

債権譲渡に伴う当該債権に関する債務者の個人データの提供に関しては、債務者たる本人の同意を推定できる範囲内であるという見解である（金融法委員会「債権譲渡の第三者対抗要件としての確定日附書面による債務者の事前承諾の効力に関する論点整理」3頁注3（平成16年4月13日））。

(2) 検　討

法律構成こそ異なるものの、結論的に、債権譲渡に伴う一定の情報提供については、個人情報保護法23条との関係では、あらためて明示的同意を取得することまでは要しないと解する見解（②説、③説、④説）が有力である（なお、河野玄逸「夏期集中連載　債権回収とコンプライアンス第5回」金法1653号63頁参照）。

このうち、前田重行教授は、債権譲渡・手形取引など法制度として認められている取引に必然的に付随する個人データの第三者提供については、個人情報保護法の適用除外規定に当たらない場合であっても、当然に、同法の例

外として許容されると解しており、注目すべき見解であると思われる。これに同調する見解も現れている（菅原貴与志『詳解個人情報保護法と企業法務（第2版）』163頁）。

譲渡禁止特約のない貸付債権に関する限り、③説および④説の解釈は合理的であると考えられるから、金融機関が、個人向け貸付債権を譲渡する際、譲受人（候補者）に対し個人データを提供することにつき、あらためて、譲渡債権の債務者の同意を取得することは要しないと考えられる。

金融庁GLに関するパブリックコメント手続における金融庁回答（回答番号116・140・261・263）においても、「債権譲渡に付随して譲渡人から譲受人に対して、当該債権の管理に必要な範囲において債務者及び保証人等に関する個人データが提供される場合には、個人情報保護法の解釈上、同法23条により求められる第三者提供に関する本人の同意を事実上推定できるため、改めて明示的に本人の同意を得る必要はないものと解されており、本ガイドラインも同法に基づくものであることから、当該解釈に基づき適用されます」と説明されている。

【参考条文】

第23条（第三者提供の制限）
1　個人情報取扱事業者は、次に掲げる場合を除くほか、あらかじめ本人の同意を得ないで、個人データを第三者に提供してはならない。

第3節　保証人への情報提供

1　情報提供の必要性と秘密保持義務

(1)　中小・地域金融機関監督指針の定め

保証人付融資取引において、主債務者が貸付金の返済を延滞したため保証人に保証債務の履行を求める場合、金融機関が、保証人に対し、主債務の残高・返済状況に関する情報を提供することがある。また、主債務者が主債務

の返済を滞っていない場合であっても、保証人が、金融機関に対し、主債務者の資産状況や返済状況を問い合わせてくることもある。

中小・地域金融機関監督指針では、経営者以外の第三者と根保証契約を締結する場合には、契約締結後、保証人の要請があれば、定期的かつ必要に応じて随時、被保証債務の残高・返済状況について情報を提供するよう求めているが、特に、金融機関が、保証人から、延滞状況に陥っていない主債務者の資力や返済状況の照会を受けた場合、主債務者の資産状況、被保証債務の残高や返済状況を回答するか否か、回答するとしてどの範囲で回答するか、実務上、悩ましい問題である。

中小・地域金融機関監督指針に関するパブリックコメントにおいても、全国地方銀行協会は、「(指針では)『保証人の要請があれば、定期的かつ必要に応じて随時、債務者の借入残高・返済状況について情報を提供する』とあるが、『返済状況』については一律に情報提供を義務づけず、柔軟に対応できることとしていただきたい。債務者の延滞情報まで開示すると、たとえば保証人がその情報を漏えいした場合、債務者の信用が悪化し倒産に至る可能性があり、こうした場合には、金融機関に対する損害賠償請求につながることもありうる。特に、債務者と保証人に取引関係がある場合や互いに同業者である場合は、留意を要すると考える」とコメントしているところである。

(2) 金融庁の説明

この点、金融庁は、地銀協の上記コメントに対し、「新しい中小企業金融の法務に関する研究会報告書」(平成15年7月16日) において「判例上、経営に実質的に関与していない第三者を包括根保証人とする場合においては、保証人が主債務者の財務状況や貸付の状況を当然には知りうる立場にないことから、保証人の責任を制限する判例が数多くみられる」と指摘されたこと等を受け、「包括根保証人に対する保証契約の内容の説明が必要であるとの観点から当該規定を設けています。なお、保証人に対する情報提供の必要性と守秘義務との関係については、事案に応じ慎重な検討を要しますが、包括根保証の場合には、借入残高・返済状況が保証債務の内容の説明として必要な

ものであることから、特にその情報提供に関する態勢整備をポイントとしてあげたものです。したがって、保証人からの要請があるにもかかわらず、保証人に対する情報提供の要否を金融機関の判断に委ねることは不適切であると考えます」と説明していた。

2 個人情報保護法上の問題点

(1) 問題の所在

保証人が、金融機関に対し、主債務者の資産状況や被保証債務の返済状況を問い合わせてきた場合、金融機関が保証人に対し主債務者の被保証債務の残高や返済状況を回答することは、個人情報保護法との関係で問題はないか。主債務者の資産状況は、主債務者の個人データであるし、また、被保証債務の残高や返済状況は、保証債務の内容に関する情報であると同時に、主債務者の個人データであると考えられるため、問題となる。

なお、保証人付融資取引において、主債務者が貸付金の返済を延滞したため保証人に保証債務の履行を求める場合等における問題点は、次節で検討する。

(2) 検　討

　a　個人情報保護法上の検討

まず、委託を受けた保証人の場合、主債務者は、特段の事情がない限り、保証債務に関係する範囲内において、金融機関が保証人に対し被保証債務の残高や返済状況を回答することにつき同意していると考えられる。

したがって、金融機関が、保証人の問合せに応じて被保証債務の残高や返済状況を回答することは、個人情報保護法23条1項に違反しないと考えられる。

これに対し、金融機関が、保証人に対し主債務者の資産状況などを回答することにつき、主債務者が同意していると考えられるのは、主債務者と保証人の間に親族関係がある場合などに限られるであろうから、これらの場合以外には、主債務者の同意を得られた場合を除き、回答するのは差し控えるほ

うが望ましいように思われる。

　次に、委託を受けない保証の場合について、金融機関が、委託を受けない保証人に対し、代位弁済前に被保証債務の残高や返済状況を提供することについては、どのように考えるべきか。

　考えられる見解としては、①前述した債権譲渡に関する前田教授の見解を押し進め、法制度化された取引に伴う個人データの授受については同意を要しないと考える、②主債務者が黙示的に同意していると考える、とする考え方が成り立ちうるが、代位弁済前に主債務者の個人データを授受する場合には、実務上は、あらかじめ主債務者の同意を得るほうが望ましいと考えられる。

　　b　金融庁GL上の問題点

　金融庁GLでは、第三者提供の同意（法23条1項）は、原則として書面によって得ることを求め（努力措置）、また、当該書面における記載を通じて、①個人データを提供する第三者、②提供を受けた第三者における利用目的、③第三者に提供される情報の内容を本人に認識させたうえで同意を得るよう求めている（努力措置）。

　金融機関が上記努力措置に対応した処置を講ずるとすれば、ローン契約書等において、同意文言を織り込むことになると考えられるが、この場合も、本人から個人データの第三者提供について同意を取得する際、個人データの提供先が確定していない場合がある（委託を受けない保証人の場合）という点が問題となる（第1編第3章第14節3(3)参照）。

【参考条文】

第23条（第三者提供の制限）
1　個人情報取扱事業者は、次に掲げる場合を除くほか、あらかじめ本人の同意を得ないで、個人データを第三者に提供してはならない。

第4節　代位弁済に伴う個人データの移転

1　問題の所在

　保証人付融資取引において、主債務者が貸付金の返済を延滞した場合、金融機関は、保証人に対して、保証債務の履行を求めることになる。

　金融機関が、保証人から代位弁済を受けた場合、金融機関は、保証人に対して、債権証書など主債務者の個人データを提供する。

　また、主債務者が貸付金の返済を延滞したため、金融機関が保証人に保証債務の履行を求めた際に、金融機関が、保証人に対して、主債務者に関する個人データを提供する必要が生じる場合もある。この場合には、代位弁済に先立ち、主債務者に関する個人データが保証人に提供されているのである。

　このような、保証人による代位弁済に関連する個人データの提供について、個人情報保護法23条、金融庁GL4条・13条との関係で、どのように整理するかが問題となる。

2　検　討

(1)　個人情報保護法上の検討

　まず、金融機関が保証人から代位弁済を受けた場合、金融機関が、保証人に対して、代位弁済に伴い、主債務者の個人データ（債権証書など）を提供することは、債権譲渡の場合と同様、本人の同意が事実上推定されると考えられる（金融庁GLに関するパブリックコメント手続における金融庁回答（回答番号266）は、必ずしも明確ではないものの、同様の解釈に立脚していると解することも可能である）。このように、保証人からの代位弁済に伴う個人データの第三者提供について債権譲渡の場合と並行的に解する考え方は、代位弁済の効果に関する民法上の解釈とも整合しており、妥当であると考える。

　問題は、代位弁済に先立ち、金融機関が保証人に保証債務の履行を求める際に、主債務者に関する個人データを提供することをどのように解するかで

あるが、保証債務の代位弁済に伴う個人データの提供を債権譲渡の場合と並行的に理解するという見解に立脚すれば、債権譲渡の場合と同様、代位弁済にあたって当然に必要な準備作業に際して行われる個人データの提供についても、「同意の推定の考え方」が妥当すると考えられる。

　すなわち、債権譲渡に先立ち行われるデュー・ディリジェンスや譲受人の選定など、債権譲渡に当然必要な準備行為に際しての個人データの提供については、債権譲渡に伴う個人データの提供と同様、債務者の同意が推定される（第18回金融審特別部会議事録）。

　この考え方を保証人による代位弁済の場合に当てはめれば、保証人による代位弁済に先立ち行われる、保証人による代位弁済に当然必要な準備行為に際しての個人データの提供についても、保証人の同意が推定されると考えられる。

　したがって、主債務者が貸付金の返済を延滞したため、金融機関が保証人に保証債務の履行を求める際に、金融機関が保証人に対して主債務者に関する個人データを提供することは、当該行為が「保証人による代位弁済に当然必要な準備行為」である限り、主債務者の同意が推定され、個人情報保護法23条1項には違反しないと考えられる。

(2)　金融庁GL上の問題点

　金融庁GLでは、第三者提供の同意（法23条1項）は、原則として書面によって得ることを求め（努力措置）、また、当該書面における記載を通じて、①個人データを提供する第三者、②提供を受けた第三者における利用目的、③第三者に提供される情報の内容を本人に認識させたうえで同意を得るよう求めている（金融庁GL13条1項、努力措置）。

　金融機関が上記努力措置に対応した処置を講ずるとすれば、ローン契約書等において、同意文言を織り込むなどの対応を講じることになると考えられる。

3 実務上の留意点

　債務者が貸付金の返済を延滞し行方不明等になった場合に、債務者の家族などが債務者の債務の代位弁済を申し出てきたとき、債務者の借入金債務の残高や返済状況など債務者に関する個人データを当該家族に提供することができるかという点も、実務上問題となっている（金融庁GLに関するパブリックコメント手続における金融庁回答（回答番号282）の「質問の概要」欄参照）。

　このような場合について、債務者の家族に対して債務者の個人データの提供を可能とする考え方としては、①債務者と債務者の家族の関係等に照らし債務者の家族が債務者の債務を代位弁済することが債務者の意に反しないと認められる場合には、上記２で検討した場合と同様、代位弁済に必要な範囲内での個人データの提供について、債務者の同意が推定されると解するか、②具体的事情を総合考慮したうえで、「人の生命、身体又は財産の保護のために必要がある場合であって、本人の同意を得ることが困難であるとき」（法23条１項２号）に該当すると解するほかないように考えられる。

　なお、後者の考え方について、金融庁GLに関するパブリックコメント手続における金融庁回答（回答番号282）では、債務者が行方不明となっている場合には、個人情報保護法23条１項２号の要件のうち、「本人の同意を得ることが困難であるとき」の要件には該当するが、「人の生命、身体又は財産の保護のために必要がある場合」に該当するか否かは、個別事案次第であると述べている。

【参考条文】

第23条（第三者提供の制限）
1　個人情報取扱事業者は、次に掲げる場合を除くほか、あらかじめ本人の同意を得ないで、個人データを第三者に提供してはならない。

第5節 サービサーとの関係

1 サービサーに対する個人データの提供

(1) 問題の所在

債権譲渡と並ぶ債権回収手法として、サービサーへの回収委託が広く活用されるようになって久しい。

特定金銭債権の管理・回収の委託に伴い、金融機関が保有する債務者の個人データが、サービサーに引き渡されるから、これを個人情報保護法23条等との関係でどのように整理するかが問題となる。

(2) 検　討

金融機関とサービサーの間では、特定金銭債権の管理・回収を委託する際に、債務者の個人データを「特定金銭債権の管理・回収に必要な範囲内において、取り扱う」旨を合意し、目的外に債務者の個人データを利用することを禁止していることが多い。

このような合意がなされている限り、金融機関によるサービサーへの個人データの提供は、金融機関が「利用目的の達成に必要な範囲内において、個人データの取扱いを委託する」関係に当たると考えられる（法23条5項1号）。

したがって、本人である債務者の同意を得ずにサービサーに対し個人データを提供することは、個人情報保護法23条1項に反しないと考えられる。

全国サービサー協会「債権管理回収業における個人情報保護に関する自主ルール」（平成17年2月3日）では、「業務委託契約に基づき、本業及び兼業のいずれの場合であっても債権管理及びそれに必要な個人データの取扱いの全部又は一部を受託し、委託者の利用目的の達成に必要な範囲で個人データを取り扱う場合」は、個人情報保護法23条5項1号に該当し、サービサーに対する個人データの提供について本人の同意を要しないと解している。

(3) 実務上の留意点

金融機関が、サービサーに対し、住宅ローンなどの特定金銭債権の管理・

回収を委託する場合、金融機関が保有している債務者の個人情報と同居家族の個人情報（氏名など）が一体となってサービサーに対して提供される場合がある。

同居家族に関する個人情報が「個人データ」に該当しない場合には、当該個人情報の提供が、個人情報保護法23条等との関係で問題となることはないが、これが「個人データ」に該当する場合には、個人情報保護法23条等との関係で、どのように考えるかが問題となる。

この点については、債務者の同居家族に関する個人データを提供することも、債務者の個人データの提供の場合と同様、「個人情報取扱事業者が利用目的の達成に必要な範囲内において個人データの取扱いの全部又は一部を委託する」（法23条5項1号）に該当すると考えられる（第3編第2章第6節）。

2 サービサーが取り扱う個人データの開示義務者

(1) 問題の所在

サービサーが、債務者等から、サービサーが取り扱っている個人データについて個人情報保護法28条に基づく開示の求めを受けた場合、サービサーはこれに応ずる義務があるか、サービサーが取り扱っている個人データが、サービサーの「保有個人データ」に該当するか否かが問題となる。

(2) 検　　討

前述したとおり、金融機関がサービサーに対して特定金銭債権の管理・回収を委託する際に、これに伴って個人データを提供した場合には、当該個人データの提供は、金融機関が「利用目的の達成に必要な範囲内において、個人データの取扱いの全部又は一部を委託する」（法23条5項1号）に当たると考えられる。

第三者から個人データの取扱いを委託されている場合で、委託者との間の契約などにより、当該個人データの開示、内容の訂正、追加または削除、消去などを禁止されているときには、当該個人データは、委託を受けた側にとっては、「保有個人データ」に該当しないと考えられる（上記の「債権管理

回収業における個人情報保護に関する自主ルール」参照)。

サービサーが金融機関から取得した個人データについては、通常、サービサーは、開示や第三者提供の停止などの権限を有しないことが多いと考えられるから、当該個人データは、通常、委託先であるサービサーの「保有個人データ」に当たらないと考えられる。

したがって、サービサーが、債務者等から、サービサーが取り扱っている個人データについて個人情報保護法28条に基づく開示の求めを受けた場合、サービサーはこれに応ずる必要はないと考えられる（委託元である金融機関が、これに応じることになると考えられる)。

3 サービサーにおける個人情報の取扱いに関するガイドライン等

(1) 法務省のサービサーガイドライン

サービサーにおける個人情報の取扱いについては、法務省大臣官房司法法制部審査監督課が、「債権管理回収業分野における個人情報の保護に関するガイドライン」(以下「サービサーガイドライン」という) を策定・公表している。

サービサーガイドラインは、サービサーを対象として、法務大臣が個人情報保護法32条～34条に基づく権限を行使する際の解釈基準を示したものである（サービサーガイドライン第1）。個人情報取扱事業者でないサービサーについては、努力措置として、個人情報保護法の個人情報取扱事業者の義務に関する規定（法第4章第1節）に準じた措置をとることが求められている（サービサーガイドライン第1）。

法務省は、サービサーガイドラインとは別に、「法務省が所管する事業を行う事業者等が取り扱う個人情報の保護に関するガイドライン」(以下「法務省ガイドライン」という) を告示しているが、サービサーについては、まずサービサーガイドラインが適用され、同ガイドラインに規定のない事項について法務省ガイドラインが適用される（サービサーガイドライン第1）。

(2) 全国サービサー協会の自主ルール

前述したとおり、全国サービサー協会は、「債権管理回収業における個人情報保護に関する自主ルール」を策定している。

この自主ルールは、個人情報保護対策の整備の必要性および債権管理回収業の業態にかんがみ、個人情報保護法および法務省のサービサーガイドラインを参考に、全国サービサー協会の会員企業が講じることが望ましい措置を示すことにより、当該会員が行う個人情報の適正な取扱いの確保に関する活動を支援することを目的として、定められたものである（上記自主ルール1(1)参照）。

(3) 実務上の留意点

法務省のサービサーガイドラインや全国サービサー協会の自主ルールでは、サービサーによる債権管理回収業務において問題となる具体例や、その解釈が、多数あげられている。

法務省のサービサーガイドラインや全国サービサー協会の自主ルールは、あくまでサービサーを対象に、サービサーを念頭に置いて策定されたものであるが、その内容は、金融機関における管理・回収業務における実務上の問題を検討する際にも参考になる点が少なくないように思われる。

【参考条文】

第22条（委託先の監督）
　個人情報取扱事業者は、個人データの取扱いの全部又は一部を委託する場合は、その取扱いを委託された個人データの安全管理が図られるよう、委託を受けた者に対する必要かつ適切な監督を行わなければならない。

❗ ワンポイントアドバイス

管理・回収業務では、適正取得に関する規制（法17条1項）、本籍地等の要配慮個人情報・センシティブ情報に関する規制（法17条2項・金融庁GL6条）、第三者提供に関する規制（法23条）に留意する必要がある。

第4章　為替業務上の留意点

> **チェックポイント**
> ① 為替取引では、主として、第三者提供（法23条）との関係が問題となる。
> ② 振込取引における個人データの授受について、問題の所在を整理する（第2節）。
> ③ 外国為替取引では、個人情報保護法の渉外的適用範囲が問題となる（第4節）。

第1節　為替業務の特徴

　為替取引とは、隔地者間で直接現金を輸送せずに資金を移動する仕組みを利用して、資金を移動することを内容とする依頼を受けてこれを引き受けること、または、これを引き受けて遂行することをいう（最三小判平成13年3月12日金法1613号77頁）。

　為替取引を業として行うこと（為替業務）が金融機関の排他的固有業務とされた趣旨は、沿革的な理由に加え、資金移動という経済活動の基礎をなすサービスへの信頼が崩れることによる社会的・経済的悪影響を防止する点にあると考えられる（岩原紳作『電子決済と法』539頁）。

　為替業務においては、預金業務や貸付業務のように個人情報の取得・利用といった局面が問題となることは少ない。むしろ、隔地者間の資金移動を目

的とする為替取引においては、資金とともに個人データも移動するから、個人情報保護法との関係では、主として「第三者提供」との関係（法23条）が問題となる。

内国為替取引は、①振込み、②送金、③代金取立に分類される。

本章では、このうち、振込みを取り上げて検討する。

第2節　振込取引と個人情報保護法

1　振込取引の法律関係

振込取引には、振込依頼人・受取人のほかに、仕向銀行と被仕向銀行が関係する。

振込取引の法律関係については、第三者のためにする契約か準委任契約かが争われていたが、現在では、準委任契約であると考える見解が多数説である。下級審裁判例のなかにも同様に解するものがある（東京高判昭和50年10月8日金法773号32頁、東京高判昭和59年2月14日金法1066号36頁、東京高判昭和62年10月28日金法1187号32頁）。

振込依頼人・仕向銀行・被仕向銀行・受取人の法律関係は、①振込依頼人と仕向銀行との振込依頼契約（法的性質は準委任契約）、②仕向銀行と被仕向銀行間の内国為替取扱規則に基づく法律関係（法的性質は準委任契約）、③被仕向銀行と受取人の間の預金契約によって構成されていると考えられる（名古屋高判昭和51年1月28日金法795号44頁）。

①の振込依頼人と仕向銀行との振込依頼契約（準委任契約）の具体的内容は、金融機関所定の「振込規定」によって定められている。

この合意内容（特に仕向銀行の義務の内容）について、②の仕向銀行と被仕向銀行の法律関係の解釈に関連し、(a)仕向銀行は、振込依頼人に対し、受取人の預金口座に入金する義務を負っており、被仕向銀行は、仕向銀行の復受任者であると解する見解（a説）と、(b)仕向銀行は、振込依頼人に対し、振

込依頼人の依頼内容に沿った振込通知を発する義務を負っているにすぎず、被仕向銀行の受取人の預金口座に入金することは、①の準委任契約の内容となっていないと解する見解（ｂ説）とが対立している。

振込規定の内容等に照らし、ｂ説が妥当であると考えられる。

2 個人情報保護法上の検討

(1) 問題の所在

店頭窓口による振込依頼の場合、振込依頼人は、仕向銀行に対し、受取人の氏名、取引銀行・支店名、預金の種目、および預金口座番号などを記載した振込依頼書を提出する。仕向銀行は、この振込依頼書に基づき、被仕向銀行に対し、振込通知を発する。振込依頼人および受取人の氏名、取引銀行・支店名、預金口座番号、振込金額などは、金融機関における取扱状況に照らせば、振込依頼人および受取人の「個人データ」であると考えられるため、仕向銀行から被仕向銀行に振込人および受取人の個人データが提供されていることになる。

そこで、振込取引に関する上記個人データの授受を、個人情報保護法・金融庁GLとの関係で、どのように整理するかが問題となる。

(2) 検　討

　　a　第三者提供

仕向銀行と被仕向銀行の法律関係に関する解釈と、個人情報保護法上の第三者提供／委託の区別とは、必ずしも論理必然の関係にはないが、振込取引における仕向銀行と被仕向銀行の法律関係をｂ説のように解すれば、仕向銀行による被仕向銀行に対する個人データの提供は、委託（法23条4項1号）ではなく、第三者提供（同条1項柱書）に当たると整理するほうが自然であり、また、取引実態に即していると考えられる。

両者の関係を委託と構成すると、仕向銀行が被仕向銀行に対し監督義務を負うことになり（法22条）、実際的ではない。

b 個人情報保護法23条1項との関係

このように、振込取引による個人データの授受を「第三者提供」と考えると、仕向銀行による被仕向銀行への個人データの提供について、振込依頼人・受取人があらかじめ同意していることが必要となるので（法23条1項）、振込依頼人および受取人の同意があるか否かについて、検討する。

まず、振込依頼人について検討するに、振込規定には、仕向銀行が振込依頼人の依頼に基づき被仕向銀行に対し振込通知を発信する旨の定めが置かれているのが一般的であるから、振込依頼人の個人データが被仕向銀行に提供されることについては、振込依頼人の同意があるものと考えられる（なお、FISC『ハンドブック』55頁、前田ほか「座談会」10頁参照）。

次に、受取人の同意の有無について検討するに、受取人は、振込依頼人に振込送金を依頼するため自己の取引銀行や口座番号を自ら連絡しているのであるから、振込取引に関し、仕向銀行と自己の取引銀行（被仕向銀行）間で受取人の個人データが授受されることについて、同意していると考えられる。

したがって、仕向銀行が、被仕向銀行に対し、振込依頼人および受取人の個人データを提供することは、個人情報保護法23条1項に違反しないと考えられる。

c 金融庁GL4条・13条1項との関係

金融庁GL4条・13条は、金融事業者に対し、努力措置として、個人情報保護法23条1項の第三者提供の同意は、原則として書面によって得ることを求め、また、当該書面における記載を通じて、①個人データを提供する第三者、②提供を受けた第三者における利用目的、③第三者に提供される情報の内容を本人に認識させたうえで同意を得るよう求めている。

振込依頼人は、振込規定に従って振込依頼書を提出することにより、仕向銀行が振込依頼書記載の個人データを、振込取引を行うために、被仕向銀行に提供することを、書面により同意していると考えられるが、受取人の書面による同意があるといえるかが問題である。

この点は困難な問題であるが、被仕向銀行と受取人の間の預金規定では、「為替による振込金を受け入れる」旨の定めがあるから、振込金を受け取るために必要な範囲内において、不特定の仕向銀行が自己の取引銀行（被仕向銀行）に対し、振込取引を行うために、受取人の個人データ（受取人の口座番号、振込金額）を提供することにつき、受取人が書面により包括的に同意していると考えられる（個人データの提供を受ける側において本人から取得した同意も、法23条1項・金融庁GL4条・13条の「同意」に含まれると考えられる）。

　このように解すれば、振込取引に伴って仕向銀行と被仕向銀行間で個人データを授受することは、振込依頼人および受取人の書面による同意に基づくものといえ、個人情報保護法23条・金融庁GL4条・13条1項に反しないと考えられるが、金融機関における個人データの取扱いの明確化の観点からは、振込規定や預金規定において、個人データの提供について規定を設け、振込依頼人および受取人の明示的な同意を得るように心がけることが望ましいことはいうまでもない。

　　d　記録作成・保存義務

　以上述べたとおり、仕向銀行による被仕向銀行に対する個人データの提供は「第三者提供」に当たると考えられるから、仕向銀行は、振込取引に係る個人データを被仕向銀行に提供したときは、個人情報保護委員会規則で定めるところにより、当該個人データを提供した年月日、当該第三者の氏名または名称その他の個人情報保護委員会規則で定める事項に関する記録を作成する必要があると考えられる（法25条）。

┌─【参考条文】─────────────────────────
│第23条（第三者提供の制限）
│1　個人情報取扱事業者は、次に掲げる場合を除くほか、あらかじめ本人の同
│　意を得ないで、個人データを第三者に提供してはならない。
└─────────────────────────────────

〔参考文献〕
　　振込取引の法律関係等の整理につき、下記文献を参考にした。
・鈴木・竹内『金融取引法大系第3巻』62頁〔松本貞夫〕

・岩原紳作『電子決済と法』38頁
・松本貞夫『銀行取引法概論』270頁

第3節　オンライン化の進展

　エレクトロニクス技術の発展に伴い、コンピュータと通信回線を利用した電子的な資金移動取引が広く行われるようになり、金融機関内および金融機関間の情報システムが一段と複雑化・高度化している。

　このようなネットワーク化の量的・質的拡大に伴い、重要情報に対する不正なアクセス、漏えい等のリスクが大きくなっている。

　システムが安全かつ安定的に稼働することは決済システムおよび金融機関に対する信頼性を確保するための大前提であり、金融機関におけるシステムリスク管理態勢の充実・強化はきわめて重要である。

　従来、情報通信システムに対する安全管理の問題は、「システムリスク」の問題ととらえられ、金融検査の場面での問題と考えられることが多かったが（金融検査マニュアル参照）、個人情報保護法・サイバーセキュリティ基本法の施行によって、これが法律上の義務に高まる点が重要である（法20条、安全管理実務指針）。

　金融庁GL10条所定の技術的安全管理措置を構築する際には、個人データの取得・入力、利用・加工、保管・保存、移送・送信、消去・廃棄の各プロセスごとに必要な安全管理体制を構築する必要があると考えられるが、情報通信システムとの関係では、特に「移送・送信」の局面が重要であると考えられる。

　移送・送信に関する技術的安全管理措置を構築する際に留意すべき点として、安全管理実務指針に定める点のほか、①誤送信の防止、②移送中の事故防止、③暗号化、④ウィルス対策、⑤障害発生時の復旧方法・代替方法の確保などが考えられる。

> 【参考条文】
> 第20条（安全管理措置）
> 　個人情報取扱事業者は、その取り扱う個人データの漏えい、滅失又はき損の防止その他の個人データの安全管理のために必要かつ適切な措置を講じなければならない。

第4節　外国為替

1　個人情報の取得と第三者提供

(1)　外為法に基づく本人確認と報告

　銀行等は、個人顧客と本邦から外国へ向けた支払または非居住者との間でする支払等に係る為替取引（政令で定める小規模の支払または支払等に係るものを除く）を行うに際しては、当該顧客について、運転免許証の提示を受ける方法等により、本人特定事項の確認を行わなければならない（外為法18条）。

　また、居住者・非居住者が本邦から外国へ向けた支払・外国から本邦へ向けた支払の受領をしたとき、または、本邦・外国において居住者が非居住者との間で支払等をしたときは、政令で定める場合を除き、当該居住者・非居住者または当該居住者は、政令で定めるところにより、これらの支払等の内容、実行の時期その他の政令で定める事項を主務大臣に報告しなければならない（外為法55条1項）。この報告は、当該報告に係る同項の支払等が銀行等が行う為替取引によってされるものである場合には、政令で定めるところにより、当該銀行等を経由して行われる（同条2項）。

　銀行等は、これらの規定に従い居住者等の個人情報を取得している。

(2)　税金関係

　また、金融機関は、「内国税の適正な課税の確保を図るための国外送金等に係る調書の提出等に関する法律」（以下「国外送金等調書法」という）に基づき、国外送金の依頼者から、住民票の写し等の提示を受け、その者の氏

名・住所などの内容が告知書の記載と一致しているかを確認しており（国外送金等調書法3条1項）、住民票の写しに記載されている個人情報を取得している。

また、金融機関は、その顧客が当該金融機関の営業所等を通じてする国外送金等（その金額が政令で定める金額以下のものを除く）に係る為替取引を行ったときは、①その国外送金をした顧客の氏名、②当該顧客の住所、③その国外送金をした金額、④その国外送金に係る告知書に記載されている送金原因その他の財務省令で定める事項を記載した調書（国外送金等調書）を、所轄税務署長に提出している（国外送金等調書法4条1項）。

2　個人情報保護法の渉外的適用範囲

(1)　問題の所在

外国為替取引などの渉外的取引については、どの範囲で、個人情報保護法の適用があるのか（個人情報保護法の渉外的適用範囲）。同法には、刑法のような適用範囲に関する規定がないため、問題となる。

(2)　検　　討

個人情報保護法の適用範囲は必ずしも明確ではないが、従来、個人情報保護法が①個人情報取扱事業者の義務や②個人情報の取扱いに関する規定を中心に定めていることなどにかんがみれば、同法の個人情報取扱事業者の義務規定は、日本国内で個人情報を事業の用に供している個人情報取扱事業者に適用されると考えられていた（基本法制研究会『Q＆A（第2版）』88頁、園部『解説』55頁、岡村『保護法』89頁。金融庁GLに関するパブリックコメント手続における金融庁回答（回答番号3）も、「事業者が日本国内において事業の用に供している個人情報について」、個人情報保護法上の義務規定が適用されると述べている）。

したがって、国内の金融機関が関係する外国為替取引には、日本国内における取扱いにつき、個人情報保護法が適用されると考えられる。これに対し、日本国内を経由せず、外国間で行われる外国為替取引については、同取

引が邦銀の外国現地法人によって行われたとしても、個人情報取扱事業者の義務規定の適用はないと考えられる。

なお、平成29年に施行される改正個人情報保護法では、「第15条、第16条、第18条（第2項を除く。）、第19条から第25条まで、第27条から第36条まで、第41条、第42条第1項、第43条及び次条（著者注：76条）の規定は、国内にある者に対する物品又は役務の提供に関連してその者を本人とする個人情報を取得した個人情報取扱事業者が、外国において当該個人情報又は当該個人情報を用いて作成した匿名加工情報を取り扱う場合についても、適用する」という定めが新設されている（法75条）。

(3) 実務上の留意点

近年、インターネットを利用したオンラインショッピングなどにみられるように、世界的な規模で電子商取引が拡大しており、国内の事業者が開設したウェブサイトを通じて、国際的な電子商取引が行われるケースが少なくない。

この場合、国内の個人情報取扱事業者が、ウェブサイトを通じて、外国に居住する個人の個人情報を取得することになるが、このような場合についても、個人情報取扱事業者の義務規定が適用されると考えられる（基本法制研究会『Q&A（第2版）』88頁）。

金融取引においても、海外支店や海外現地法人などにおいて、個人情報を取得するケースや、国内で取得した個人情報を海外で取り扱うケースがあるが、海外の現地法人が国内の金融機関に個人データを提供する場合には、提供を受ける国内金融機関は「日本国内で個人情報を取り扱う個人情報取扱事業者」であるため、海外からの個人データ取得に関し、個人情報の保護に関する法律が適用されると考えられる。

これに対し、海外の現地法人が、海外で、個人データを取得した場合については、特別な事情がない限り、個人情報の保護に関する法律は適用されないと考えられる。

3　外国にある第三者への提供

　銀行が外国送金（仕向送金）を行う場合、被仕向銀行（外国にある第三者）に対し、送金依頼人・受取人などの個人データを提供することになる。被仕向銀行は多岐にわたるから、実務上、個人情報保護法24条に従い、仕向銀行が、外国にある第三者への提供に係る同意を顧客から取得する必要があると考えられる。

　この同意の取得の仕方として、①外国送金規定にその旨の条項を設ける方法、②外国送金依頼書にその旨を記載しこれを承諾のうえ、外国送金依頼を受ける方法などが考えられる。

❗ワンポイントアドバイス

　　為替取引では、隔地者間の資金移動とともに、個人データも移動するから、個人情報保護法との関係では、主として、第三者提供（法23条）との関係が問題となる。

第5章　付随業務に関する留意点

第1節　付随業務に関する銀行法上の規制

1　銀行法10条2項の規定内容

　銀行法10条2項は、23種類の付随業務をあげている（以下、銀行法10条2項各号にあげられている付随業務を「例示的付随業務」という）。

　また、銀行法10条2項柱書は、銀行は「次に掲げる業務その他銀行業に付随する業務を営むことができる」として、同項各号の例示的付随業務のほかに、「その他銀行業に付随する業務」として許容される業務があることを認めている（以下、銀行法10条2項柱書によって認められる付随業務を「非例示的付随業務」という）。

　非例示的付随業務が設けられた趣旨は、付随業務の範囲につき弾力性をもたせるためであると考えられる（氏兼裕之・仲浩史編著『銀行法の解説』47頁、森下国彦ほか「銀行の副業―銀行の「その他の付随業務」についての一考察」金法1669号28頁）。

2　付随業務の範囲

(1)　コンサルティング業務等の許容

　銀行監督指針では、「銀行が、従来から固有業務と一体となって実施することを認められてきたコンサルティング業務、ビジネスマッチング業務、M&Aに関する業務、事務受託業務については、取引先企業に対する経営相談・支援機能の強化の観点から、固有業務と切り離してこれら業務を行う場

合も『その他の付随業務』に該当する」とされ、コンサルティング業務、ビジネスマッチング業務、M&A業務などが非例示的付随業務として認められることが明確化された。

また、銀行監督指針では、これらの非例示的付随業務を営む場合の留意点として、①優越的地位の濫用の防止、②契約内容の明示に加え、「付随業務に関連した顧客の情報管理について、目的外使用も含め具体的な取扱い基準が定められ、それらの行員等に対する周知徹底について検証態勢が整備されているか」という点をあげている（主要行監督指針Ⅴ-3-2(1)、中小・地域金融機関監督指針Ⅲ-4-2(1)）。

(2) コンサルティング業務等以外の付随業務

さらに、銀行監督指針では、コンサルティング業務やビジネスマッチング業務などに当たらない場合であっても、非例示的付随業務に含まれる業務があることを前提に、上記「業務以外の業務（余剰能力の有効活用を目的として行う業務を含む。）が、『その他の付随業務』の範疇にあるかどうかの判断に当たっては、（銀行）法第12条において他業が禁止されていることに十分留意し」、以下の4点を総合的に考慮し判断することとしている（主要行監督指針Ⅴ-3-2(3)、中小・地域金融機関監督指針Ⅲ-4-2(3)）。

① 当該業務が銀行法10条1項各号および同条2項各号に掲げる業務に準ずるものといえること
② 当該業務の規模が、その業務が付随する固有業務の規模に比して過大なものとなっていないこと
③ 当該業務について、銀行業務との機能的な親近性やリスクの同質性が認められること
④ 銀行が固有業務を遂行するなかで正当に生じた余剰能力の活用に資すること

第2節 広告業務

1 非例示的付随業務としての許容

　金融機関が、ATMの画面の余白、営業店舗内の空きスペース、封書で送るダイレクトメールの余ったスペースを活用し、金融に関連する事業を営む会社の広告を同封することが、非例示的付随業務として許容されている（金融庁によるノーアクションレター参照）。

　本節では、広告業務に関する個人情報保護法上の問題点を検討する。

2 個人情報保護法上の留意点

(1) 利用目的との関係

　　a 問題の所在

　金融機関が発送するダイレクトメールに金融機関以外の事業者が提供する商品・サービスのチラシを同封することは、金融機関が有する個人情報の目的外利用に当たらないか、利用目的の特定（法15条1項）と目的外利用の禁止（法16条1項）に関連し問題となる。

　　b 検　討

　金融庁GLでは、利用目的の特定にあたり、①だれの、②どのような業務に個人情報を利用するのかを特定するように求めている（金融庁GL3条）。

　したがって、金融機関が、金融機関以外の事業者が提供する商品・サービスの広告宣伝物をダイレクトメールに同封する場合には、その旨を、利用目的に掲げておく必要があると考えられる。

　ダイレクトメールの送付や広告業務に関する利用目的の記載方法としては、「当社、当社の子会社・関連法人等・子法人等および当社と提携関係にある会社の商品・サービスの宣伝広告物の送付」などが考えられる。

(2) 第三者提供との関係

　金融機関は、広告依頼主の広告宣伝物を郵送する際、広告依頼主に対し、

発送先の個人データを提供しているわけではない。したがって、金融機関が、金融機関以外の事業者が提供する商品・サービスの広告宣伝物を同封する場合、個人情報保護法23条が問題となることはないと考えられる（岡村『保護法』214頁）。

なお、金融機関の顧客が、広告宣伝物による勧誘に興味を示して、広告依頼主に問合せを行うことで、結果的に、広告依頼主が、顧客と金融機関の間に取引関係があることを知る場合もあるが、これは、金融機関による個人データの提供によるものではないから、個人情報保護法23条との関係が問題となることはないと考えられる。

(3) 安全管理措置（誤配防止の工夫）

郵便や宅配便を利用して、顧客に書類を郵送する場合、①住所の誤記による誤配、②名宛人に関する書類以外の書類を同封する事故、③日本郵政・宅配便会社による誤配などのリスクが伴う。

これらの事故を完全になくすことはきわめて困難であると考えられるが、金融機関が顧客に書類を郵送する場合には、これらの事故をできるだけ少なくするよう、安全管理措置（住所の誤記の有無を検査するプロセスの導入、名宛人と封入書類の一致を検査・確認するプロセスの導入）を設け、その実施状況を定期的に確認する必要があると考えられる。

顧客への書類送付事務を外部委託する場合には、外部委託先に対する監督を通して、上記リスクを極小化することが望まれる。

第3節　M&Aに関する業務

1　非例示的付随業務としてのM&A業務

金融機関は、非例示的付随業務として、M&Aに関するアドバイザリー業務（以下「M&A業務」という）を営んでいる（銀行法10条2項）。

M&A業務において、金融機関は、顧客に対し、関係法令をふまえ、最適

な企業再編スキームを提案し、その遂行にあたり各種サービスを提供している。金融機関が、顧客に対し、企業再編スキームを提案等する際にも、個人情報保護法をふまえた検討を行うことが必要である。

以下、金融機関の取引先であるA社（個人情報取扱事業者、a事業を営んでいる）が、B社（個人情報取扱事業者、b・c・d事業を営んでいる）の事業の一部（b事業）を譲り受ける場合（以下「本件M&A取引」という）を念頭に置いて、検討する。

なお、以下の検討では、A社とB社はいずれも金融事業者ではなく個人情報保護法のみが適用されること、a事業とb事業とはまったく異なる事業であり、A社は、本件M&A取引に伴いその定款を変更し、b事業を追加することを前提に検討する。

2　利用目的に関する規制との関係

(1)　問題の所在

個人情報取扱事業者は、あらかじめ本人の同意を得ないで、個人情報保護法15条の規定により特定された利用目的の達成に必要な範囲を超えて、個人情報を取り扱ってはならない（法16条1項）。また、個人情報取扱事業者は、合併その他の事由により他の個人情報取扱事業者から事業を承継することに伴って個人情報を取得した場合は、あらかじめ本人の同意を得ないで、承継前における当該個人情報の利用目的の達成に必要な範囲を超えて、当該個人情報を取り扱ってはならない（同条2項）。

A社が本件M&A取引を行う前に取得した個人情報を、A社の利用目的（通常はA社の定款所定の事業）aの達成に必要な範囲で利用することは、個人情報保護法16条に反しない（以下「第1パターン」という）。

また、A社が、B社から本件M&A取引に伴って取得した個人情報を、Bの従前の利用目的（通常はB社から譲り受ける営業の事業内容）bの達成に必要な範囲で利用することも、個人情報保護法16条に反しないと考えられる（以下「第2パターン」という）。

問題は、①A社が、A社の本件M&A取引を行う前に取得した個人情報を、bという新しい利用目的の達成に必要な範囲で利用する場合（以下「第3パターン」という）、②A社が、B社から本件M&A取引に伴って取得した個人情報を、aという利用目的の達成に必要な範囲で利用する場合（以下「第4パターン」という）である。

(2) 第3パターンの検討

A社が、A社の本件M&A取引を行う前に取得した個人情報を、bという利用目的の達成に必要な範囲で利用することは、個人情報保護法16条に反しないか。

A社が、A社の本件M&A取引を行う前に取得した個人情報を、新しいbという利用目的の達成に必要な範囲で利用するためには、当該個人情報に係る本人の同意（法16条1項）を得る必要があると考えられる。

すなわち、A社は、個人情報の利用目的をaと特定し（法15条）、これを公表したうえで、個人情報を取得していたと考えられる。

A社が従来取得した個人情報を、bという新しい利用目的に利用する方法としては、利用目的を変更すること（法15条2項）が考えられるが、aという利用目的とbという利用目的とはまったく異なっているから、A社は、「b事業のために個人情報を利用する」旨の利用目的を変更することはできないと考えられる。なぜならば、この変更は「変更前の利用目的と関連性を有すると合理的に認められる範囲」に含まれないと考えられるからである。

そうすると、従来A社が有していた個人情報を、新しいbという利用目的（b事業）のために利用する場合には、A社は、個人情報保護法16条1項に係る本人の同意を取得するほかないように思われる。

(3) 第4パターンの検討

A社が、B社から本件M&A取引に伴って取得した個人情報を、aという利用目的の達成に必要な範囲で利用することは、個人情報保護法16条に反しないか。

前述したとおり、個人情報保護法16条2項は、合併その他の事由により他

第5章　付随業務に関する留意点　341

の個人情報取扱事業者から事業を承継することに伴って個人情報を取得した場合、あらかじめ本人の同意を得ないで、承継前における当該個人情報の利用目的の達成に必要な範囲を超えて、当該個人情報を取り扱うことを禁止している。

この規制を形式的に適用すれば、aという利用目的とbという利用目的とはまったく異なっているから、A社が本件M&A取引に伴ってB社から取得した個人情報を、aという利用目的に利用するためには、当該個人情報に係る本人の同意（法16条2項）を得る必要があることになる。

このような解釈は、M&A取引に伴うシナジー効果を減殺しかねない[10]。

この点の不都合を避けるためには、本件M&A取引に伴う個人情報の承継について、個人情報保護法16条2項とは別個の枠組みで検討することの可否や、同条2項の例外事由（同条3項2号）の適用可能性について検討するなどの実務上の工夫が必要になるように思われる。

なお、法16条2項の射程範囲について、「本条は、事業を承継させる側と承継する側の双方が個人情報取扱事業者である場合を規定するものであり、いずれか一方が個人情報取扱事業者でない場合には適用されない。例えば、個人情報取扱事業者が個人情報取扱事業者以外の者から個人情報を取得した場合は、個人情報を取得した個人情報取扱事業者においてその利用目的を特定し（第15条）、その利用目的の達成に必要な範囲で取り扱う（第16条第1項）こととなる」という見解がある（園部『解説』123頁）。この点も実務上、重要であるように思われる。

---

[10] 合併の場合……本件M&A取引（事業譲渡）からは離れるが、合併の場合には、消滅会社の債権債務関係の承継について債権者・債務者の同意を不要とし、合併手続の円滑化が図られ、また、合併に伴うシナジー効果を実現しやすくする配慮がなされていることとの整合性も問題となる。

3 第三者提供に関する規制との関係

(1) 問題の所在

M&A業務において、金融機関は、買収対象企業が保有している個人データを取得し、デュー・ディリジェンスの実施等のために、買収企業などにこれを提供する。

そこで、①買収対象企業による金融機関に対する個人データの提供、②金融機関による買収企業に対する個人データの提供を、個人情報保護法23条、金融庁GL4条・13条との関係で、どのように整理するかが問題となる。

(2) 検　　討

まず、買収対象企業による金融機関に対する個人データの提供については、個人情報保護法23条のみが適用され、通常、金融庁GL4条・13条は適用されないと考えられる。なぜならば、買収対象企業は、通常、金融事業者に当たらず、買収対象企業には、金融庁GL4条・13条の適用がないからである。そこで、買収対象企業による金融機関に対する個人データの提供については、個人情報保護法23条との関係のみが問題となる。

金融機関が、買収対象企業との間で、M&Aに関するアドバイザリー業務を提供する旨の契約等を締結し、これに基づいて、買収対象企業が金融機関に対し個人データを提供する場合には、「個人情報取扱事業者が利用目的の達成に必要な範囲内において個人データの取扱いの全部又は一部を委託する」（法23条5項1号）に該当し、買収対象企業は、本人からあらためて個人情報保護法23条1項の同意を得る必要はないと考えられる。

次に、金融機関による買収企業に対する個人データの提供についてであるが、金融機関は、買収対象企業の依頼に基づいて、買収対象企業にかわって、買収対象企業の個人データを買収企業に提供しているにすぎない（買収対象企業が買収企業に直接提供するのではなく、買収対象企業が金融機関に個人データを提供し、金融機関が買収対象企業にかわって買収企業に対しこれを提供しているのである）。したがって、金融機関による買収企業に対する個人データの提供の可否は、買収対象企業による買収企業に対する個人データの提供

の可否の問題に帰着すると考えられる。

　そこで、買収対象企業による買収企業に対する個人データの提供の可否について検討するに、買収対象企業と買収企業および金融機関の間の法律関係に照らし、この個人データの提供は、合併・事業譲渡に伴うデュー・ディリジェンスという「利用目的の達成に必要な範囲内において個人データの取扱いの全部又は一部を委託する」（法23条5項1号）に当たると解される場合もあると考えられる（金融庁GLに関するパブリックコメント手続における金融庁回答（回答番号260））。

　また、合併による事業の承継の前段階での情報提供についても、合併その他の事業の承継に必要な手続に関し個人データを提供する場合については、「合併その他の事由による事業の承継に伴って個人データが提供される場合」（法23条5項2号）に該当すると解することも可能であるように思われる[11]。

　以上のように、買収対象企業による買収企業に対する個人データの提供が、個人情報保護法23条1項との関係上、可能である場合には、金融機関が買収対象企業にかわって買収企業に対しこれを提供することも可能であると考えられる。

【参考条文】

第15条（利用目的の特定）
1　個人情報取扱事業者は、個人情報を取り扱うに当たっては、その利用の目的（以下「利用目的」という。）をできる限り特定しなければならない。

第16条（利用目的による制限）

---

[11] 債権譲渡の際のデュー・ディリジェンスとの対照……債権譲渡の場合については、債権の自由譲渡性などを根拠に、債権譲渡に伴う個人データの提供については本人の同意が推定されると整理されており、この考え方は、債権譲渡に先立つデュー・ディリジェンスの際の個人データの提供についても妥当すると解されている。そのため、債権譲渡に先立ちデュー・ディリジェンスを行う際に個人データを提供する場合には、本人の同意を得る必要はない。事業承継の方法のうち合併に関しては、会社は自由に合併を行うことができ、その際、債権者・債務者などの同意を得る必要はない。債権譲渡の場合と合併の場合の類似性に着目した場合、合併におけるデュー・ディリジェンスの際の個人データの提供について、債権譲渡の場合と別異に解するのは、均衡を失する。

> 1 個人情報取扱事業者は、あらかじめ本人の同意を得ないで、前条の規定により特定された利用目的の達成に必要な範囲を超えて、個人情報を取り扱ってはならない。
>
> 第23条（第三者提供の制限）
> 1 個人情報取扱事業者は、次に掲げる場合を除くほか、あらかじめ本人の同意を得ないで、個人データを第三者に提供してはならない。

❗ワンポイントアドバイス

　付随業務の内容は多様である。各業務において取得する個人情報の内容もさまざまである。各業務で、取得・利用・第三者提供・開示等の論点について整理を行うことが重要である。

第6章 信託銀行が営む業務と個人情報保護

> **チェックポイント**
> ① 信託業において、信託銀行が取得する個人情報には、どのようなものがあるかを確認する（第1節・第2節）。
> ② 証券代行業務における、個人情報保護法上の問題点について整理する（第3節）。

第1節 信託の意義・特質

　信託銀行とは、金融機関の信託業務の兼営等に関する法律（以下「兼営法」という）に基づき信託業務を兼営する銀行である。

　信託銀行が営む信託業務には、①信託業（兼営法1条）と②併営業務（兼営法1条）などがある。

　併営業務は、㋐財産の管理、㋑財産に関する遺言の執行、㋒会計の検査、㋓財産の取得、処分または貸借に関する代理・媒介、㋔財産の管理に関する代理事務、㋕財産の整理または清算に関する代理事務、㋖債権の取立に関する代理事務、㋗債務の履行に関する代理事務などである。

　「信託」とは、委託者が財産権の移転その他の処分を行い、受託者をして一定の目的に従い財産の管理・処分を行わせることであるが（信託法2条）、信託契約では、委託者と受託者という信託当事者のほかに、受益者・信託管理人などが存在する点が特徴的である。

第2節　受託者としての信託銀行と個人情報保護

1　受託者による個人情報の取得
(1)　信託財産に関する情報の取得

　信託銀行は、信託を受託し、受託者となることを業としており、信託銀行は、受託者として、信託財産に関する情報を取得し、利用している。

　たとえば、金銭債権の管理・処分を行う信託を受託した信託銀行は、信託財産である金銭債権を譲り受け、債務者に関する個人データを取得することになる。

　信託銀行は、これらの個人データについて開示、訂正等、利用停止等のすべての権限を有していると考えるのが、委託者と受託者の合理的意思に合致し自然であると考えられるから、特別な事情がない限り、上記信託契約に基づき受託者が受領した個人データは、信託銀行の「保有個人データ」に当たると考えられる。

(2)　個人情報保護法上の検討

　　a　問題の所在

　委託者が個人情報取扱事業者でない場合、委託者から信託財産の譲渡を受け、これに伴って個人データを取得する際、信託財産の関係者（債務者やテナント）から同意を取得する必要はないと考えられる（法23条反対解釈）。

　これに対し、委託者が個人情報取扱事業者である場合には、委託者から信託財産の譲渡を受け、これに伴って個人データを取得する際、個人情報保護法23条の適用があると考えられる（委託者が金融事業者でない限り、金融庁GL13条は適用されない）。

　そこで、信託受託に伴う個人データの提供につき、個人情報保護法23条との関係を、どのように整理するかが問題となる。

　　b　検　　討

　債権譲渡については、本編第3章第2節で述べたとおり、譲渡禁止特約が

付されていない限り、債権譲渡に必要な範囲内で個人データが譲受人に提供されることにつき、債務者は黙示的に同意している（同意の推定）という見解に立てば、個人情報保護法23条との関係では、信託受託に伴う個人データの提供につき、あらためて同意を取得する必要はないと考えられる。

2　受託者による個人情報の利用

(1)　利用の実情

受託者は、信託事務を遂行する過程で、委託者・受益者に関する個人情報や信託財産に関する個人情報を利用したり、第三者に提供している。

たとえば、公益信託では、委託者、受益者に関する個人情報を主務官庁、信託管理人、運営委員会に提供し、助成金・奨学金などの資金の支給という信託事務を遂行している。また、更地に賃貸建物を建てて賃貸する土地信託を受託した信託銀行は、賃貸建物の入居者に関する個人情報を委託者兼受益者に提供している場合もある。

(2)　信託法上の問題点

実務上、受託者としての信託銀行による信託財産に関する情報の開示の要否・可否・限界や、信託財産に関する情報の利用の限界が問題となることが少なくない。

「信託財産に関する情報の開示の要否等」の問題については、秘密保持義務と受益者への開示義務との関係で、①第三者が受託者に対し受益者の秘密情報の開示を求めてくる場合（例：税務調査）、②受益者が受託者に対し他の受益者の秘密情報の開示を求めてくる場合（例：受益権が優先・劣後構造をとっている金銭債権の信託で、優先受益者が劣後受益者（オリジネーター）が有する債務者情報の提供を求めてくる場合）、③受益者が受託者に対し第三者の秘密情報の開示を求めてくる場合（例：貸付債権の信託において受益者が受託者に対し貸付先の非公開情報を求めてくる場合）に分けて検討する見解が有力である（友松義信「信託受託者の開示義務と守秘義務の関係(1)」民商法雑誌118巻6号61頁）。

また、「受託者による、信託財産に関する情報の利用」については、受託者の忠実義務との関係で、①受益者の秘密情報を受託者の個人的利益のために利用する場合（例：公的資金の運用の１つである指定単が大量に特定の有価証券に投資するという情報を得た受託者が自己勘定で当該証券をあらかじめ取得すること）、②他から得た情報を受託者の個人的利益のために利用する場合（例：貸付先企業の信用悪化情報を利用し、自己勘定で保有していた当該企業の株式を売却し信託に取得させること）、③受益者の秘密情報を第三者や他の受益者の利益を図るために利用する場合（例：公的資金の投資動向を取引先や他の受益者の利益を図るため利用すること）などに分けて考える見解が有力である（友松・前掲66頁）。

(3)　個人情報保護法上の問題点

　これらの問題を個人情報保護法に則して整理すると、受託者による情報開示の問題は、同法23条に関連し、受託者による情報利用の問題は、同法16条に関連すると考えられる。

【参考条文】

第16条（利用目的による制限）

１　個人情報取扱事業者は、あらかじめ本人の同意を得ないで、前条の規定により特定された利用目的の達成に必要な範囲を超えて、個人情報を取り扱ってはならない。

第23条（第三者提供の制限）

１　個人情報取扱事業者は、次に掲げる場合を除くほか、あらかじめ本人の同意を得ないで、個人データを第三者に提供してはならない。

第28条（開示）

１　本人は、個人情報取扱事業者に対し、当該本人が識別される保有個人データの開示を請求することができる。

２　個人情報取扱事業者は、前項の規定による請求を受けたときは、本人に対し、政令で定める方法により、遅滞なく、当該保有個人データを開示しなければならない。ただし、開示することにより次の各号のいずれかに該当する場合は、その全部又は一部を開示しないことができる。

　一　本人又は第三者の生命、身体、財産その他の権利利益を害するおそれが

ある場合
　二　当該個人情報取扱事業者の業務の適正な実施に著しい支障を及ぼすおそれがある場合
　三　他の法令に違反することとなる場合

第3節　証券代行業務

1　証券代行業務の意義

　証券代行業務は、株式発行会社にかわり、名義書換代理人として発行会社の株式事務を処理する業務である。
　この業務は「債務の履行に関する代理事務」（併営業務・兼営法1条1項7号ニ）に含まれると考えられる。
　発行会社は、信託銀行との間で、準委任契約を締結し、証券代行業務を委託している。
　証券代行業務の具体的内容は、①株主名簿の管理、②株式の名義書換事務、③株主総会事務（総会招集通知の発送など）、④配当金関係事務などである（三菱UFJ信託銀行編著『信託の法務と実務6訂版』787頁以下）。

2　発行会社との法律関係

　発行会社は、信託銀行に対し、証券代行業務を委託するに際し、株主の氏名を含む個人データを提供しているが、この個人データの提供を個人情報保護法23条との関係でどのように整理するかが問題となる。
　発行会社と信託銀行間の法律関係にかんがみれば、上記個人データの提供は、「利用目的の達成に必要な範囲内において個人データの取扱いの全部又は一部を委託する」（法23条5項1号）に当たると考えられる。
　したがって、発行会社は、信託銀行に対し、個人データの安全管理が図られるよう、必要かつ適切な監督を行う必要があると考えられる（法22条）。

3　株主名簿の保有個人データ性

(1) 問題の所在

　信託銀行が取り扱う発行会社の株主名簿は、個人データの取扱いの委託を受任している信託銀行の「保有個人データ」といえるか、「保有個人データ」の意義に関連し、問題となる。

(2) 検　　討

　　a　保有個人データの意義

　保有個人データとは、個人情報取扱事業者が、開示、内容の訂正、追加または削除、利用の停止、消去および第三者への提供の停止を行うことのできる権限（以下「開示等の権限」という）を有する個人データであって、政令で定めるもの等以外のものをいう（法2条7項）。同条の文言にかんがみれば、「保有個人データ」に該当するためには、個人情報取扱事業者が個人データの開示等のすべての権限を有することが必要であり、これらの権限の1つでも欠く場合には、当該個人データは個人情報取扱事業者の「保有個人データ」には当たらないと考えられる（園部『解説』65頁、金融庁GL2条5項）。

　もっとも、個人情報取扱事業者が自らのデータベースとして事業に利用しているデータベースに関しては、当該個人情報取扱事業者が個人情報保護法上の開示等の権限に相当するすべての権限を有していると考えるのが自然である。したがって、外部委託先や共同事業などの関係当事者間で同法上の開示等の権限の帰属につき明示的な合意がなされ特定の事業者だけがこの権限を専有することとされている場合などの特別な場合を除き、個人情報取扱事業者が自らのデータベースとして事業に利用しているデータベースの「保有個人データ」性が否定されるケースは例外的であると考えられる。

　このような観点から株主名簿の保有個人データ性を検討するに、信託銀行と発行会社間の契約においては、信託銀行が、個人情報保護法上の開示・訂正権限に相当する権限を有しているものの、同法上の追加削除・利用停止・消去・第三者提供停止の権限の帰属については明示的に合意されていない。そこで、発行会社および信託銀行がこれらの権限を発行会社に留保する意思

を有しているのか、それとも、信託銀行がこれらの取扱いを行う意思を有しているのか、その意思解釈が問題となる。

b 契約当事者の合理的意思解釈

発行会社の合理的意思解釈として、発行会社は個人情報保護法上の追加削除・利用停止・消去・第三者提供停止の権限に相当する権限を自らに留保せず、これらの権限行使も含めた株主名簿に関するいっさいの権限を信託銀行に与えていると考えれば、株主名簿は信託銀行の保有個人データに当たると考えられるが、これらの権限を発行会社が留保していると考えれば、株主名簿は信託銀行の保有個人データに当たらないことになる（後者の解釈では、信託銀行において開示等の求めに応ずる余地がなくなり、発行会社の営業所においてこれを受け付けざるをえない結果となるが、これは、株式事務の効率化のため信託銀行にこれを委託した発行会社の合理的意思に反するように思われる）。

このように、現状の発行会社と信託銀行間の準委任契約では、株主名簿が信託銀行の保有個人データか否かが必ずしも一義的ではないから、疑義を避けるため、同契約および株式取扱規程等において、個人情報保護法上の追加削除・利用停止等の権限の帰属につき明示的条項を新設することが望ましいと考えられる。

4 株主総会のIT化と個人情報保護

平成13年11月改正商法により、会社関係書類の作成・株主総会の招集通知・議決権行使および株主から会社にする各種請求権等行使を、電磁的方法によって行うことが認められた（石毛和夫・下山祐樹「会社関係文書の電子化」金法1650号34頁）。

すなわち、会社は、株主の承諾を得て、招集通知を電磁的方法により発することができる（会社法299条3項）。

また、会社は取締役会の決議をもって、株主総会に出席しない株主が電磁的方法により議決権を行使することができる旨を定めることができる（会社法312条）。この「電子投票」は、招集通知の電子化・株主からの各種請求等

の電子化に先駆けて、多数の公開企業の株主総会に導入されている。

　会社関係書類の作成・株主総会の招集通知・議決権行使および株主から会社にする各種請求書等の行使を電子化する場合、会社としては、これに先立って、技術的安全管理措置として、株主からの電磁的請求を受け付ける社内体制を整えておく必要がある（法20条）。

　たとえば、株主からのメールの本人確認システム、ウィルス対策、回線障害対策、サーバー障害対策等である。

　証券代行業務との関係では、特に議決権行使の電子化との関係で、これらの技術的安全管理措置を講ずることが、法令上の義務となる点に留意する必要がある（法20条）。

5　議決権行使書の安全管理措置の要否

　個人情報保護法は、個人情報取扱事業者に対し、その取り扱う個人データの漏えい、滅失またはき損の防止その他の個人データの安全管理のために必要かつ適切な措置を講ずるよう義務づけている（法20条）。

　この規定の直接の対象になるとは考えられないが、同条の趣旨に照らせば、信託銀行が発行会社にかわって発送・受領している議決権行使書において、議決権行使書上に記載されている株主の氏名・住所・議決権の数、議案に対する賛否などの個人情報を保護するため、「議決権行使書記載面保護シール」などを招集通知に同封し、議決権行使書による議決権行使を希望する株主が、議決権行使書にシールを貼付して返送することができるよう配慮することが望ましいと考えられる（すでにいくつかの証券代行会社では、この種の配慮を行っている）（平本正則「個人情報保護法における株主情報の保護」ビジネス法務2004年4月号78頁、菅原貴与志『詳解個人情報保護法と企業法務（第2版）』111頁参照）。

【参考条文】
第2条（定義）
7　この法律において「保有個人データ」とは、個人情報取扱事業者が、開

示、内容の訂正、追加又は削除、利用の停止、消去及び第三者への提供の停止を行うことのできる権限を有する個人データであって、その存否が明らかになることにより公益その他の利益が害されるものとして政令で定めるもの又は一年以内の政令で定める期間以内に消去することとなるもの以外のものをいう。

第20条（安全管理措置）

　個人情報取扱事業者は、その取り扱う個人データの漏えい、滅失又はき損の防止その他の個人データの安全管理のために必要かつ適切な措置を講じなければならない。

第22条（委託先の監督）

　個人情報取扱事業者は、個人データの取扱いの全部又は一部を委託する場合は、その取扱いを委託された個人データの安全管理が図られるよう、委託を受けた者に対する必要かつ適切な監督を行わなければならない。

❗ワンポイントアドバイス

　信託銀行の営む業務は、銀行と比較して多様である。信託銀行は、信託業務を営む過程で取得した情報を、多様な業務に利用しているから、利用目的を特定するにあたっては（法15条）、漏れがないよう工夫を凝らす必要がある。

第 4 編

個人情報保護法上の諸問題

第1章　異業種等との業務提携時の留意点

第1節　複数事業者による取引の特徴

　モールなどを活用した電子的商取引などの非対面取引の発展がめざましい。

　非対面取引では、取引当事者間の債権・債務関係を円滑に決済するため、金融機関が提供する為替・決済機能が活用されており、その法律上の問題点の研究も進められている（岩原紳作『電子決済と法』参照、特集＝金融機関等における電子決済（金法1631号6頁）、特集＝電子金融取引をめぐる法律問題（同号42頁））。

　また、金融機関のなかには、他の事業者と提携し、総合的な金融サービスの提供・金利優遇などの便益を提供することで、顧客基盤の強化・拡大を図っているところもある。

　いずれの場合も、金融機関が、顧客と1対1で取引を行うのではなく、業法上の業務範囲規制（銀行法10条・12条）の範囲内で、事業者と消費者（B to C）、事業者と事業者（B to B）の取引に関与し、為替・決済サービスを提供する点が特徴的である。

　複数の事業者が1人の個人顧客との取引に関与する場合、1対1の取引の場合と比較して法律関係が複雑化する。これは、個人情報の取得・利用に関しても、同様である。

　関与事業者同士の関係が緊密である場合には、各事業者が個人顧客から同内容の個人データを取得し、これを各々が利用することもあると考えられ

る。このような場合は、関与事業者が複数になったとしても、1対1の取引の類比によって整理することができると考えられるが、事業者同士の関係が緊密でない場合には、複数の事業者が1人の個人顧客との取引に共同して関与しているにもかかわらず、顧客から取得する顧客情報は、①特定の事業者しか取得・保有しない情報（固有情報）と、②当該取引に関係する各事業者が共通に取得・保有する情報（共通情報）とに、重層化する。

　たとえば、金融機関がB to C取引に関与し為替・決済サービスを提供する場合、銀行法上の他業禁止の趣旨にかんがみ、金融機関が、取引事業者と個人顧客との間の取引内容に関する情報（商品・役務の内容、附帯サービスの内容など）を取得することは稀である。したがって、上記分類に従えば、これらの取引内容情報は、B to C取引の取引事業者の固有情報であると考えられる。これに対し、個人顧客の氏名や預金口座などの個人情報は、B to C取引の当事者である取引事業者だけでなく、金融機関も取得・利用している場合が多く、これらの情報は「共通情報」であると考えられる。

　これと同じように、信販会社による個品割賦購入斡旋取引でも、販売店（加盟店）が取得・利用している取引情報のすべてを、信販会社が取得・利用しているわけではなく、信販会社が取得・利用している個人信用情報のすべてを、販売店が取得・利用しているわけではない（前田ほか「座談会」16頁［吉元発言］）。この場合も、事業者による情報取得・利用という観点からみると、取得・利用情報の重層化が生じているのである。

　個人顧客は、取引開始から終了までの一連の手続・流れのなかで、さまざまな個人情報を事業者側に提供するが、これを「個人情報取扱事業者による情報取得」という観点からみた場合、固有情報の取得と共通情報の取得とに重層化しているという点は、複数の事業者が1人の個人顧客と行う取引に関する個人情報保護法上の問題点を検討する際に、きわめて重要な視座である。

　以下、詳述する。

第2節　実務上の留意点

1　利用目的について

　複数の事業者が1人の個人顧客との取引に関与する場合、各事業者において、取得する個人情報の利用目的を特定し、これを個人顧客に対し明示する必要がある（法18条2項）。金融分野における個人情報取扱事業者が与信事業に際して個人情報を取得する場合には、これに加えて、個人顧客本人から同意を取得することが望ましいとされている（金融庁GL8条2項）。個人顧客から取得する個人情報のうち、金融分野における個人情報取扱事業者でない事業者だけが取得する固有情報であれば、個人情報保護法18条2項に基づく利用目的の明示だけで足りるが、金融分野における個人情報取扱事業者も取得する共通情報の場合には、これに加えて、個人顧客本人の同意を取得することが望まれることになる（与信事業の場合に限る）。

　また、取得する共通情報の利用目的が各事業者において異なる場合、これらをどのように明示し、または、同意取得するのかといった点についても、工夫が必要になる。

2　開示等の権限の帰属

　個人顧客から取得した共通情報について、各事業者がそれぞれ、開示・内容の訂正・追加削除・利用停止・消去および第三者提供の停止を行うことのできる権限を有するのか、それとも、特定の事業者だけがこれらの全権限を専有し、他の事業者はこれを有しないのかも問題となる。

　各事業者がそれぞれ開示等の権限を有すると考えた場合、開示等の求めに応ずる事務が繁雑になり過誤が生じるおそれがあるし、一部の事業者が訂正等に応じた後他の事業者が利用している個人データにそれをどう反映させるのか、また、その事務フローはどうするのか等の問題が生ずるから、開示等の窓口を一元化することも考えられるが、その場合には、各事業者間で、共

通情報に関する取扱いについて合意書を取り交わし、そのなかで開示等の権限の帰属につき明示的な合意をしておく必要があると考えられる。

また、個人顧客と事業者間の取引契約・約款などにおいても、開示等の窓口やその手続を明記しておくべきであると考えられる（なお、開示等に関する当事者間の合意の効力につき北岡弘章『漏洩事件Q＆Aに学ぶ個人情報保護と対策』161頁参照）。

3　法律関係の明確化

1人の顧客との取引に3者以上の事業者が関与する場合、関与事業者間の法律関係はいっそう複雑化し、どの情報が共通情報なのか、どの情報が固有情報なのかすら不明確になる場合もあると考えられる。

このような場合には、関与事業者による個人情報の取得・利用・移動をフローチャートなどで整理し、それぞれの事業者にとって、何が固有情報で、何が共通情報かを可視化するとともに、個人顧客と関与事業者との間の法律関係、関与事業者間の法律関係を分析したうえで、これらの間で行われる個人情報の授受を、個人情報保護法上、どのように整理するかを検討することが必要になると考えられる。

4　漏えい等に備えた危機管理

複数の事業者間で授受されていた個人データが、授受の過程で漏えい・紛失した場合、自社内部から個人データが漏えいした場合と比較して、漏えい原因の特定に手間取ることが少なくない。この原因は、関係事業者間で情報漏えい等に備えた危機対応について具体的取決めがなされていないことにあると考えられる。

このような事態を極力回避するためにも、複数の事業者の間で個人データを授受する場合には、情報漏えい等が発生した際のコンティンジェンシープランを取り交わしておくことが望ましいと考えられる（安全管理実務指針参照）。情報漏えい事例では転得者に対する保全処分等の申立てがなされる例

もあるが、法的措置を講ずるのがだれかもあらかじめ定めておくことが必要であると考えられる。

【参考条文】

第18条（取得に際しての利用目的の通知等）
1　個人情報取扱事業者は、個人情報を取得した場合は、あらかじめその利用目的を公表している場合を除き、速やかに、その利用目的を、本人に通知し、又は公表しなければならない。
2　個人情報取扱事業者は、前項の規定にかかわらず、本人との間で契約を締結することに伴って契約書その他の書面（電磁的記録を含む。以下この項において同じ。）に記載された当該本人の個人情報を取得する場合その他本人から直接書面に記載された当該本人の個人情報を取得する場合は、あらかじめ、本人に対し、その利用目的を明示しなければならない。ただし、人の生命、身体又は財産の保護のために緊急に必要がある場合は、この限りでない。

第27条（保有個人データに関する事項の公表等）
1　個人情報取扱事業者は、保有個人データに関し、次に掲げる事項について、本人の知り得る状態（本人の求めに応じて遅滞なく回答する場合を含む。）に置かなければならない。
　一　当該個人情報取扱事業者の氏名又は名称
　二　全ての保有個人データの利用目的（第18条第4項第1号から第3号までに該当する場合を除く。）
　三　次項の規定による求め又は次条第1項、第29条第1項若しくは第30条第1項若しくは第3項の規定による請求に応じる手続（第33条第2項の規定により手数料の額を定めたときは、その手数料の額を含む。）
　四　前3号に掲げるもののほか、保有個人データの適正な取扱いの確保に関し必要な事項として政令で定めるもの

〔参考文献〕
・三浦亮太「電子金融取引と個人情報保護」金法1631号61頁
・特集＝マルチペイメントネットワークをめぐる法的問題（金法1663号）
・本多正樹「インターネット取引の決済について(上)(下)」金法1608号30頁、1609号36頁
・浅井弘章・内海恵理「経済産業省ガイドラインからみた個人情報保護法」銀行法務21・636号14頁

第2章 開示請求への実務対応
――開示請求手続等規則の重要性とその留意点

第1節 開示請求手続等規則の制定権

1 解説

　個人情報保護法は、個人情報取扱事業者に対し、本人から、当該本人が識別される保有個人データの開示（当該本人が識別される保有個人データが存在しないときにその旨を知らせることを含む。以下同じ）の請求を受けたときには、原則として、本人に対し、書面の交付による方法（開示の求めを行った者が同意した方法があるときは、当該方法）により、遅滞なく当該保有個人データを開示するよう義務づけている（法28条1項、施行令6条）。

　ところで、個人情報保護法32条1項では、個人情報取扱事業者は同法28条1項の規定による求め（開示等の請求）に関し、政令で定めるところにより、その求めを受け付ける方法を定めることができると規定し（以下この定めを「開示請求手続等規則」という）、個人情報取扱事業者が開示請求手続等規則を定めた場合には、「本人は、当該方法に従って、開示等の求めを行わなければならない」（法32条1項2文）と定めている。開示請求手続等規則の本人に対する拘束力を認めているのである。

　個人情報保護法施行令では、同法32条1項を受けて、開示請求手続等規則で定められる事項として、①開示等の請求の申出先、②開示等の請求に際して提出すべき書面の様式その他の開示等の請求の方式、③開示等の請求をする者が本人または代理人であることの確認方法および④手数料の徴収方法を定めている（施行令7条）。

開示請求手続等規則は、個人情報取扱事業者が制定する権限を有し、かつ、その内容は本人を拘束するから（法32条1項2文）、濫用的開示請求から個人情報取扱事業者を防衛するためには、まず適切な内容の開示請求手続等規則を定めることが重要である。

2　開示請求手続等規則作成時の留意点

　特に、金融機関の場合には、上記4点のうち③の開示等の請求をする者の本人確認方法が重要であるから、十分かつ適切な本人確認方法を定めておくことが望まれる（金融庁GL19条2項）。その際には、犯罪収益移転防止法が定める本人確認方法（個人番号の開示を行う場合には番号法・国税庁告示が定める本人確認方法）が一応の参考になると考えられる（健康保険証による本人確認の妥当性については、東京高判平成16年1月28日金法1704号59頁［預金払戻の場面］と名古屋地判平成14年6月18日金法1670号71頁［貸付取引の場面］に注意する必要がある）。

　また、個人情報取扱事業者は、本人に対し、開示等の請求に関し、その対象となる保有個人データを特定するに足りる事項の提示を求めることができるから（法32条2項）、開示等の求めに際して提出すべき書面の様式（開示請求等の書式）を定める際には、保有個人データを特定するに足りる事項の記載欄も設けることが望ましいと考えられる。

　もっとも、開示請求手続等規則を定めるにあたっては、本人に過重な負担を課すものとならないように配慮しなければならず（法32条4項）、たとえば、開示等の求めの申出先を不必要に不便な場所と定めることや開示請求等の書式に不必要に詳細な記載を求めることなどは許されないと考えられているので、注意が必要である（宇賀克也『個人情報保護法の逐条解説』138頁）。

第2節 代理人による開示請求

1 問題の所在

　個人情報保護法では、任意代理人が、開示等の求めを行うことを認めている（法32条3項、施行令8条）。金融機関では、預金残高の情報を、代理人と称する第三者や親族に開示した結果、本人との間で大きなトラブルとなった事例が多々あったため、預金残高などの個人データの開示については、原則として本人に対してのみ開示するといった対応をとってきた（第12回金融審特別部会における全銀協委員の説明）。

　このような問題意識から、金融審特別部会においても、金融実務家から、本人が開示請求することが困難な場合には代理人からの開示請求を認めるとしても、回答先を本人に限定する（たとえば回答書を本人に郵送する）といった対応を、正面から認めることが要望されている（第12回金融審特別部会における全銀協委員発言）。

　そこで、このような方法が、個人情報保護法上の解釈として許容されるかについて検討する。

2 検　　討

　個人情報保護法では、個人情報取扱事業者による開示（回答）方法については、書面の交付による方法によること（開示の求めを行った者が同意した方法があるときは、当該方法によること）を求めているだけであり、それ以外に特段の規定を置いていない。開示の求めを受け付ける方法について詳細な定めを置いているのとは対照的である。

　個人情報保護法が個人情報取扱事業者による開示（回答）方法について、書面の交付によるという点以外に具体的な定めを設けなかった趣旨は、上記の点以外の回答方法については、「本人に過重な負担を課すものとならない」範囲内で（法32条4項）、個人情報取扱事業者の裁量に委ねた趣旨である

と考えられる。

このような観点から、「本人に回答書を郵送する方法で回答する」という方法の可否を検討すると、当該方法は、本人に対しなんら過重な負担を強いるものではなく、むしろ、本人の手元に直接かつ迅速に回答書が届く点において、開示等を希望しながらその請求を自ら行いえなかった本人の利便性に資するものであるといえる。

したがって、個人情報取扱事業者が、代理人からの開示請求に対し、本人に回答書を郵送するなどの方法で個人データを開示（回答）することは、個人情報保護法に違反しないと考えられる（なお、基本法制研究会『Q&A（第2版）』92頁参照。金融庁GL19条2項参照）。

そこで進んで、このような開示（回答）方法に対し本人およびその代理人が異議を述べ直接代理人に対し回答するよう請求することができるかについて検討するに、個人情報保護法は、本人に対し、保有個人データの開示請求を行うことを認めているが、同法は、本人に対し回答先を指定する権限まで付与したとは考えられないから、個人情報取扱事業者による回答方法が同法に違反せず、かつ合理的な取扱いである限り、本人およびその代理人は、これに異議を述べ、直接代理人に開示（回答）するよう求めることはできないと考えられる。

3 実務上の留意点

代理人による開示請求については、実務上、悪用のおそれがあるため、慎重な対応が必要である。

この点について、協議会保護指針では、開示請求手続等規則において、代理権を確認する方法として、①金融機関所定の委任状以外は認めないこと、②委任状とは別に電話などで本人から代理権授与の意思確認ができるまで開示しないことなどを定めることを提案しており、実務上参考になると考えられる（協議会保護指針Ⅵ5の「運用上の考え方」）。

第3節　開示義務の範囲

1　問題の所在

　前述したとおり、個人情報保護法は、原則として、保有個人データの開示義務を認めたうえで、同法28条2項但書各号の要件を充足した場合に限り、開示義務を解除している（なお、「保有個人データ」に該当しない場合にも、開示義務はない）。

　開示請求への実務対応において最も悩ましい問題の1つが、この例外規定（法28条2項但書各号）の解釈である。

　そこで、以下、この点について、検討する。

2　検　　討

(1)　評価情報

　金融機関が保有する個人顧客に関する評価情報には、融資申込みに対する審査情報・債務者区分情報などがある。

　個人情報取扱事業者が行う分析・評価は、それ自体が企業秘密・ノウハウに属する場合が多いと考えられ、分析・評価の結果（評価情報）の詳細を第三者に開示した場合、当該事業者の分析・評価手法を推測されかねない懸念がある場合が多いと考えられる。

　このように、特定の評価情報を開示することによって、「当該個人情報取扱事業者の業務の適正な実施に著しい支障を及ぼすおそれがある場合」（法28条2項但書2号、金融庁GL15条1項）に当たると評価できる場合には、個人情報取扱事業者は、開示義務を負わないと考えられる（前田ほか「座談会」23頁［前田発言］）。

　開示義務の例外規定に該当するか否かは、当該情報の内容など諸般の事情を総合考慮したうえで個別的事情に基づき、具体的に判断する必要があると考えられるが、融資申込みに対する審査情報や債務者区分情報は、特別な事

情がない限り、上記例外規定に該当することが多いと考えられる（第3編第2章第5節参照）。

債務者との取引方針に関する情報も同様であると考えられる。

(2) 側面調査等に係る情報

次に、金融機関が、側面調査により入手した情報が、開示義務の対象となるかが問題となる。

まず、情報の入手経路については、特段の事情がない限り開示義務を負わないと考えられる。なぜならば、情報の入手経路に関する情報は、個人情報と関連づけて保管されている場合を除き、個人識別情報に該当しないと考えられるからである（北岡弘章『漏洩事件Q&Aに学ぶ個人情報保護と対策』154頁参照）。

次に、側面調査によって取得された個人データについては、開示義務の対象となるのかについて検討する。

この点は困難な問題であるが、2つの観点から、開示義務を負わないと考えることが可能であるように思われる。

　a　保有個人データからの除外

1つ目は、「保有個人データ」から除外できる場合である。

すなわち、個人情報取扱事業者が開示義務を負うのは「保有個人データ」に限られるところ（法28条1項）、保有個人データからは、①当該個人データの存否が明らかになることにより、本人または第三者の生命、身体または財産に危害が及ぶおそれがあるもの、②当該個人データの存否が明らかになることにより、違法または不当な行為を助長し、または誘発するおそれがあるものが除外されている（施行令3条）。

側面調査で得られた個人データのなかには、情報提供者との関係等から、上記①②に該当するものも少なくないと考えられるから、このような場合には個人情報保護法施行令3条1号・2号に該当することを根拠に開示を拒否できると考えられる。

b　開示拒絶事由

　また、2つ目の観点として、開示義務の例外規定（法28条1項但書各号）に該当すると考えることができる場合である。

　すなわち、開示義務の例外規定には、「本人又は第三者の生命、身体、財産その他の権利利益を害するおそれがある場合」（法28条1項但書1号）と「当該個人情報取扱事業者の業務の適正な実施に著しい支障を及ぼすおそれがある場合」（同項但書2号）とがある。

　個人情報保護法28条1項但書1号では、保護法益として、生命・身体・財産があげられているが、これらは法律上保護に値する利益を例示列挙したにすぎないから、保有個人データを開示することによって、第三者の法律上保護に値する利益を害するおそれがある場合には、個人情報取扱事業者は、開示請求を拒むことができると考えられる（むしろ、このような場合には開示を拒むべきであると考えられる）。

　側面調査によって取得した債務者の個人データは、その内容によっては、情報提供者との関係で「第三者の生命、身体、財産その他の権利利益を害するおそれがある場合」に当たる場合もありうると考えられる。

　また、個人情報保護法28条1項但書2号の「当該個人情報取扱事業者の業務の適正な実施に著しい支障を及ぼすおそれがある場合」に該当するか否かは、情報の内容・性質などを総合的に勘案し個別的に判断する必要があるが（園部『解説』170頁・171頁）、第三者から適法に取得した個人データについて、これを開示することにより第三者との信頼関係が失われ、今後協力が得られなくなるおそれがある場合などが含まれると考えられる（宇賀克也『個人情報保護法の逐条解説』123頁）。したがって、この見解に立脚すれば、第三者から適法に取得した債務者の側面調査データについて、本人への開示を拒絶できる場合もあると考えられる（なお、同種の問題につき、金融庁GLに関するパブリックコメント手続における金融庁回答（回答番号312）参照）。

(3)　他の顧客の個人情報・個人データが含まれている場合

　開示請求者（本人）が識別される個人データのなかに、他の顧客に関する

個人情報・個人データが含まれていたり、両者が一体として保存・保管されている場合、金融機関は、開示請求に応ずるべきか。

この点、開示請求者（本人）が識別される保有個人データと他の顧客に関する個人情報・個人データが不可分一体となっている場合には、金融機関が当該保有個人データを開示することは、他の顧客に対する関係で、秘密保持義務違反となるから、「第三者の……財産その他の権利利益を害するおそれがある場合」（法28条1項但書1号）に当たると考えられる。したがって、このような場合には、金融機関は、個人情報保護法28条1項但書1号に基づき、開示請求を拒むことができると考えられる。

これに対し、開示請求者（本人）が識別される個人データと他の顧客に関する個人情報・個人データとが可分である場合には、他の顧客に関する個人情報・個人データを除外して、開示請求者（本人）が識別される保有個人データの部分についてのみ、開示に応じることになる場合が多いと考えられる。なぜならば、開示請求者（本人）が識別される個人データと他の顧客に関する個人情報・個人データとが可分である場合、他の顧客に関する個人情報・個人データは、通常、開示対象である「当該本人（著者注：開示請求者）が識別される保有個人データ」（法28条1項柱書）に該当しないことが多いと考えられ、このような場合には、他の顧客に関する個人情報・個人データについて開示する必要がないからである。

個人情報保護法の開示制度では、「当該本人が識別される保有個人データ」以外の開示請求・開示義務を認められていないのである。

(4) 包括的な開示請求の場合

個人情報取扱事業者は、本人から開示等の求めを受けた場合、本人に対し、その対象となる保有個人データを特定するに足りる事項の提示を求めることができる（法32条2項）。

したがって、保有個人データの種類・内容、取引店舗、取得時期などをまったく特定しない開示請求に対しては、個人情報保護法32条に基づき、保有個人データの特定を依頼し、対象データを特定するよう要請することにな

ると考えられる（なお、金融庁GLに関するパブリックコメント手続における金融庁回答（回答番号310）参照）。

(5) 取引経緯記録表などに雑然と記載された情報

取引経緯記録表には、融資取引先の個人情報だけでなく、それに関連する関係者の氏名など、融資取引先以外の個人情報が混在している場合がある。

このような関係者から、取引経緯記録表に混然と記載されている情報の開示を求められた場合、金融機関はこれに応ずる義務はあるか。

取引経緯記録表は、融資取引先ごとに整理されており、融資取引先の氏名等で検索することは容易に可能であると考えられるが、融資取引先の関係者（保証人でも担保権設定者でもない関係者）の氏名で検索することは、通常、容易でないと考えられる。

したがって、取引経緯記録表のなかに混然と記載されている関係者の氏名などが、「特定の個人情報を容易に検索できるよう体系的に構成されていない」と評価できるのであれば、当該個人情報は「個人データ」には該当せず、開示義務の対象に含まれないと考えることが可能である。

第4節　営業店における対応時の留意点

1　開示請求手続等規則に従った対応

営業店において開示請求を受け付ける場合、金融機関所定の開示請求手続等規則に従った対応を行うことが重要である。

すなわち、個人情報保護法や金融庁GLでは、開示請求手続等規則を定めるか否かについて、各金融機関の判断に委ねているが（法32条1項、金融庁GL19条1項）、協議会保護指針では、この点を義務化している（協議会保護指針Ⅵ5）。したがって、協議会の会員である金融機関においては、必ず開示請求手続等規則を定めているはずである。

営業店において、顧客や代理人から個人情報保護法に基づく開示請求を受

けた場合、営業店の担当職員は、各金融機関における開示請求手続等規則の定めに従って、①本人・代理人が金融機関所定の書式（以下「開示請求書」という）によって開示請求を行っているか、②開示請求書には必要事項が記入されているか、③手数料は納付されているか、④開示請求を行っている者が開示請求書に表示された本人であることを、開示請求手続等規則所定の方法で確認できるか、⑤開示請求を行っている者が代理人である場合には、開示請求手続等規則所定の方法で、代理人の本人確認・代理権の有無・内容を確認できるか（私製の委任状を認める場合には、代理権の内容・範囲を確認することが重要である）、⑥開示請求書や委任状に捺印されている印影は、届出印や印鑑証明書の印影と一致しているか、⑦開示請求書・委任状・本人確認書類などの記載や開示請求を行っている者の挙動に不審な点はないかなどを確認したうえで、開示請求を受け付ける必要があると考えられる。

　また、開示請求をできる代理人は、未成年者・成年被後見人の法定代理人と開示等の求めをすることにつき本人が委任した代理人（任意代理人）に限られる点も重要である（法32条3項、施行令8条）。本人の家族であっても、上記の要件に該当しない限り、本人にかわって開示請求を行うことはできない。任意代理人の場合は、明示の委任がなされていることが必要である（園部『解説』189頁）。

　万が一、金融機関が、これらの確認を怠り、本人や代理人になりすました第三者に対して個人顧客の個人データを開示し、これによって当該顧客が損害を被った場合には、金融機関に過失があると認められる限り、損害賠償責任（民法415条または709条）を負うおそれがあると考えられるから、実務においては慎重な対応が望まれる。

　なお、代理人からの開示請求に対しては、本人にのみ直接開示することも可能である（金融庁GL19条2項）。この方法によれば、このような事故の発生をある程度防止することが可能であるように思われる。

2 開示（回答）にあたっての留意点

開示（回答）にあたっては、開示（回答）に起因して、新たな苦情・紛争が生じないよう配慮する必要がある。

個人情報取扱事業者のなかには、開示請求を受け付けるにあたり、開示請求を行った者に対して、「来店して開示（回答）結果を受領するか」「個人情報取扱事業者が届出を受けている自宅宛てまたは会社宛に郵送するか」など、開示（回答）の受領方法を確認し、開示請求を行った者の希望に沿った対応をしている事業者もある。

このような工夫を講じれば、たとえば、開示請求に応じて開示請求を行った者の自宅宛てに開示（回答）書を郵送したところ、開示請求を行った者から、「家族に見られて、困った」などの苦情が寄せられることを、相当程度、回避することができると考えられる。

このような苦情を回避するための工夫としては、上記のほかに、日本郵政の「本人限定受取郵便」サービスを利用することなども考えられる。なお、この場合には、開示請求手続等規則の定めに基づき、開示請求を行った者から、その実費を、手数料として徴求することも可能であると考えられる。

3 開示（回答）後の対応

開示請求に基づき保有個人データを開示した場合には、開示（回答）結果を記録し保存しておくべきであると考えられる。

また、開示請求に基づき保有個人データを開示したか否かにかかわらず、本人・代理人が金融機関に提出した開示請求書・本人確認書類の写し・委任状などは、後日の紛争に備えるため、一定期間保存しておくことが望ましいと考えられる。

4 開示請求と「問合せ」の区別

営業店では、融資取引のある個人顧客などからの電話などによる各種の問合せ（借入金の返済日や返済金額など）を受け、これに対して、口頭で回答す

る場合がある。

　このような「問合せ」は、金融機関が保有する保有個人データの開示を求める旨の申出という側面を有しているが、当該顧客が個人情報保護法に基づく開示請求である旨を明示しない限り、金融機関は、「問合せ」に対し、従来どおり、任意の方法で応ずれば足りると考えられる。もっとも、「問合せ」に対する対応にあたっては、個人顧客の本人確認等を十分行うなど、当該顧客になりすました第三者に顧客の個人情報・個人データが提供されることのないよう配慮する必要があると考えられる。

　これに対し、当該顧客が、個人情報保護法に基づく開示請求である旨を明示した場合には、個人情報保護法・金融庁GLに沿った対応を行う必要があると考えられる。

　以上の考え方は、住所等変更届や残高証明発行の場合と同様である（第1編第3章第16節）。

5　開示と「第三者提供」の区別

　保有個人データの開示と個人データの第三者提供は、いずれも、金融機関が、金融機関以外の者に対して、金融機関が有する個人データを引き渡す点で共通しているが、両者はまったく異なる手続である。

　個人情報保護法上も、両者は明確に区別されている（保有個人データの開示につき法28条、個人データの第三者提供につき法23条）。

　保有個人データの開示は、①本人、②未成年者・成年被後見人の法定代理人、③開示等の求めをすることにつき本人が委任した代理人に対するものであり、個人データの第三者提供はこれら以外の者に対するものである（金融庁GL13条2項参照）。個人データの第三者提供を行う場合には、原則として、あらかじめ本人の同意を得る必要がある（法23条1項）。

　また、保有個人データの開示を求められたときには、当該措置の実施に関し、金融機関が手数料を徴求することができるが（法33条1項）、個人データの第三者提供では、このようなことは認められていない。

第3章　安全管理体制の構築と取締役の責任

第1節　安全管理体制と取締役の職責

　個人情報保護法は、個人情報取扱事業者に対し、個人データの漏えい・滅失・き損の防止その他の個人データの安全管理のために必要かつ適切な措置（以下「安全管理措置」という）を講ずるよう義務づけ（法20条）、その一環として、従業員に対する監督（法21条）および外部委託先に対する監督（法22条）を行うよう求めている。

　取締役は、法令・定款に従い会社の利益を極大化するよう最善を尽くす必要がある（会社法330条、民法644条、会社法355条）。

　個人情報保護法も「法令」に含まれると考えられるから、個人情報取扱事業者の取締役は、その権限を適切に行使し、個人データに関する内部的安全管理体制（従業員の監督を含む）および外部的安全管理体制（委託先への監督）を構築する義務を負うと考えられる。

　もっとも、個人情報保護法20条～22条は、どのような安全管理体制を構築すべきかを具体的に定めているわけではなく、その義務内容は必ずしも一義的でない。同法が個人情報取扱事業者の義務を明定しながら、安全管理体制の内容・レベルを具体的かつ一義的に定めなかった趣旨は、その具体的内容の決定を、同法の趣旨に反しない範囲で、各事業者の創意工夫に委ねる趣旨であると考えられる。

　金融庁GLおよび安全管理実務指針では、個人情報保護法20条の解釈として、①組織的安全管理措置、②人的安全管理措置、③技術的安全管理措置を

講ずることは、必須の事項（これに違反した場合には個人情報保護法違反となる事項）であるとし、安全管理実務指針では、その内容について詳細な定め（義務規定）を置いているから（金融庁GL10条）、これらの項目に沿った措置を講ずる義務はあるが、各項目について、どの程度の措置を講ずるか（任意事項）については、金融事業者の取締役の裁量に委ねられていると考えられる（金融庁GLに関するパブリックコメント手続における金融庁回答（回答番号217・218）参照）。

したがって、金融事業者の取締役は、これらの任意事項については、個人情報保護法20条および金融庁GL10条ならびに安全管理実務指針の趣旨に反しない範囲で、①会社の規模・事業内容、②取り扱う個人データの分量・内容、③個人データの処理・保管状況、④個人データを取り扱う従業員の員数、⑤安全管理体制に要するコストと効果、⑥個人データの漏えい・滅失・き損事例の分析結果、⑦技術水準および⑧自社を取り巻く社会情勢などを的確に把握し、これらを総合考慮したうえで、自社に最適で合理的な安全管理体制を構築し、それが機能しているか否かを適宜確認する義務を負っていると考えられる。

第2節　義務違反の判断基準

義務内容が法文上一義的でなく、義務内容を履行するためどの程度の措置を講ずるかについて取締役に裁量が認められている場合、いかなる基準で、取締役の責任の有無を判断するのかについては、あまり議論されていない。

この点、「リスク管理体制構築義務」に関しては、いかなる体制を構築するかにつき取締役に広い裁量が認められており（大阪地判平成12年9月20日判時1721号3頁［大和銀行株主代表訴訟事件］）、森田章同志社大学教授は、同判決の評釈において、リスク管理体制構築義務違反の認定判断は「緩和された基準」によってなされるべきであると述べている（森田章「判批」金法1601号

9頁)。

　会社法により大会社において取締役の内部統制システム構築義務が定められているが、その内容が一義的ではなく、いかなる体制を構築するかにつき取締役に一定の裁量が認められる点で個人データの安全管理体制構築義務と共通である。
　したがって、個人データ安全管理体制構築義務違反の有無も「緩和された基準」で判断されるべきであると考えられる。
　なお、「経営判断の原則」は取締役に裁量が認められる場面で妥当するが、法令に従うか否かについては取締役に裁量が与えられていないから(最判平成12年7月7日金法1597号75頁河合裁判官補足意見)、上記論点は、経営判断の原則の適用場面ではないと考えられる。

【参考条文】
第20条(安全管理措置)
　個人情報取扱事業者は、その取り扱う個人データの漏えい、滅失又はき損の防止その他の個人データの安全管理のために必要かつ適切な措置を講じなければならない。

〔参考文献〕
・芦田勝「個人情報保護に関する金融機関の取組みと法制化に向けた課題」銀行法務21・591号17頁

第4章　銀行持株会社における個人情報保護

第1節　銀行持株会社の取締役の職責

1　持株会社の意義

　持株会社は、持株会社自身が事業を行う場合と子会社の経営管理に専念する場合とがあり、前者を「事業持株会社」、後者を「純粋持株会社」という。

　メーカーなどの場合には、中核会社は自ら製造業を営みつつ、子会社の経営管理を行っているから、「事業持株会社」に分類できる。これに対して、銀行持株会社は、銀行や保険会社等を子会社として、その経営管理を行うことを業務とし、それ以外の業務が禁じられているから（銀行法52条の21）、「純粋持株会社」に分類される。

2　純粋持株会社の取締役の職責

(1)　問題の所在

　子会社の情報管理体制が不十分であったため、情報漏えい等が発生し子会社に損害が生じた場合、当該子会社の取締役だけではなく、純粋持株会社の取締役も、純粋持株会社に対し、なんらかの会社法上の責任を負うか。

　子会社の情報管理体制が不十分であったため、子会社に損害が生じた場合に、当該子会社の完全親会社である純粋持株会社の取締役が、純粋持株会社に対して会社法上の責任を負うためには、(ア)純粋持株会社の取締役が、故意または過失により、法令または定款に違反し、(イ)それによって、純粋持株会社に対して損害を与えたといえることが必要である。

具体的には、純粋持株会社の取締役に善管注意義務違反があることが必要になる。

そこで、以下、純粋持株会社の取締役の善管注意義務の内容について検討する（森本滋「純粋持株会社と会社法」法曹時報47巻12号15頁、酒巻俊雄「純粋持株会社と会社法上の問題」ジュリスト1104号22頁参照）。

(2) 純粋持株会社の取締役の善管注意義務の内容

　　a　事業持株会社の取締役の善管注意義務の内容

純粋持株会社の取締役について説明する前提として、従前から議論されていた事業持株会社の取締役の善管注意義務について、説明する。

株式会社は、特定の事業目的を遂行するために設立され、株主は当該事業により獲得される利益の分配にあずかるために出資し、取締役に当該事業の遂行を委託する。したがって、取締役の主たる役割は、当該会社自体の事業活動を誠実に遂行することであり、取締役は、この点について、善管注意義務を負っていると考えられる。

これを事業持株会社に即して敷衍すれば、事業持株会社の取締役の職責は、事業持株会社が営んでいる事業を誠実に遂行し、事業持株会社の株主の利益を最大化することであると考えられる（森本・前掲15頁）。

そして、子会社に対する監督の点に関しては、事業持株会社の子会社の業務については子会社の取締役がその責任のもと行うべきであるから、事業持株会社が、子会社に対して、子会社株式の議決権に裏付けられた事実上の影響力を行使することは好ましくなく（森本・前掲15頁、江頭憲治郎「企業組織の一形態としての持株会社」資本市場研究会編『持株会社の法的諸問題』13頁）、事業持株会社の取締役には、当然には、子会社の経営に関与する義務までは認められないと考えられていた（江頭憲治郎・森本滋・来生新・中里実・横谷好一「座談会・純粋持株会社の規制緩和を巡る諸問題」旬刊商事法務1388号23頁［森本発言］）。

このような多数説を前提にすれば、事業持株会社の取締役が子会社に対して事実上の影響力を行使しなかったことが、直ちに事業持株会社に対する任

務懈怠を構成するとはいえず、事業持株会社の取締役の不作為を理由に、同取締役の責任追及を行うことは困難であると考えられる（森本・前掲15頁）。

　もっとも、事業持株会社の取締役が、子会社に対して事実上の影響力を積極的に行使した場合において、事業持株会社の取締役の指示が不適切であったため、子会社に損害が生じ、その結果、事業持株会社に損害を生じさせたときには、事業持株会社の取締役に対する株主代表訴訟による責任追及が可能であると考えられる。

　　b　純粋持株会社の取締役の善管注意義務の内容

　純粋持株会社の取締役の職責についても、事業持株会社の取締役の職責と別異に解する必要はないと考える見解もある（通産省「企業法制研究会報告書」33頁（別冊商事法務132号121頁以下））。

　しかしながら、純粋持株会社は、事業持株会社と異なり、自らは対外的な事業活動は行わず、子会社の経営管理およびこれに附帯する業務を遂行しているにすぎない。

　事業持株会社の場合には、製造業等の事業を大規模かつ本格的に行っており、子会社の事業は比較的小規模かつ従属的であると評価できる場合が多く、事業持株会社の取締役は、当該会社の事業の執行を誠実に行うことを要するものの、子会社が営む事業については周辺的な問題にすぎず、子会社に全面的に任せていることで足りると考えることも可能であるが、純粋持株会社の場合には、子会社の経営管理こそが中核的業務であり、事業持株会社と同様に考えることは適切でない。

　前述のように、純粋持株会社は、自ら事業活動は行わず、子会社の経営管理およびこれに附帯する業務を遂行することにより、純粋持株会社の株式の価値を最大化する必要があるのであるから、純粋持株会社の取締役としては、純粋持株会社の株主の利益のために、株主権や子会社との間で締結するさまざまな経営管理に関する契約に基づく権限を適切に行使し、経営管理を行う義務を負っていると考えられる[1]。

c　経営管理を行う義務の内容・義務違反の判断基準

以上のように、純粋持株会社の取締役は、経営管理業務等に関する純粋持株会社の権限を適切に行使し、子会社の健全かつ適切な運営を確保する義務や子会社を含む企業集団（グループ）全体の健全かつ適切な運営を確保する義務を負っていると解される。この点は、子会社における情報管理体制の確立についても、同様に当てはまる。

純粋持株会社の取締役は、このような義務を履行するため、会社法の規制に違反しない範囲内において、純粋持株会社を中心とする企業集団の経営を管理する体制を構築することを要するが、その範囲内において具体的にどのような経営管理体制（情報管理体制）を構築するかについては、純粋持株会社の態様、会社を取り巻く状況等を的確に把握して総合的に評価し決定することを要するものと考えられる。

第2節　共同利用制度を利用する際の留意点

1　共同利用規定の新設

個人情報保護法は、個人情報取扱事業者が個人データを第三者に提供する場合には、原則として、あらかじめ本人の同意を得るように義務づけているが（法23条1項）、一定の要件のもと、本人の事前同意を得ずに、個人データを第三者に提供することを認めている（同条5項）。

共同利用制度（法23条5項3号）は、その1つである。

1　積極的義務……森本・前掲15頁、江頭ほか・前掲「座談会」23頁、酒巻・前掲25頁も同様の価値判断を示している。なお、森本教授および酒巻教授は、いずれも「積極的に経営管理を行う義務」があるという見解や「積極的に子会社の経営に関与することを要する」という価値判断に立脚している。「積極的に」という用語を用いている趣旨は必ずしも明らかではないが、純粋持株会社の取締役が、子会社に対して、不適切な経営管理を行った場合のみならず（作為）、経営管理を行わなかった場合（不作為・経営管理の懈怠）についても、純粋持株会社の取締役の任務懈怠を認める趣旨ではないかと考えられる。

2 共同利用のニーズ

銀行は、銀行持株会社を頂点として、総合金融グループを形成しているが、個人情報保護法が施行される前、同一金融グループ内の会社間であっても、あらかじめ顧客本人の同意を得ないで特定の個人を識別できる顧客情報を授受することは行われてこなかった（第9回金融審特別部会における全銀協委員の説明）。これは、顧客に対する守秘義務の問題や、銀行監督指針において、顧客情報を第三者に開示するためには、原則として、あらかじめ顧客本人の同意を得ることが求められていたことによると考えられる。

近時、金融グループにおいて共同利用制度の利用が広がっているが、金融機関が共同利用制度を利用する場合、これらの従来の規制等（特に銀行持株会社や金融機関の業務範囲規制、秘密保持義務）との関係についても別途検討する必要があると思われるが、以下では、個人情報保護法上の留意点に限って検討する。

3 共同利用制度を利用する際の留意点

共同利用制度を利用する場合には、個人情報保護法上、特に①共同利用者の範囲の特定、②利用目的の特定、③共同利用者の責任関係に留意する必要がある。

(1) 共同利用者の範囲の特定

個人情報保護法23条5項3号では、共同利用個人データを共同して利用する者の範囲を、本人に通知するか、または本人が容易に知りうる状態に置くよう求めている。

ここで、共同利用者の範囲を、どの程度、特定する必要があるかが問題となるが、金融庁GL13条7項では、「共同して利用する者の範囲」の記載について、努力措置として、共同利用者を個別列挙することが望ましいとしている。もっとも、金融庁GLでは、これに続けて、「共同して利用する者の外延を示すことにより本人に通知等する場合には、本人が容易に理解できるよう共同して利用する者を具体的に特定する必要がある」と述べ、外延を示す記

載例としては、「当社及び有価証券報告書等に記載されている、当社の子会社」「当社及び有価証券報告書等に記載されている、連結対象会社及び持分法適用会社」といった方法を例示している（金融庁GL13条7項）。

このような金融庁GLの規定ぶりに照らせば、個人情報保護法23条5項3号の「共同して利用する者の範囲」の解釈としては、必ずしも事業者名を個別に列挙することを義務づけられてはおらず、本人からみて共同して利用する者が具体的に特定できる程度に外延を明らかにする必要があり、かつそれで足りると解しているものと考えられる。立案担当者らも、個人情報保護法23条5項3号は、「共同して利用する者の範囲」の記載において、事業者名すべてを列挙することを義務づけているわけではないと解説している（基本法制研究会『Q&A（第2版）』75頁）。

金融庁GL13条7項は、以上のような個人情報保護法上の解釈を前提に、「共同して利用する者の範囲」の記載について、共同利用者を個別に列挙する方法や、共同利用者の外延を示す方法の記載例を例示しているものと考えられる。

(2) 利用目的の記載方法

個人情報保護法23条5項3号では、「利用する者の利用目的」を本人に通知するか、本人が容易に知りうる状態に置くよう求めている。銀行とその子会社は、銀行法に基づき、営むことができる業務範囲が規制されており（銀行法10条・16条の2）、銀行だけが営める業務もあれば、子会社だけが営める業務もある（いわゆる周辺業務）。

利用目的を特定するにあたっては、この点についても留意する必要があると考えられる。

(3) 責任関係

金融庁GLでは、個人情報保護法23条5項3号に定める「個人データの管理について責任を有する者」（以下「管理責任者」という）の意義について、共同利用する者において、第一次的に苦情を受け付け、その処理を行うとともに、開示、訂正等、利用停止等の決定を行い、安全管理に責任を有する者

をいうと定義している（金融庁GL13条7項）。

　個人情報保護法23条5項3号の規定は、管理責任者以外の共同利用を行う者における安全管理責任等を免除する趣旨ではない（金融庁GL13条7項）。したがって、管理責任者以外の共同利用者は、それぞれ、自社内の共同利用個人データについて安全管理を行う必要がある。これは、共同利用者が個人情報取扱事業者である場合については、個人情報保護法20条からも当然の帰結であると考えられる。

　問題は、管理責任者以外の共同利用者が、他の共同利用者における共同利用個人データの安全管理についても、なんらかの個人情報保護法の責任を負う余地があるか否かである。

　共同利用を行う事業者は、あたかも1つの事業体のように、個人データを利用できる。そして、共同利用の説明に際し、「個人データが共有される」といった表現が用いられている（園部『解説（第3版）』147頁。なお、園部『解説』155頁では「個人データを共同して利用する者の全体を1つの取扱いの主体ととらえて」と述べている）。

　このような個人データの共有性を、個人情報保護法23条1項との関係だけでなく、同法20条との関係でも重視すれば、これを根拠に、管理責任者以外の共同利用者は他の共同利用者における個人データの取扱いについても個人情報保護法上、なんらかの管理責任を負う余地が出てくるように思われる。

　しかしながら、個人情報保護法上は、管理責任者以外の共同利用者の他の共同利用者に対する管理・監督義務等を明示的に規定した条項はないこと、個人情報保護法23条5項は、同条1項の例外規定にすぎないこと、および、共同利用者の間であっても基本的に自己責任の原則が妥当することに照らせば、上記の解釈は妥当ではなく、共同利用の場合であっても、管理責任者以外の共同利用者は、それぞれ自社内にある共同利用個人データの安全管理責任を負うにとどまり、他の共同利用者内にある共同利用個人データの安全管理についてなんらかの作為を行う義務を負っているとは考えるべきではないと考えられる。

実際、資本関係のない共同利用者間で、管理責任者以外の共同利用者が他の事業者の安全管理体制について管理・監督することは困難であるから、このような解釈も合理的であり現実的であるように思われるが、この点についてはあまり議論がなされていないようである。

第3節　金融コングロマリット監督指針上の規制

　金融コングロマリット監督指針（平成24年11月）では、「Ⅱ　金融コングロマリット監督上の評価項目（着眼点）」において、「顧客情報保護」という項を設けている（同監督指針Ⅱ-3-7）。
　「顧客情報保護」の項では、金融コングロマリットにおける顧客情報保護の重要性について、「顧客情報の保護は、個々の金融機関が適切な業務運営を営む上で必須の事項であるが、金融コングロマリットにおいては、グループとしてのシナジー（相乗）効果を図る観点から、顧客情報を相互に活用することが予想される。そのため、各業法及び個人情報保護法等に則り、個人を含む顧客情報の保護が十分図られているかどうかについて確認する必要がある」と述べている。
　そのうえで、同監督指針では、特にグループ内での顧客情報の共有が図られる場合について、次の6点の着眼点に基づき顧客情報管理の適切性を検証するとしている。
① 　グループ内で顧客情報の相互利用を行う場合、グループとして統一的かつ具体的な取扱基準を定めたうえで、グループ内会社の役職員に周知徹底しているか。
② 　グループ内で個人顧客情報を共同して利用する場合、その旨ならびに共同して利用される個人顧客情報の項目、共同して利用する者の範囲、利用する者の利用目的および当該個人顧客情報の管理について責任を有する者の氏名・名称について、あらかじめ、当該個人顧客情報によって

識別される特定の個人に通知し、または当該特定の個人が容易に知りうる状態に置いているか。

③　上記②の対応を行っていない場合であって、グループ内で個人顧客情報を共同利用しようとする場合には、個人情報保護法23条1項各号・2項・4項1号・2号に掲げる場合を除き、あらかじめ本人の同意を得ることとしているか。また、同意を得ずにグループ内会社間等で個人顧客情報の流用などが生じた場合、漏えい事案として的確に認識され、顧客および当局への報告を含む対応を速やかに図るための態勢が整備されているか。

④　経営管理会社が単体で個人情報保護法2条3項に規定する個人情報取扱事業者に該当する場合、個人情報保護法を遵守する態勢が整備されているか。特に、経営管理会社が金融庁GL1条に規定する「金融分野における個人情報取扱事業者」に該当する場合、金融庁GL・安全管理実務指針の規定に基づく適切な措置が講じられているか。

⑤　グループ内において個人顧客に関する非公開個人情報（信条（政治的見解、信教、宗教および思想を含む）に関する情報、労働組合への加盟に関する情報、人種および民族、門地および本籍地に関する情報、保健医療に関する情報、性生活に関する情報、犯罪歴に関する情報）を利用する場合、金融庁GL6条1項各号に列挙する場合を除き、利用しないことを確保するための措置が講じられているか。

⑥　顧客情報が漏えい・滅失・き損した場合に、当局への報告が迅速かつ適切に行われる態勢が整備されているか。

銀行持株会社を中心とする金融コングロマリットが、グループ内での顧客情報を共有する場合には、これらの点にも留意する必要があると考えられる。

【参考条文】

第23条（第三者提供の制限）
1　個人情報取扱事業者は、次に掲げる場合を除くほか、あらかじめ本人の同

意を得ないで、個人データを第三者に提供してはならない。
　一～四　（略）
2・3・4　（略）
5　次に掲げる場合において、当該個人データの提供を受ける者は、前各項の規定の適用については、第三者に該当しないものとする。
　一　個人情報取扱事業者が利用目的の達成に必要な範囲内において個人データの取扱いの全部又は一部を委託することに伴って当該個人データが提供される場合
　二　合併その他の事由による事業の承継に伴って個人データが提供される場合
　三　特定の者との間で共同して利用される個人データが当該特定の者に提供される場合であって、その旨並びに共同して利用される個人データの項目、共同して利用する者の範囲、利用する者の利用目的および当該個人データの管理について責任を有する者の氏名又は名称について、あらかじめ、本人に通知し、又は本人が容易に知り得る状態に置いているとき。
6　個人情報取扱事業者は、前項第3号に規定する利用する者の利用目的又は個人データの管理について責任を有する者の氏名若しくは名称を変更する場合は、変更する内容について、あらかじめ、本人に通知し、又は本人が容易に知り得る状態に置かなければならない。

【参考文献一覧】

浅井弘章『マイナンバー法と金融実務』(経済法令研究会)
　　　　　　　　　　　　　→浅井『マイナンバー法』
岩原紳作『電子決済と法』(有斐閣)
上野隆司『代理貸付の法律と実務』(金融財政事情研究会)
宇賀克也『個人情報保護法の逐条解説』(有斐閣)
氏兼裕之・仲浩史編著『銀行法の解説』(金融財政事情研究会)
瓜生和久編著『一問一答　平成27年改正個人情報保護法』(商事法務)
岡村久道『個人情報保護法』(商事法務)
　　　　　　　　　　→岡村『保護法』
岡村久道『個人情報保護法入門　新法解説』(商事法務)
香月裕爾『金融機関における個人情報保護Q&A』(経済法令研究会)
加藤一郎・林良平・河本一郎編『銀行取引法講座上巻』(金融財政事情研究会)
北岡弘章『漏洩事件Q&Aに学ぶ個人情報保護と対策』(日経BP社)
金融情報システムセンター編『個人情報保護法の理解と対策』(金融情報システムセンター)
金融情報システムセンター編『新版金融機関等における個人データ保護ハンドブック』(財経詳報社)　　→FISC『ハンドブック』
個人情報保護基本法制研究会編、三上明輝・清水幹治・新田正樹『Q&A個人情報保護法(第2版)』(有斐閣)　　→基本法制研究会『Q&A(第2版)』
個人情報保護法研究プロジェクト『即答！個人情報保護』(毎日コミュニケーションズ)
菅原貴与志『詳解個人情報保護法と企業法務(第2版)』(民事法研究会)
鈴木竹雄・河本一郎・西原寛一『証券取引法、金融法(法律学全集53)』(有斐閣)
鈴木禄弥・竹内昭夫編『金融取引法大系第1巻〜第4巻』(有斐閣)
　　　　　　　　　　→鈴木・竹内『金融取引法大系第1巻〜第4巻』
園部逸夫編集、藤原静雄・個人情報保護法制研究会『個人情報保護法の解説(改訂版)』(ぎょうせい)　　→園部『解説』
田中誠二『新版銀行取引法(4全訂版)』(経済法令研究会)
寺田達史・西方建一・梅澤希一編著、小森純子・小西賢治『金融分野における個人情報の保護』(金融財政事情研究会)
　　　　　　　　　　　→寺田ほか編『金融分野』

藤原静雄『逐条個人情報保護法』(弘文堂)
前田重行・松井秀樹・三上徹・吉元利行「座談会・顧客情報の取扱いに関する諸問題」金法1642号6頁　　　　→前田ほか「座談会」
松本貞夫『銀行取引法概論』(経済法令研究会)
三菱UFJ信託銀行編著『信託の法務と実務6訂版』(金融財政事情研究会)
三宅弘・小町谷育子『個人情報保護法─逐条分析と展望』(青林書院)
渡部喬一『個人情報保護法のしくみと実務対策』(日本実業出版社)

事項索引

英字
ATM……………………35, 244, 269

あ
暗号化………………………………154
暗証番号……………………………244
安全管理取扱規程…………………164

い
委託…………………………………111

お
オプト・アウト制度………………132

か
外国にある第三者……………118, 335
開示拒絶事由………………………367
開示請求手続等規則………144, 214, 361
外部委託…………………36, 155, 165

き
技術的安全管理措置………103, 107, 171
き損…………………………………104
基本方針………………………………9
義務規定……………………………43
共同利用……………………66, 133, 210, 379
銀行代理業……………………………37

く
クレジットカード情報等……………35

こ
公知情報………………………………56

厚労省告示……………………………45
顧客情報管理規程……………………39
顧客情報管理態勢……………………39
顧客情報管理マニュアル……………40
顧客等に関する情報管理態勢………33
個人顧客情報……………………23, 24
個人識別符号…………………………52
個人情報………………………………47
個人情報データベース等……………53
個人情報取扱事業者…………………54
個人情報保護指針…………………183
個人情報保護宣言……137, 157, 163, 217
個人信用情報機関…………………130
個人データ……………………………50
個人データ管理者…………………166
個人データ管理責任者……………166
個人データ取扱台帳………………168
個人データの安全管理に係る基
　本方針………………………105, 163
個人番号………………………81, 136
個人番号・特定個人情報……102, 148

さ
再委託………………………………112

し
死者に関する情報……………………47
システムリスク管理態勢……………40
シナジー効果…………………………35
従業者…………………………109, 173
守秘義務………………………………8
人的安全管理措置……………102, 106

せ

生体認証情報……………67, 179, 245
センシティブ情報
………56, 152, 177, 203, 239, 308, 312

そ

組織的安全管理措置……102, 106, 166

た

第三者………………………117
代理人…………144, 145, 215, 280, 363
ダイレクト・マーケティング
………………………185, 199

と

統計情報……………………232
特定個人情報……………75, 129, 136
特別の非公開情報………23, 28, 75, 195
匿名加工情報…………………48
独立行政法人等の保有する個人
　情報の保護に関する法律………10
取引履歴……………………253
努力規定………………………43

に

認定個人情報保護団体……………182

は

犯罪により害を被った事実………71

ひ

非開示契約……………106, 109, 172
秘密保持義務…………222, 257, 348

ふ

評価情報……………………365

付随業務………………………37
物理的安全管理措置……………103
プライバシー・ポリシー………11, 157

へ

弁護士法23条の2に基づく照会……128
返済能力情報………23, 26, 75, 195

ほ

防犯カメラの映像……………126, 207
保有個人データ…………51, 136, 366
本人確認書類…………………238

め

滅失…………………………104

ゆ

優越的地位の濫用禁止……………92

よ

要配慮個人情報………………70, 308
与信事業……76, 85, 86, 200, 279, 358

れ

レピュテーション………………33

ろ

漏えい…………103, 151, 154, 155, 359
漏えい事案等………148, 170, 216

事項索引　389

《著者略歴》

浅井　弘章（あさい　ひろあき）

一橋大学法学部卒業、1999年弁護士登録。浅井国際法律事務所代表。
主な取扱分野は、銀行法・保険業法・金融商品取引法・犯罪収益移転防止法・個人情報保護法・番号法・FATCA対応・AEOI/CRS対応など。
都市銀行・信託銀行・地方銀行・保険会社・証券会社の業務全般に関する助言・意見書作成および訴訟代理を行っているほか、全銀電子債権ネットワーク（全銀協の子会社）の取締役を務める。
全国銀行協会等による業界自主ルール（全国銀行個人情報保護協議会の個人情報保護指針）策定にあたり、個人情報保護法に関する助言を行うとともに、（一社）金融財政事情研究会の講師を務める。金融法学会・信託法学会・保険学会会員。
主な著作として、「銀行が営む業務の外部委託と実務上の留意点」（金融法務事情1692号）、「連載個人情報保護法と金融実務」（金融法務事情1709号から全10回）、「売掛債権譲渡に関する譲受金融機関の注意義務」（金融法務事情1712号）、『マイナンバー法と金融実務』（経済法令研究会）。

個人情報保護法と金融実務【第4版】

平成28年 8 月22日　第 1 刷発行

（平成16年12月21日　初版発行
　平成17年 2 月25日　増補版発行
　平成18年 6 月14日　第 3 版発行）

　　　　　著　者　浅　井　弘　章
　　　　　発行者　小　田　　　徹
　　　　　印刷所　株式会社日本制作センター

〒160-8520　東京都新宿区南元町19
発 行 所　一般社団法人 金融財政事情研究会
　　編集部　TEL 03(3355)2251　FAX 03(3357)7416
販　　売　株式会社きんざい
　　販売受付　TEL 03(3358)2891　FAX 03(3358)0037
　　　　　　URL http://www.kinzai.jp/

・本書の内容の一部あるいは全部を無断で複写・複製・転訳載すること、および磁気または光記録媒体、コンピュータネットワーク上等へ入力することは、法律で認められた場合を除き、著作者および出版社の権利の侵害となります。
・落丁・乱丁本はお取替えいたします。定価はカバーに表示してあります。

ISBN978-4-322-12872-7